W0194933

ROMA AGRAWAL

Die geheime Welt der Bauwerke

AUS DEM ENGLISCHEN VON URSULA HELD

BÜCHERGILDE GUTENBERG

Titel der Originalausgabe:
Built. The hidden stories behind our structures.
London, Bloomsbury 2018

Lizenzausgabe für die Büchergilde Gutenberg Verlagsges. mbH,
Frankfurt am Main, Zürich, Wien
www.buechergilde.de
Mit freundlicher Genehmigung des Carl Hanser Verlags, München
© Roma Agrawal 2017
This translation of Built (first edition) is published by Carl Hanser Verlag
by arrangement with Bloomsbury Publishing Plc.
Alle Rechte der deutschen Ausgabe:
© 2018 Carl Hanser Verlag GmbH & Co. KG, München
Satz: Fotosatz Amann, Memmingen
Druck und Bindung: CPI books GmbH, Leck
Printed in Germany 2019
ISBN 978-3-7632-7089-7

INHALT

FÜR MAA UND FÜR DEN KLEINEN SAMUEL.

RIESEN

Mit der einen Hand umklammerte ich meine Schmusekatze, damit ich sie bloß nicht verlor. Mit der anderen Hand krallte ich mich am Rock meiner Mutter fest. Ich war entsetzt und beeindruckt zugleich von dieser unbekannten, tosenden Welt um mich herum, deshalb hielt ich mich an das, was mir vertraut war.

Wenn ich heute an Manhattan denke, fühle ich mich immer an diesen ersten Besuch erinnert: an die ungewohnten Abgasdüfte, die Rufe der Straßenverkäufer und die gehetzten Passanten, die in Massen an uns vorbeizogen. Ich war damals ein Kleinkind und kannte keine Großstädte. Ich sah kein Stück freien Himmel, denn Türme aus Glas und Stahl verdeckten die Sonne. Was waren das nur für ungeheure Gebilde? Wie kam man da rauf? Wie mochte die Welt von da oben aussehen? Ich reckte den Kopf in alle Richtungen, während meine Mutter mich durch die vollen Straßen zog. Ich stolperte ihr nach und blickte gebannt zu den in die Wolken ragenden Riesen auf.

Zu Hause stapelte ich Bauklötze mit meinem Spielzeugkran und ahmte so das Gesehene nach. In der Schule malte ich große, bunte Rechtecke auf meine Zeichenblätter. New York wurde Teil meiner Vorstellungswelt, durch die wiederkehrenden Besuche prägte sich mir die Stadtlandschaft tief ein und ich verfolgte die immer neuen Umrisse am Hochhaushimmel.

Ein paar Jahre lebten wir in den USA, da mein Vater dort als Elektroingenieur arbeitete. Wir wohnten jedoch nicht in einem der

Wolkenkratzer, die ich bei meinen Manhattan-Besuchen bestaunt hatte, sondern in einem knarrenden Holzhaus in den Hügeln nördlich der Stadt. Als ich sechs war, gab mein Vater seinen Job auf, um sich um das Familienunternehmen in Mumbai zu kümmern, und wir zogen in einen siebenstöckigen Betonblock mit Blick auf das Arabische Meer. Als meine Barbiepuppen nach der langen Seereise im Container endlich im neuen Zuhause ankamen, wollte ich es ihnen natürlich auch gemütlich machen. Mein Vater half mir, meine in lauter kleine Einzelteile zerlegten Kräne wieder zusammenzubauen; dann verschob ich mit lauten Surr- und Brummgeräuschen Plastikrohre und Pappwände, um ein Puppenhaus zu errichten. Wer weiß – vielleicht nahm meine Ingenieurlaufbahn hier ihren Anfang.

Mit meinem amerikanischen Akzent und meiner etwas eigenbrödlerischen Art hatte ich es in der Schule anfangs nicht leicht. Die anderen verspotteten mich als »Professorin«. Aber mit der Zeit fand ich Freunde und Lehrer, die mich zu nehmen wussten. Mit einer großen goldenen Nickelbrille auf der Nase vertiefte ich mich in Physik-, Mathe- und Geografiebücher. Ich mochte den Kunstunterricht und hatte meine Mühe mit Chemie, Geschichte und Sprachen. Meine Mutter, die selbst Mathematik und Naturwissenschaft studiert hatte und als Programmiererin tätig war, ermunterte mich bei meinem technischen Interesse und gab mir Extraaufgaben und zusätzliche Lektüre. Die gesamte Schulzeit hindurch blieben Mathe und Physik meine Lieblingsfächer, und ich beschloss, entweder Astronautin oder Architektin zu werden.

Damals hatte ich vom Beruf »Bauingenieur« noch nichts gehört und nie für möglich gehalten, dass ich eines Tages einen so einzigartigen Wolkenkratzer wie *The Shard* planen würde.

Da ich Freude am Lernen hatte, fanden meine Eltern, ich sollte die Schule im Ausland abschließen und damit meinen Horizont erweitern. Also zog ich mit fünfzehn Jahren nach London und belegte Mathe, Physik und Design als A-Level-Kurse. Wieder eine neue Schule, wieder ein neues Land – doch dieses Mal fand ich schnell Gleichgesinnte: Mädchen, die sich genauso für die faradayschen Gesetze begeisterten wie ich und auch in ihrer Freizeit im Labor experimentierten; und dazu hervorragende Lehrer, die mir den Weg zum Physikstudium ebneten. Schließlich ging ich nach Oxford.

In der Schule war mir das Fach Physik leichtgefallen. An der Uni nicht, zumindest nicht gleich. Licht war also zugleich eine Welle und eine Ansammlung von Teilchen? Die Raumzeit ließ sich krümmen? Eine Zeitreise wäre mathematisch möglich? Ich war fasziniert von all diesen Dingen, aber sie waren mir auch schwer begreiflich. In den Seminaren hatte ich den Eindruck, meinen Kommilitonen hinterherzuhinken, und war am Ende immer unheimlich stolz, wenn ich die Zusammenhänge irgendwann verstanden hatte. Das Lernen in der Bibliothek glich ich mit Tanzstunden und auch mit Hausarbeit aus, denn schließlich musste ich mich nun selbst versorgen, mehr oder minder erfolgreich Gerichte zubereiten und Wäsche waschen. Physik machte mir nach wie vor Spaß. Raumfahrt und Architektur aber blieben Kinderträume: Ich hatte keine Idee, was ich mit meinem Leben anfangen sollte.

Doch dann jobbte ich den Sommer über an der Uni und fertigte Pläne zu den Brandschutzeinrichtungen in den verschiedenen Gebäuden an. Keine besonders aufregende Aufgabe. Die Menschen um mich herum aber beschäftigten sich mit ganz erstaunlichen Dingen. Da standen Ingenieure und ersannen Gerätschaften, mit denen Physiker die Teilchen untersuchen, die unsere Welt ausmachen. Ich löcherte sie mit Fragen und staunte, was ihre Tätigkeit alles beinhaltete. Zum Beispiel galt es, eine Metallfassung für eine Linse herzustellen – eine einfache Aufgabe, könnte man meinen, doch sollte das Werkzeug Temperaturen von bis zu –70 Grad Celsius aushalten. Metall zieht sich stärker zusammen als Glas, und nur eine besonders clever konstruierte Halterung würde die Linse nicht zerdrücken. Die Linse war nur ein kleines Teil in einer riesigen Apparatur und doch eine Herausforderung an den Erfindungsgeist. Ich verbrachte Stunden damit, mir eine Lösung für das Problem auszudenken.

Und auf einmal sah ich klar: Ich wollte Physik und Mathematik anwenden, um praktische Probleme zu lösen und unsere Welt ein Stück voranzubringen. Meine kindliche Bewunderung für Wolkenkratzer kam wieder hoch. Ich wollte Ingenieurin werden und Gebäude planen. Damit der Übergang von der Physik zum Bauwesen gelingen konnte, studierte ich ein Jahr am Londoner Imperial College, machte meinen Abschluss, bekam einen Job und trat als Bauingenieurin ins Berufsleben ein.

In dieser Position bin ich dafür verantwortlich, dass die von mir geplanten Bauwerke Bestand haben. In den vergangenen zehn Jahren habe ich an ganz verschiedenen Projekten mitgewirkt. Ich gehörte zum Planungsteam von *The Shard*, dem höchsten Gebäude Westeuropas, und war sechs Jahre lang damit beschäftigt, Berechnungen zu seinem innovativen Fundament und der auffälligen Turmspitze anzufertigen. Ich habe an einer hübschen Fußgängerbrücke in Newcastle mitgearbeitet und das halbkreisförmige Dach am Londoner Bahnhof Crystal Palace geplant. Ich habe Hunderte neue Wohnungen entworfen, einem georgianischen Stadthaus zu altem Glanz verholfen und dafür gesorgt, dass eine Skulptur ein stabiles Fundament bekommt. In meinem Job bedient man sich der Mathematik und Physik, um Dinge zu erschaffen. Das ist an sich schon eine unglaublich tolle Sache, aber es geht um noch mehr. Zuerst einmal ist jedes Bauprojekt eine gewaltige Teamarbeit. In der Vergangenheit traten Ingenieure wie Vitruv (der die erste Abhandlung zur Architektur schrieb) oder Brunelleschi (der die atemberaubende Kuppel für den Dom von Florenz schuf) als geniale Baumeister hervor. Sie kannten sich in allen Bereichen des Bauens aus. Heutzutage sind die Gebäude komplexer und technisch anspruchsvoller und es kann nicht mehr eine einzelne Person für alle Bereiche eines Projekts verantwortlich sein. So hat jeder sein Spezialgebiet, und die Herausforderung besteht darin, alle Beteiligten in einem komplizierten Zusammenspiel aus Material, Arbeit und Zahlen in Einklang zu bringen. Architekten und Ingenieure kümmern sich um die Planung. Anhand unserer Zeichnungen berechnen Kalkulatoren die Baukosten, und die Bauleitung stellt die Logistik zusammen. Die Arbeiter vor Ort erhalten Materialien und formen sie so um, dass unsere Vision Gestalt annimmt. Manchmal ist nur schwer vorstellbar, wie diese mitunter chaotische Betriebsamkeit zu einem stabilen Bauwerk führt, das Jahrzehnte oder gar Jahrhunderte Bestand hat.

Ich eigne mir jedes neue Projekt an, es wird zu »meinem« Bauwerk, das heranwächst und einen eigenen Charakter ausbildet. Anfangs besprechen wir Rohentwürfe, aber dann erkenne ich immer deutlicher, was sich da aus den verschiedenen Anforderungen entwickelt. Je mehr Zeit ich einem Projekt widme, desto mehr Respekt, ja Zuneigung wächst in mir. Wenn das Bauwerk abgeschlossen ist, begegne ich ihm körperlich zum ersten Mal, ich kann es anfassen und abschreiten. Und auch im Anschluss bleiben wir verbunden und ich schaue aus einiger Entfernung zu, wie andere Menschen den Ort in Beschlag nehmen und eine eigene Beziehung zu dem Gebäude entwickeln, indem sie es zu ihrem Zuhause oder ihrem Arbeitsplatz machen, an dem sie abgeschirmt von der Außenwelt tätig sind.

Ich habe natürlich eine sehr persönliche Beziehung zu den Projekten, an denen ich beteiligt war, doch im Grunde stehen wir alle in enger Verbindung zu den Ingenieurwerken, die uns umgeben – zu den Straßen, die wir entlanglaufen, zu den Tunneln, durch die wir rauschen, und zu den Brücken, die wir überqueren. Wir nutzen diese Konstruktionen, weil sie uns das Leben erleichtern, und wir halten sie instand. Im Gegenzug werden sie zu einer stillen, aber wichtigen Requisite unseres Alltags. Wir geraten etwa in seriöse Arbeitsstimmung, wenn wir eine gläserne Büroetage mit Schreibtischreihen betreten. Unsere Reisegeschwindigkeit lässt sich an den Stahlbögen abzählen, die im U-Bahn-Tunnel an uns vorbeifliegen. Grobes Mauerwerk und Kopfsteinpflaster erinnern uns an die Vergangenheit und Ereignisse vor unserer Zeit. Gebäude leiten und unterstützen unseren Alltag und bilden den Hintergrund für unsere Tätigkeiten. Oftmals nehmen wir sie gar nicht genau wahr, doch jedes Bauwerk hat seine Geschichte. Die Drahtseile, die an einer riesigen Brücke den Fluss überspannen, das Stahlskelett unter der Glashaut eines Büroturms, die Leitungen und Tunnel im Untergrund – all diese Dinge bilden unsere gebaute Welt und sagen damit einiges über uns aus: Sie erzählen von menschlichem Erfindergeist, von unseren Beziehungen untereinander und von unserer Einstellung zur Natur. Unser ingenieurtechnisches Universum ist eine Ansammlung von absolut faszinierenden Geschichten und Geheimnissen – man muss nur hinhören und hinschauen.

Ich hoffe, dass auch die Leser dieses Buches die Geschichten hinter unseren Bauwerken für sich entdecken. Vielleicht verändert ja ein neues Verständnis für unsere Umgebung unseren Blick auf die zahllosen Bauten, die wir tagtäglich überqueren, durchqueren oder unterqueren. Betrachten wir unser Zuhause, unsere Stadt oder unser Dorf mit der umgebenden Landschaft mit ganz neuem Interesse, sehen wir die Welt mit anderen Augen – mit denen eines Ingenieurs.

KRAFT

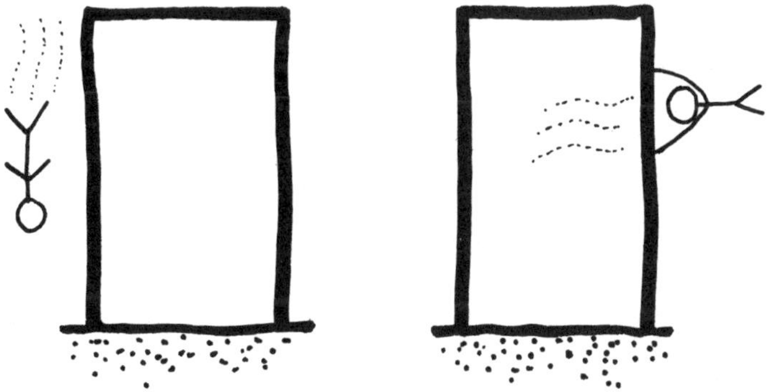

Es ist ein seltsames Gefühl, wenn man ein Bauwerk betritt, das man selbst geplant hat. Mein erstes Projekt nach dem Studienabschluss war die Fußgängerbrücke an der Northumbria University in Newcastle. Zwei Jahre lang beschäftigte ich mich mit den Entwürfen der Architekten und half mit, ihre Vision Realität werden zu lassen. Dazu fertigte ich ellenlange Berechnungen und unzählige Computermodelle an. Bis die Brücke schließlich gebaut wurde. Als die Kräne und Bagger abgezogen waren, konnte ich endlich meinen Fuß auf die von mir mitentwickelte Stahlkonstruktion setzen.

Ich blieb noch einen Moment vor der Brücke stehen und machte dann erst einen Schritt nach vorn. Ich weiß noch, was ich fühlte: eine Art stolzes Staunen, dass ich daran mitgewirkt hatte, diese schöne Brücke zu errichten, die nun tagtäglich mehrere Hundert Menschen überqueren würden. Ich sah hinauf zu dem hohen Stahlpylonen und den Stahlseilen, die von ihm ausstrahlen und den schmalen Gehwegträger halten, unter dem der Autobahnverkehr hinwegbraust. Die Brücke hielt mühelos ihr eigenes Gewicht – und meins dazu. Das geneigte und dadurch schwer zu erkletternde Geländer glänzte im Sonnenlicht. Unter mir rasten Autos und Lastwagen vorbei und hatten keine Ahnung, dass dort oben eine junge Ingenieurin auf »ihrer Brücke« stand und stolz ihren ersten Beitrag zur gebauten Welt bewunderte.

Und die Brücke unter meinen Füßen hielt. All die Zahlen und Modelle, mit denen ich die Kräfte berechnet hatte, die auf mein

links oben:
Die Fußgängerbrücke im britischen Newcastle upon Tyne wurde 2007 erbaut, um die beiden Standorte der Northumbria University zu verbinden.

links unten:
Auf der Fußgängerbrücke an der Northumbria University, meinem ersten Projekt als Ingenieurin.

Bauwerk einwirken würden, waren ja mehrmals geprüft und gegengeprüft worden.

Ingenieure dürfen sich keine Fehler leisten. Mir ist bewusst, dass die von mir geplanten Bauwerke täglich von Tausenden Menschen genutzt werden. Sie überqueren sie nicht nur, sie arbeiten und leben in ihnen und verschwenden meist keinen Gedanken daran, dass diese Bauten sie in Gefahr bringen könnten. Wir vertrauen der Ingenieurskunst, wir setzen buchstäblich große Stücke auf sie, und es liegt in der Verantwortung der Erbauer, für Sicherheit und Stabilität zu sorgen. Dennoch, die Geschichte lehrt uns, dass die Sache auch schiefgehen kann. So am Nachmittag des 29. August 1907, als die Einwohner von Quebec befürchteten, der Boden unter ihren Füßen würde von einem Erdbeben erschüttert. Doch es war etwas noch viel Undenkbareres, was sich da in rund 15 Kilometer Entfernung abspielte. Am Ufer des Sankt-Lorenz-Stroms zerriss das Geräusch von berstendem Metall die Luft. Die Nieten, die eine im Bau befindliche Brücke zusammenhielten, platzten aus ihren Verankerungen und flogen den entsetzten Arbeitern um die Ohren. Die Stahlstützen klappten zusammen, als wären sie aus Papier, die gesamte Konstruktion versank im Fluss – und riss einen Großteil der Männer mit sich. Es war eins der schwersten Brückenunglücke der Geschichte und ein grausames Beispiel dafür, wie mangelnde Überwachung und fehlerhafte Planung in der Katastrophe enden können.

Brücken erweitern Städte, sie bringen Menschen zusammen und fördern Austausch und Handel. Die Idee, eine Brücke über den Sankt-Lorenz-Strom zu bauen, war schon seit den 1850er-Jahren im kanadischen Parlament erörtert worden. Doch handelte es sich um eine enorme technische Herausforderung: An der engsten Stelle ist der tiefe und schnelle Strom immer noch drei Kilometer breit, im Winter gefriert das Wasser, und im Flussbett haufen sich Eismassen von 15 Meter Höhe an. Trotz dieser Widrigkeiten nahm die Quebec Bridge Company das Vorhaben in Angriff. Im Jahr 1900 begannen die Arbeiten am Fundament.

Der leitende Ingenieur Edward Hoare hatte keine Erfahrung mit Brücken von mehr als 90 Meter Länge – schon in den ersten Plänen für das Bauvorhaben wurde jedoch eine mittlere Stützweite (die Entfernung von Pfeiler zu Pfeiler) von über 480 Metern verlangt. Daher traf man die verhängnisvolle Entscheidung, Theodore Cooper als Berater hinzuzuziehen. Der angesehene Ingenieur galt als einer der besten Brückenbauer Amerikas und hatte außerdem eine viel gepriesene Abhandlung zur Verwendung von Stahl bei Eisenbahnbrücken verfasst. In der Theorie erschien er als der perfekte Kandidat. Doch es gab von Beginn an Schwierigkeiten. Cooper wohnte im weit entfernten New York, und seine angeschlagene Gesundheit erlaubte es ihm nicht, die Baustelle regelmäßig zu besichtigen. Trotzdem bestand er darauf, den Stahlbau persönlich zu überwachen. Er weigerte sich, seine Planung überprüfen zu lassen, und verließ sich auf seinen relativ unerfahrenen Bauleiter Norman McLure. Dieser sollte ihn über die Fortschritte vor Ort auf dem Laufenden halten. Mit dem Bau der Stahlkonstruktion wurde 1905 begonnen, in den folgenden zwei Jahren war McLure jedoch zunehmend besorgt über den Verlauf der Arbeiten. Die aus dem Stahlwerk kommenden Bauteile waren schwerer als erwartet. Manche waren sogar verbogen, da sie unter ihrem Gewicht nachgaben. Viele bereits eingebaute Brückenteile verformten sich schon vor der Fertigstellung – ein Zeichen dafür, dass sie nicht stabil genug waren, um die auf sie einwirkenden Kräfte zu halten.

Die Verformung war eine Folge von Coopers Entscheidung, den ursprünglichen Brückenentwurf abzuändern und den freitragenden Mittelteil der Brücke auf 549 Meter zu verlängern. Womöglich vernebelte Ehrgeiz Coopers Urteilsvermögen: Vielleicht hoffte er, als Ingenieur der weltweit längsten Auslegerbrücke Berühmtheit zu erlangen – ein Rekord, den damals noch die schottische Forth Bridge hielt. Je größer die Spannweite einer Brücke, desto mehr Material ist erforderlich, desto schwerer wird das Bauwerk. Coopers neuer Entwurf war um etwa 18 Prozent schwerer, dennoch entschied er ohne einen zweiten Blick auf die Berechnungen, die Konstruktion sei immer noch stabil genug für das zusätzliche Gewicht. McLure widersprach dieser Einschätzung, und die beiden Männer stritten in einem Briefwechsel über die Änderungen. Zu einer Lösung kam es nicht.

McLure war am Ende derart in Sorge, dass er die Arbeiten unterbrechen ließ und sich in den Zug nach New York setzte, um mit Cooper zu sprechen. Während seiner Abwesenheit fuhren die Arbeiter entgegen seiner Anweisung mit dem Bau der Brücke fort. Mit tragischen Folgen. In gerade einmal 15 Sekunden brach die gesamte Südhälfte der Brücke zusammen, 19 000 Tonnen Stahl stürzten in den Fluss und 75 der 86 an dem Projekt beteiligten Arbeiter ließen ihr Leben.

Nach dem Einsturz der Quebec Bridge im Jahre 1907 bot sich ein Bild der Zerstörung. Die Brücke über den Sankt-Lorenz-Strom bei Quebec kollabierte noch während der Bauarbeiten.

Zum Einsturz der Brücke trugen vielerlei Probleme und Fehler bei. Allem voran verdeutlichte die Katastrophe, wie gefährlich es sein kann, einen einzelnen Ingenieur mit einer so großen Aufgabe zu betrauen, ohne eine Kontrollinstanz einzusetzen. In Kanada und anderen Ländern wurde die Ingenieurtätigkeit daraufhin genauer reguliert. Man wollte verhindern, dass sich Fehler wie bei der Quebec Bridge wiederholten. Letztendlich aber lag die Verantwortung für das Unglück vor allem bei Theodore Cooper, der das Gewicht der Brücke unterschätzte. Die Konstruktion war zu instabil, sie konnte das Bauwerk nicht tragen.

Der plötzliche Einbruch der Quebec Bridge zeigt, welche katastrophalen Auswirkungen die Schwerkraft auf ein fehlerhaftes Bauwerk haben kann. Ein Ingenieur muss herausfinden, wie unsere Konstruktionen den Kräften widerstehen können, die sie zusammendrücken, auseinanderziehen, erschüttern, verdrehen, quetschen oder verbiegen; die sie zerreißen, bersten oder zersplittern lassen. Daher geht es bei fast jedem Projekt auch darum, sich mit der Schwerkraft auseinanderzusetzen – mit der allgegenwärtigen Kraft, die unser Universum zusammenhält und alles auf unserem Planeten gen Mittelpunkt zieht. Dies lässt bei allen Dingen eine Kraft entstehen, die wir Gewicht nennen: Sie durchfließt jeden Körper. Nehmen wir etwa das Gewicht unserer verschiedenen Körperteile. Das Gewicht der Hand wirkt sich auf den Arm aus, zieht an der Schulter und drückt auf das Rückgrat. Sie fließt das Rückgrat hinab, gelangt zu den Hüften und spaltet sich ab dem Becken in zwei Ströme, die durch die Beine bis zum Boden reichen. Ganz ähnlich ist es, wenn man einen verzweigten Turm aus Röhren baut und Wasser hindurchschickt: Das Wasser nimmt die sich bietenden Wege und teilt sich, wenn mehr als eine Möglichkeit offensteht.

Wenn Ingenieure ein Bauwerk planen, muss unbedingt geklärt werden, welchen Weg welche Kraft nimmt – anschließend wird sichergestellt, dass die Konstruktion stabil genug für die durchfließenden Kräfte ist.

Die Schwerkraft, aber auch der Wind oder ein Erdbeben wirken mit *Druckspannung* und *Zugspannung* auf Gebäude. Wenn man ein dickes Papier zu einer Röhre zusammenrollt, diese senkrecht auf den Tisch stellt und dann ein Buch darauflegt, drückt das Buch die Röhre zusammen. Die Kraft, mit der das Buch nach unten drückt (diese entspricht seiner Masse multipliziert mit der Schwerkraft), fließt durch die Röhre in den Tisch – genau wie unser Körpergewicht über die Beine in den Boden übertragen wird. Die Röhre und unser Bein stehen unter *Druckspannung*.

Ein Buch wird mit Druckspannung (links) und Zugspannung (rechts) gehalten.

Wenn man nun einen Faden nimmt, ans eine Ende das Buch bindet und das andere Ende in der Hand hält, zieht das Buch – immer noch unter Einwirkung der Schwerkraft – an dem Faden. Die Kraft, mit der das Buch nach unten zieht, fließt nach oben in den Faden – dieser steht unter *Zugspannung*. Dieselbe Wirkung hat das Gewicht unserer Hand auf den Arm.

Im ersten Beispiel kracht das Buch nicht auf den Tisch, weil die Papierrolle stark genug ist, der Druckspannung standzuhalten. Im zweiten Beispiel bleibt es am Faden hängen, weil dieser stark genug ist, der Zugspannung standzuhalten.

Einen Zusammenbruch des Gleichgewichts ruft man durch ein schwereres Buch hervor. Durch sein größeres Gewicht übt es eine größere Kraft aus. Die Röhre kann dem nicht standhalten und wird zerdrückt, das Buch kracht auf den Tisch. Auch aufhängen lässt sich das schwerere Buch nicht: Die Zugspannung ist zu groß. Der Faden reißt, das Buch fällt hinab.

Die Kräfte in einer Brücke rühren von ihrem Eigengewicht und vom Gewicht der Passanten und Fahrzeuge her. Für die Fußgängerbrücke an der Northumbria University habe ich berechnet, an welcher Stelle welche Kräfte auf die Konstruktion einwirken. So wusste ich genau, wo wie viel Druck- oder Zugspannung im Spiel waren. Anhand eines Computermodells prüfte ich sämtliche Brückenteile auf ihre Belastbarkeit und berechnete dann, wie dick der Stahl sein musste, um nicht extrem gedehnt oder gestaucht zu werden oder gar zu bersten.

Welche Kraft wie auf ein Gebäude einwirkt, hängt von der Konstruktionsweise ab. Man kann zwei grundlegende Vorgehensweisen unterscheiden: den *Massivbau* und den *Skelettbau.*

Die Lehmhütten unserer frühen Vorfahren – die sie errichteten, indem sie Lehm zu dicken Wänden formten, die einen Kreis oder ein Rechteck bildeten – nutzten die erste Methode. Die stabilen Wände der einstöckigen Behausungen bildeten einen Massivbau, die Last des Gebäudes wurde als Druckspannung durch die Lehmwände abgeleitet. Dies entspricht dem Prinzip der Papierrolle, auf der ein Buch liegt: Alle Seiten der Röhre werden gleichmäßig gestaucht. Würden weitere Aufbauten auf der Lehmhütte lasten, würde die Druckspannung irgendwann zu groß für die tragenden Lehmwände, und sie würden nachgeben – genauso wie die Papierrolle unter der Last eines schwereren Buchs.

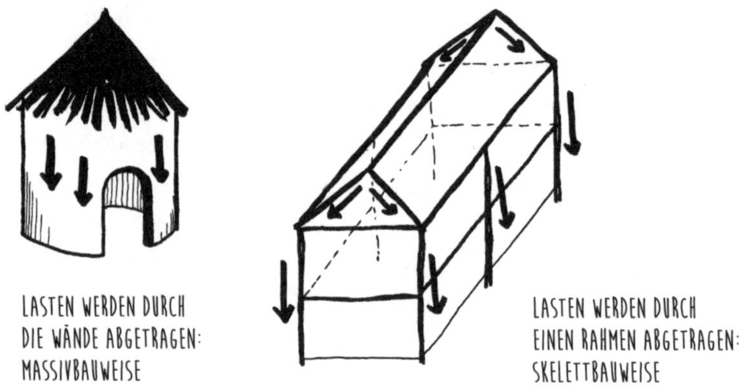

Ein Gebäude lässt sich als Massivbau mit tragenden Wänden (links) oder als Skelettbau mit tragendem Gerippe (rechts) errichten.

Als unsere Vorfahren irgendwann Bäume zu Bauholz verarbeiten konnten, schwenkten sie auf die Skelettbauweise um. Sie banden Balken zu einem Gerippe zusammen, durch das die Lasten abgetragen wurden. Um das Innere der Behausung vor äußeren Einflüssen zu schützen, hängten sie Felle oder Flechtwerk in die Zwischenräume. Während die tragenden Wände der Lehmhütten sowohl die

Lasten trugen als auch Schutz boten, nutzte das Pfostenhaus zwei Systeme: tragende Pfosten und eine nicht tragende Verkleidung. Der grundlegende Unterschied zwischen der Massivbauweise und der Skelettbauweise besteht also darin, wie die Lasten abgetragen werden.

Die Materialien, mit denen man tragende Wände oder tragende Gerippe errichtete, wurden mit der Zeit immer ausgeklügelter. Für die Massivbauweise nutzte man später Ziegel, die natürlich viel stabiler waren als Lehm. Ab den 1800er-Jahren konnten infolge der industriellen Revolution Eisen und Stahl in großem Umfang verarbeitet werden, und man nutzte Metall verstärkt auch für den Hausbau und nicht mehr nur für Kessel und Waffen. Der Beton wurde wiederentdeckt (schon die Römer wussten, wie man ihn herstellt, doch dieses Wissen ging mit ihrem Reich unter). Diese Entwicklungen veränderten die Bauverfahren ganz entscheidend. Da Stahl und Beton um vieles robuster als Holzbalken sind, eignen sie sich zur Errichtung großer Gerippe, mit denen immer höhere Gebäude und immer längere Brücken entstanden. Die größten und komplexesten Bauwerke unserer Zeit – der elegante Stahlbogen der Sydney Harbour Bridge, der geometrische Hearst Tower in Manhattan oder das 2008 für die Olympiade in Peking errichtete »Vogelnest«-Stadion – sind Ergebnisse der Skelettbauweise.

Wenn ich mich in ein neues Projekt einarbeite, studiere ich zuallererst sorgfältig die Zeichnungen der Architekten – mit ihrem Entwurf geben sie mir eine Vorstellung davon, wie das Bauwerk einmal aussehen soll. Ingenieure entwickeln rasch einen Röntgenblick und haben immer schon das Gerippe vor Augen, mit dem ein Gebäude der Schwerkraft und anderen Einflüssen widerstehen soll. Ich stelle mir vor, wo das Rückgrat liegt und wo die stützenden Knochen ansetzen; ich überlege, wie dick das Skelett sein muss, damit es das Bauwerk trägt. Mit einem schwarzen Edding übermale ich die Architektenpläne und gebe dem Baukörper ein Gerüst. Meine dicken schwarzen Striche auf den bunten Zeichnungen sollen Stabilität garantieren. Anschließend kommt es unweigerlich zu – manchmal recht lebhaften – Diskussionen mit den Architekten. Dann geht es darum, gemeinsam einen Kompromiss zu entwickeln. Manchmal verlange ich dort, wo sie eine Freifläche planen, doch noch eine Stütze – manchmal planen sie Träger ein, die ich gar nicht brauche, und ich kann ihnen Platz zurückgeben. Wenn Probleme auftauchen, müssen beide den Standpunkt des anderen verstehen, und es gilt, zwischen ästhetischen und technischen Anforderungen zu vermitteln. Bisher haben wir immer eine Lösung gefunden, in der Stabilität und Schönheit eine (beinahe) perfekte Harmonie eingegangen sind.

Das tragende Gerippe in einem Bauwerk besteht aus einem Gitter aus Stützen und Trägern: Stützen stehen senkrecht, Träger liegen waagrecht, in anderen Winkeln angebrachte Bauteile heißen Streben. Wenn man sich etwa ein Foto der Sydney Harbour Bridge anschaut, sieht man, dass die Stahlteile in verschiedenen Winkeln angebracht sind und ein Tragwerk aus Stützen, Trägern und Streben ergeben. Mit unserem Wissen darüber, wie Stützen und Träger einander beeinflussen, wie sie Kräfte ableiten und wann sie versagen, können wir Bauwerke standfest planen.

Seit Jahrtausenden setzt man Säulen zum Überwinden der Schwerkraft ein – Römer und Griechen erhoben diese wichtigen Bauteile zu einer Kunstform. Seine Schönheit und seine Standfestigkeit hat der Athener Parthenon vor allem seinen dorischen Marmorsäulen zu verdanken. Die Ruinenlandschaft des Forum Roma-

Die 1930 fertiggestellte Sydney Harbour Bridge, über die Züge, Fahrzeuge und Fußgänger von der Nordküste Sydneys zum Hafen gelangen.

num prägen monumentale Säulen, die fragile Tempelreste tragen oder verkümmert in den Himmel ragen. Natürlich erfüllten die Säulen eine wichtige praktische Funktion – sie trugen das Bauwerk –, doch hielt das die Ingenieure der Antike nicht davon ab, sie mit Motiven aus der Natur und Mythologie zu schmücken. Die korinthische Säule mit ihrem blätterverzierten Kapitell soll der griechische Bildhauer Kallimachos erfunden habe, nachdem er gesehen hatte, wie eine Akanthuspflanze einen Korb berankte, der auf dem Grab einer Jungfrau aus Korinth stand. Auf dem Forum findet man jedenfalls Dutzende dieser Säulen, sie sind seit Jahrhunderten ein Klassiker im Städtebau und veredeln etwa die Fassade des Obersten Gerichtshofs der USA und in bescheidenerer Form auch den Eingang zu dem viktorianischen Mietshaus, in dem ich wohne.

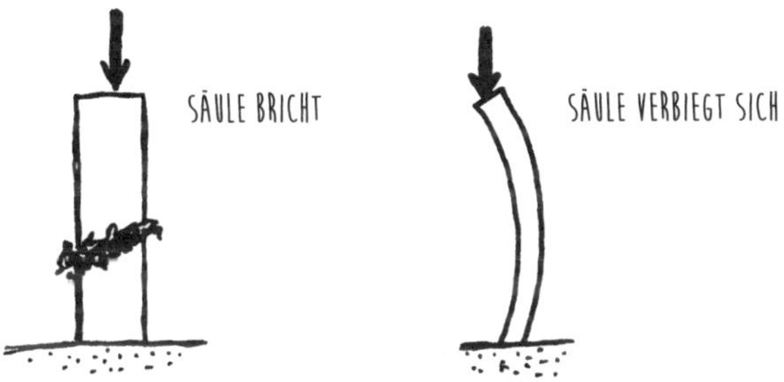

Eine Säule/Stütze kann auf zwei Arten kollabieren: durch Brechen (links) oder durch Verbiegen (rechts).

Säulen oder Stützen nehmen Druck auf. Sie können versagen, wenn sie so stark gestaucht werden, dass das Material nachgibt und bricht – dasselbe passiert mit der Papierrolle, auf der das schwerere Buch lastet. Aber auch durch Verbiegen können Stützen versagen. Stellt man ein Plastiklineal senkrecht auf eine Tischplatte und drückt es mit der Handfläche nach unten, kann man zusehen, wie es sich verbiegt. Je stärker man drückt, desto mehr krümmt sich das Material, bis es irgendwann bricht.

Beim Entwurf einer Stütze muss man ein fragiles Gleichgewicht treffen: Sie muss möglichst schmal sein, um wenig Raum einzunehmen, darf aber auch nicht zu dünn sein, sonst verformt sie sich unter der Last. Zugleich sollte man ein besonders bruchfestes Material verwenden. Die Stützen in antiken Bauwerken waren meist kräftige Steinsäulen, die sich kaum verbiegen konnten. Unsere modernen Stahlstützen dagegen sind viel schmaler und daher eher anfällig für Verformungen.

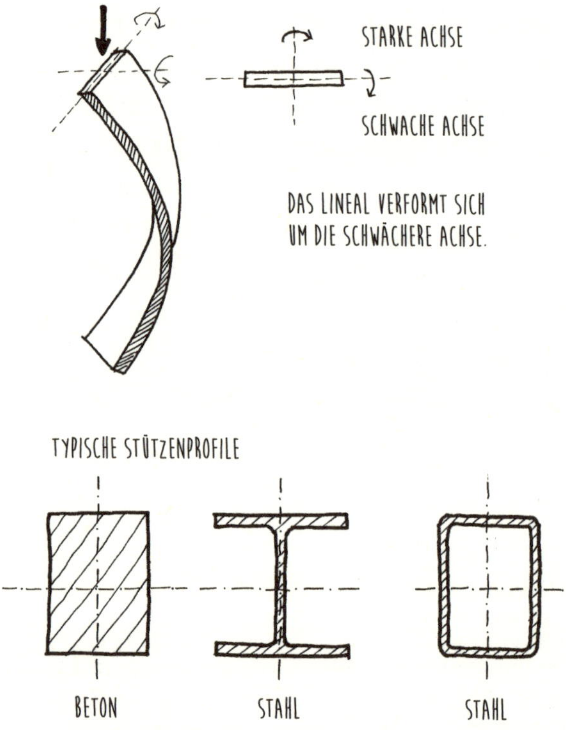

Der Druck auf ein Lineal zeigt, wie sich ein schmales Bauteil um die schwache Achse verbiegt. Ein Profilträger aus Beton oder Stahl ist dagegen so geformt, dass er sich weder um die eine noch die andere Achse verbiegen lässt.

Ein Lineal ist auf einer Seite schmal und auf der anderen breit: Bei Druck verbiegt es sich um die schwache Achse. Um diesen Effekt zu vermeiden, sind moderne Stahlstützen wie ein H geformt und Betonstützen haben eine quadratische oder rechteckige Grundfläche, damit beide Achsen relativ steif sind und die Stützen größeren Lasten standhalten.

Träger haben eine andere Aufgabe: Sie bilden das Skelett für die Decken bzw. Böden eines Gebäudes. Wenn wir auf einem Träger stehen, verbiegt er sich leicht und gibt die Last an die Stützen weiter, auf denen er aufliegt. Die Stützen nehmen den Druck auf und leiten ihn in den Boden weiter. Steht man in der Mitte eines Trägers, wird je die Hälfte des Körpergewichts und des Trägergewichts an die beiden Stützen abgegeben. Träger sollten sich nicht zu stark verbiegen, wenn wir auf ihnen stehen oder gehen. Zum einen ist es ein unangenehmes Gefühl, wenn der Boden unter unseren Füßen nachgibt, zum anderen aber könnte der Träger auch versagen. Daher sind Träger nahezu steif, und wir setzen Größe, Form und Material so ein, dass sie sich kaum verformen.

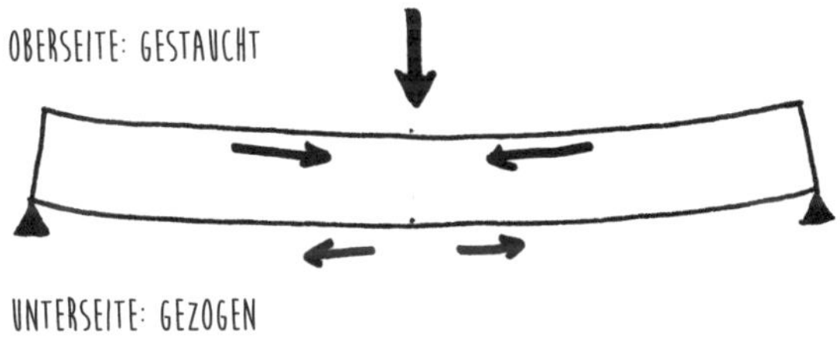

Ein Träger verformt sich unter Belastung, wobei die Oberseite gestaucht und die Unterseite gezogen wird.

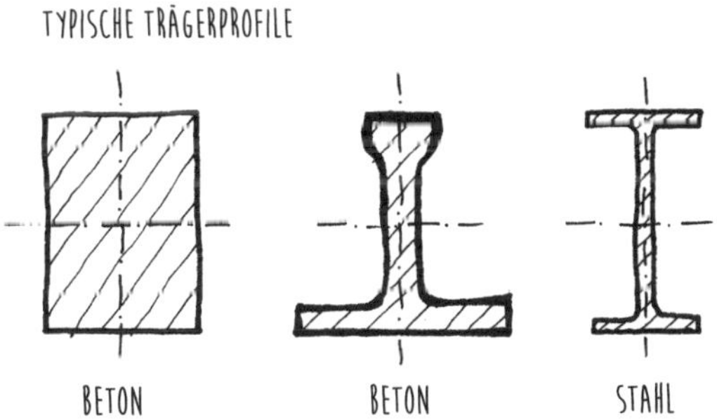

Diese Verformung lässt sich mit speziellen Trägern vermeiden.

Wenn sich ein Träger unter Last verbiegt, ergeben sich unterschiedliche Spannungen. Der obere Teil des Trägers wird gestaucht, der untere gezogen. An der Oberseite wirkt Druckspannung, an der Unterseite Zugspannung. Wenn man die Enden einer Karotte mit den Händen nach oben biegt und sie in eine U-Form zwängt, wird die Unterseite irgendwann knacken. An diesem Punkt ist die Zugspannung an der Unterseite zu stark, die Karotte kann ihr nicht mehr standhalten. Führt man den Versuch mit Karotten verschiedenen Durchmessers durch, wird man feststellen, dass dünnere Karotten sich leichter verbiegen lassen. Bei einer dicken Karotte muss mehr Kraft aufgewendet werden. Dasselbe gilt für einen Träger: Je größer sein Durchmesser, desto steifer ist er, desto weniger verformt er sich unter Belastung.

Aber auch eine kluge Formgebung kann die Steifigkeit eines Trägers vergrößern. Die höchste Druckspannung herrscht außen an der Oberseite, die höchste Zugspannung außen an der Unterseite. Je mehr Material sich an den Kanten des Trägers befindet, desto mehr Last kann er aushalten. Wenn man nun beide Prinzipien – Durchmesser und Form – zusammennimmt, gelangt man zum Idealprofil eines Trägers: Sein Querschnitt bildet ein I bzw. Doppel-T. So befindet sich jeweils an der Oberseite und an der Unterseite, wo besonders große Kräfte wirken, am meisten Material. Die meisten Stahlträger sind Doppel-T-Träger. (Man spricht auch von H-Profilen, die dann etwa genauso breit wie hoch sind.) Auch Betonträger könnte man auf diese Weise herstellen, doch lässt sich Beton viel leichter in rechteckige Formen gießen. Aus Kostengründen und praktischen Erwägungen sind die meisten Betonträgerprofile einfache Rechtecke.

Große Brücken wie die Quebec Bridge sind zu lang für normale T-Träger. Um große Spannen zu überwinden, müsste dieser Träger so dick und schwer sein, dass man ihn unmöglich bewegen könnte. Stattdessen kommt eine Konstruktionsweise zum Einsatz, die sich die Stabilität eines Dreiecks zunutze macht: Fachwerk.

Ein Rechteck ist eine in sich labilere Form als ein Dreieck.

Wenn man vier Stöcke nimmt und an den Ecken zusammenbindet, um ein Rechteck zu erhalten, und dieses Rechteck dann zur Seite verschiebt, wird es erst zur Raute und klappt dann zusammen. Dreiecke aber lassen sich nicht so leicht verformen. Ein Fachwerk besteht aus einem Geflecht aus Dreiecken, die von Stützen, Trägern und Streben begrenzt werden. Auf diese Weise werden die auf das Bauwerk wirkenden Kräfte geschickt abgeleitet. Für ein Fachwerk werden kurze und leichte Bauteile verwendet, durch das Stabgitter wird weniger Material verbraucht als für einen entsprechenden Träger.

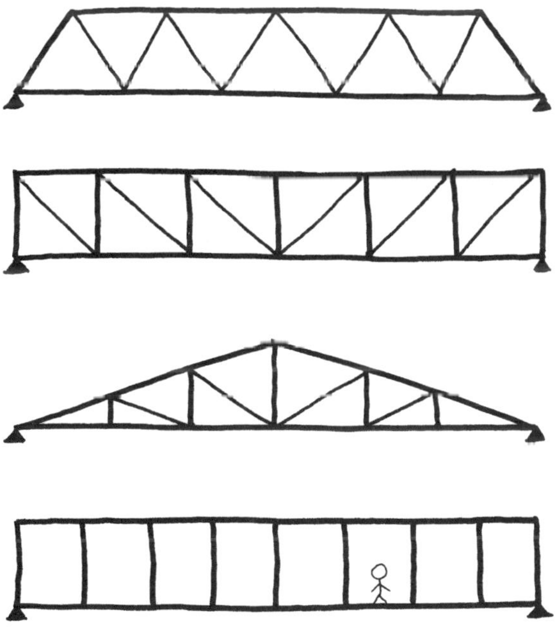

Die meisten Fachwerke bestehen aus Dreiecksformen, seltener kommen Rechtecke vor.

Fachwerke sind mit weniger Aufwand zu errichten, da kleine Stahlteile zur Baustelle gebracht und vor Ort montiert werden können. Die meisten großen Brückenbauten verwenden Fachwerk. Schaut man sich etwa die Golden Gate Bridge an, erkennt man das Metallmuster auf Fahrbahnhöhe: Es sieht aus wie ein N, auf das ein spiegelverkehrtes N folgt und immer so weiter – eine lange Reihe aus Dreiecken.

Die Schwerkraft übt eine berechenbare Anziehung auf alle Körper an der Erdoberfläche aus. Ein Ingenieur kann diese Kräfte bestimmen und Stützen, Träger und Streben dementsprechend planen. Andere, ähnlich zerstörerische Kräfte lassen sich nicht so leicht auf eine Gleichung bringen. Dazu gehört der Wind – eine unberechenbare Naturgewalt, die Ingenieuren schon immer Schwierigkeiten bereitet hat, aber in die Planung einbezogen werden muss, wenn Bauwerke standfest bleiben sollen.

Bei einem Besuch in Athen war ich besonders versessen darauf, mir einen achteckigen Marmorturm auf der Römischen Agora nördlich der Akropolis anzusehen. Der um 50 v. Chr. von dem mazedonischen Astronomen Andronikos von Kyrrhos erbaute »Turm der Winde« ist eine antike Wetterstation mit acht Sonnenuhren, einer Wasseruhr und einer Wetterfahne. Bei meinem Rundgang um das Gebäude konnte ich oben an jeder der acht Seiten das Relief eines Windgottes bewundern: geflügelte Wesen mit ernster oder aber gütiger Miene, die zum Teil eine Amphore oder einen Blumenstrauß in den Händen hielten. Ursprünglich stand eine Statue des griechischen Meeresgottes Triton auf dem Turmdach und spielte Wetterfahne – diese deutete dann jeweils in die Windrichtung, die einem der Götter zugeschrieben wurde.

Der Turm bezeugt, welchen Respekt die Römer vor dem Wind und seinen zerstörerischen Kräften hatten. Der 80 v. Chr. geborene römische Baumeister Vitruv, den man auch den ersten Architekten nennt, spricht in seinem bedeutenden zehnbändigen Werk *De architectura* ausführlich darüber, wie wichtig es sei, den Einfluss des

Windes zu beachten. Im ersten Buch seiner Architekturtheorie nennt er die vier Hauptwindrichtungen Solanus (Osten), Auster (Süden), Favonius (Westen) und Septentrio (Norden), plus die vier Winde zwischen ihnen.

Ich finde es erstaunlich, welches Verständnis die römischen Ingenieure vom Wirken der verschiedenen Windrichtungen hatten. Obwohl wir heute sehr viel feinere Berechnungen anstellen können, wurde die Grundlage für unsere Arbeit schon vor 2000 Jahren in diesem achteckigen Wetterturm verewigt.

Überall auf der Welt wirkt sich Wind auf die von uns errichteten Bauwerke aus. Wenn ich mit einem Gebäude zu tun habe, das weniger als 100 Meter hoch ist, verwende ich meist eine Windkarte. Anhand von jahrzehntelangen Messungen wird auf diesen Karten verzeichnet, an welchen Stellen welche Windgeschwindigkeiten vorherrschen. Die Daten werden mit anderen Gegebenheiten in Relation gesetzt: Man beachtet etwa, wie weit der Ort vom Meer entfernt ist und wie die Umgebung strukturiert ist (also ob sich ringsum Erhebungen oder andere Gebäude befinden). Durch verschiedene Formeln kann ich so herausfinden, welchen Windkräften ein Bauwerk aus zwölf Richtungen ausgesetzt ist – diese Richtungen entsprechen einem Kreisausschnitt von 30 Grad, und wir sind damit gar nicht so weit entfernt von den acht Windrichtungen des Vitruv.

Wenn ich aber ein größeres Bauwerk oder ein Hochhaus plane, gelten die Windkartendaten nicht mehr. Denn Wind agiert nicht linear, und es lässt sich nicht vorhersehen, wie sich seine Kraft in größerer Höhe verändert. Wollte man mit Rechentricks probieren, die Werte für einen 100 Meter hohen Turm auf einen 300 Meter hohen Turm zu übertragen, käme man auf vollkommen unrealistische Ergebnisse. Das Bauwerk muss stattdessen in einem Windtunnel getestet werden.

Während der Entwurfsphase für ein 40-stöckiges Gebäude am Londoner Regent's Canal habe ich einmal einen Windtunnel in Milton Keynes besucht. Die Miniaturwelt einer solchen Anlage ist

Das Horologion des Andronikos – der Turm der Winde – wurde im 1. bis 2. Jahrhundert v. Chr. in Athen erbaut.

absolut erstaunlich. Die Modellbauer hatten eine maßstabsgetreue Nachbildung des geplanten Bauwerks hergestellt – 200-mal kleiner als das Original. Und auch alle Häuser im Umkreis standen dort als Modell auf einer Drehscheibe. Gerade die umgebenden Gebäude sind wichtig für die Berechnung der Windlasten. Stünde mein Hochhaus allein auf weiter Flur, würde der Wind es ungebremst erfassen. Inmitten eines Häusermeers aber entstehen verschiedene Windströme und Turbulenzen.

Ich stand also hinter dem Modell meines Projekts und blickte durch den »Tunnel« – eine lange, rechteckige Röhre – auf den riesigen Propeller auf der anderen Seite. Sobald alle Kabel angeschlossen und die Techniker in Habachtstellung waren, wurde der Ventilator angeschaltet. Ich musste mich tatsächlich festhalten, als ein kühler Windstoß durch die Miniaturstadt fegte und mir ins Gesicht schlug. Tausende Sensoren an dem Modell meines Gebäudes meldeten dem Computer, welchen Druck- bzw. Zugspannungen sie unterworfen waren. Dann wurde die Drehscheibe um 15 Grad weiterbewegt und erneut gemessen – bis das System schließlich Daten aus 24 Richtungen gesammelt hatte.

Einige Zeit später fügte ich die Daten dann in mein Computermodell ein, um die Standfestigkeit meines Gebäudes zu überprüfen. Das Bauwerk sollte allen Kräften widerstehen, die der Wind aus verschiedenen Richtungen ausüben könnte.

Wind kann ein Bauwerk auf drei Arten beeinflussen. Eine sehr leichte Struktur kann er einfach umblasen, wie die Verkehrshütchen am Rand der Straße. Bei nachgiebigem Boden kann der Wind ein Bauwerk verschieben und einsinken lassen. Ähnlich wie ein Segelboot an einem böigen Tag. Der Winddruck schiebt das Boot über das Wasser – was bei einem Segeltörn natürlich erwünscht ist. Ein Gebäude oder eine Brücke dagegen sollte bei Winddruck nicht verschiebbar sein. Natürlich ist der Baugrund niemals so nachgiebig wie Wasser, und bei einem noch so heftigen Sturm segeln keine Gebäude an uns vorbei – dennoch, der Untergrund kann in Bewegung geraten. Bauwerke müssen durch ein Fundament verankert werden, damit sie nicht abrutschen.

Die dritte Auswirkung von Windkräften ist mit dem Schaukeln eines Schiffs auf dem Meer vergleichbar. Wie Bäume schwingen auch Gebäude im Wind hin und her – was ganz normal und ungefährlich ist. Die Bewegung bei Bauwerken ist normalerweise nicht so groß, dass einem das Schwanken auffiele. Hochhäuser sind meist so geplant, dass sie maximal ein 500stel ihrer Höhe pendeln. Wenn dies aber sehr schnell geschieht, kann einem schon einmal schwindlig werden.

Ein ausreichend schweres Bauwerk kippt nicht so leicht um. In der Vergangenheit hatten die meisten Gebäude eine eher geringe Höhe, und da sie aus Steinen oder Ziegeln erbaut waren, besaßen sie genug Gewicht, um Windkräften zu widerstehen. Je höher man baut, auf desto stärkeren Wind trifft man. Ab dem 20. Jahrhundert, als immer größere und leichtere Bauwerke entstanden, wurde der Winddruck zu einer nicht zu vernachlässigenden Größe.

Ein modernes Hochhaus wird nicht allein durch sein Gewicht aufrecht gehalten. Die Ingenieure müssen eine möglichst steife und damit windfeste Konstruktionsweise ersinnen. Wenn man sich anschaut, wie sich ein Baum im Sturm verbiegt und dem Druck standhält, hat man eigentlich schon das Prinzip verstanden, durch das moderne Bauten standfest bleiben, auch wenn draußen ein Orkan wütet. Die Stabilität eines Baumes hängt von einem starken, fest verwurzelten und doch biegsamen Stamm ab, die Stabilität eines Gebäudes garantiert ein Kern aus Stahl oder Beton.

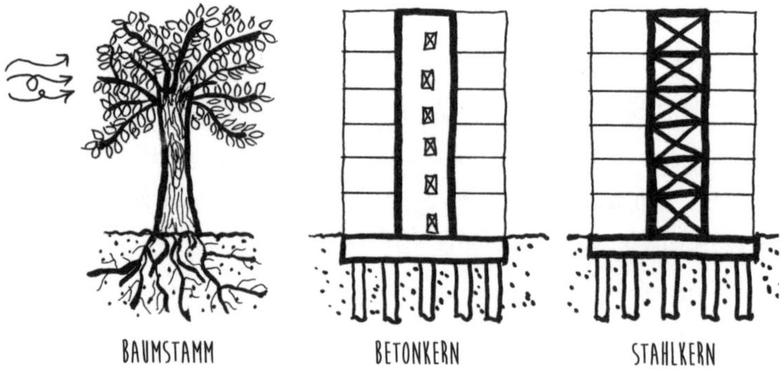

Der Gebäudekern aus Beton oder Stahl bildet den stabilen »Stamm« eines Gebäudes und muss im Erdreich verankert sein.

Der Gebäudekern – wie sein Name vermuten lässt, befindet sich dieser in der Mitte eines Bauwerks – besteht aus im Rechteck angeordneten Wänden, die ein Hochhaus durchlaufen wie das Rückgrat den menschlichen Körper. Die Etagen des Gebäudes sind mit den Kernwänden verbunden. Meist nehmen wir den Kern eines Hochhauses gar nicht wahr, weil er gut versteckt ist und seinerseits Aufzüge, Treppenhäuser, Lüftungskanäle, Kabelschächte und Wasserleitungen verbirgt.

Wenn Wind auf das Gebäude trifft, wird der Druck durch den Kern abgeleitet. Der Gebäudekern funktioniert wie ein Ausleger – ähnlich wie ein Sprungbrett ist er an einer Seite fest verankert und an der anderen beweglich. So kann er sich leicht neigen, der Winddruck wird in das Fundament abgeleitet. Das Gebäude wird stabilisiert wie ein Baum, dessen Wurzeln den Winddruck verteilen.

GRUNDRISS EINES BETONKERNS

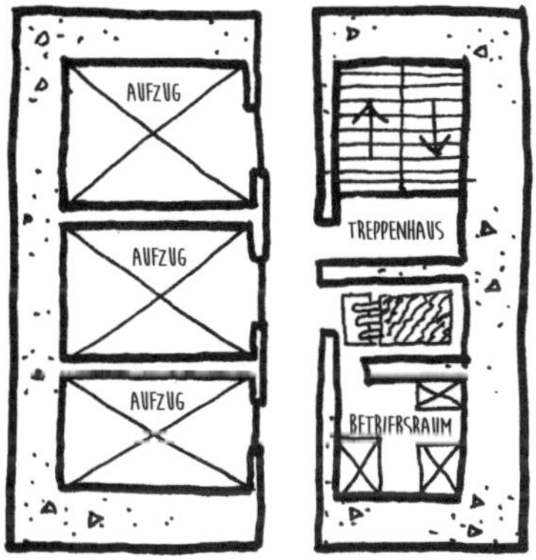

Der Kern eines Hochhauses ist in seinem Innern verborgen und bietet Platz für die Gebäudeeinrichtungen.

Die Wände eines Betonkerns bestehen durchgehend aus Beton (abgesehen von wenigen Öffnungen für Aufzüge und Etagentüren) und steifen das Gebäude von innen aus. Ein Stahlkern sieht anders aus, denn ganze Wände aus Stahl wären unglaublich schwer und teuer, mit derartigen Lasten ließe sich gar nicht bauen. Stattdessen werden Stützen und Träger zu einem Stahlrahmen montiert.

Der jeweilige Druck auf ein Stahlsegment oder ein Stück Betonmauer hängt von der Windrichtung ab. In meinem Computermodell kann ich die im Windkanal berechneten Windlasten aus 24 verschiedenen Richtungen verarbeiten. Die Windkräfte rufen Druck- und Zugspannungen im Fachwerk des Stahlkerns bzw. in den Mauern des Betonkerns hervor. Der Computer berechnet die Spannungen für jede Windrichtung und jeden Teil des Gebäudekerns. Daraufhin wird das Stahl- oder Betonsegment entsprechend der höchsten Belastung geplant. Die Dicke der Stahlstreben bzw. der Betonwände variiert je nach maximaler Windlast. Der Gebäudekern stabilisiert das Hochhaus schließlich unabhängig von der Windrichtung. Zum Glück erleichtern uns Ingenieuren heute Computer die Mammutaufgabe, den Winddruck aus 24 verschiedenen Richtungen für jeden einzelnen Gebäudeteil zu berechnen.

An der St Mary Axe in London steht ein 41-stöckiges Gebäude, das aussieht wie eine riesige Essiggurke (engl. *gherkin*). Das Hochhaus widersetzt sich dem Winddruck auf ganz andere Weise: Der elegant geformte Zylinder aus blau getöntem Glas ist von einem stählernen Gitterwerk aus Rauten umgeben.

Ein Gebäudekern funktioniert wie ein Rückgrat oder Skelett, das dem Bauwerk von innen Stabilität verleiht. *The Gherkin* aber ist von einem gitterförmigen Tragwerk umgeben, das eher mit dem Panzer einer Schildkröte vergleichbar ist. Statt einer inneren Stützstruktur ist es hier der Rahmen des Gebäudes, der es vor äußeren Einflüssen abschirmt. Trifft Wind auf das Bauwerk, wird die Spannung über das Außenskelett in das Fundament abgetragen.

Ein anderes spektakuläres Beispiel für einen außen liegenden Stahlrahmen liefert das Centre Pompidou in Paris. Die Architekten Renzo Piano, Richard Rogers und Gianfranco Franchini hatten ein Gebäude vor Augen, dessen Innenleben nach außen gekehrt ist. Alle normalerweise verborgenen Adern – Frischwasser- und Abwasserleitungen, Stromkabel, Lüftungsrohre und sogar die Treppen, Rolltreppen und Aufzüge – befinden sich an der Außenseite. Auffällig schlängeln sich weiße, blaue und grüne Rohre an der Fassade entlang, ein durchsichtiger Rolltreppenschlauch führt im Zickzack nach oben. Auf den zweiten Blick erkennt man das Netz aus großen x-förmigen Stahlstreben zum Schutz gegen Windlasten. Zwischen den Lüftungsschächten und Abwasserrohren befindet sich ein stützendes Außenskelett.

Als Ingenieurin gefällt mir dieser Blick hinter die Kulissen: Ich kann erkennen, wie das Gebäude funktioniert und wie Lasten abgetragen werden. Hier werden die scheinbar unschönen, aber doch so wichtigen Anlagen, ohne die ein Gebäude nicht funktioniert,

rechts:
Der 2012 fertiggestellte Büroturm an der Londoner St Mary Axe – im Volksmund auch *The Gherkin* (Gurke) genannt – ist durch ein Außenskelett vor Windlasten geschützt.

unten:
Das Centre Pompidou in Paris hat ein außen liegendes Tragwerk aus Stahlstreben.

mal nicht versteckt – nein, das Centre Pompidou tritt erfrischend ehrlich auf und gewährt uns einen Einblick in seinen Charakter.

Stützwerke und stabile Kerne haben Bauwerke aber nicht nur, damit sie nicht umfallen – auch Schwingungen werden auf diese Weise abgefangen. Es mag seltsam erscheinen, dass stabile Bauwerke aus Stahl und Beton hin und her schwingen – aber genau das tun sie. Dabei ist die Schwingung selbst nicht das Problem. Viel entscheidender ist, wie schnell und wie lange eine Gebäudespitze ausschlägt. Durch Experimente konnte man herausfinden, bei welchem Beschleunigungsgrad wir Menschen diese Bewegung spüren. In einem Flugzeug merkt man die Bewegung kaum. Nur, wenn es Turbulenzen gibt und die Geschwindigkeit sich plötzlich und schnell ändert, spürt man die Bewegungen. Bei Gebäuden ist es ähnlich: Sie schwingen stark, aber davon merkt man nichts, solange die Beschleunigung gering bleibt. Wenn die Beschleunigung dagegen sehr hoch ist, wird es unangenehm, auch wenn der Turm nur leicht ausschlägt. Je nachdem, wie lange die Schwingungen anhalten, kann uns jetzt sogar mulmig werden. Wieder hilft der Sprungbrett-Vergleich: Wenn jemand abspringt und ins Becken eintaucht, schwingt das Sprungbrett noch eine Weile weiter, bevor es zur Ruhe kommt. Ein dickes Sprungbrett, das an einer Seite stabil befestigt ist, wird nur wenig ausschwingen und nach kurzer Zeit anhalten. Ein dünneres und labileres Brett, das nicht ordentlich befestigt ist, schwingt stärker aus und beruhigt sich erst nach einer ganzen Weile.

Wenn ich ein Hochhaus plane, darf dessen Schwingung nur so leicht beschleunigen, dass man sie nicht wahrnimmt, und sie muss möglichst schnell wieder aufhören.

Dasselbe Computermodell, das mich bei der Planung eines schwerkraftsicheren Gebäudes unterstützt, hilft mir auch bei dieser Aufgabe. Ich gebe Material, Form und Größe der Stützen und Träger und des Gebäudekerns ein. Die Software berechnet mir die Beschleunigung aus den Windlasten, der Steifigkeit des Materials und der Geometrie der Konstruktion. Wenn die Beschleunigung unter der für Menschen wahrnehmbaren Grenze liegt, ist alles in Ordnung. Wenn sie aber darüber liegt, muss ich die Konstruktion aussteifen. Dies geschieht, indem man die Wände des Betonkerns noch dicker macht oder dickere Stützen für das Stahlgerippe verwendet. Ich lasse das Modell immer wieder analysieren, bis die gewünschte Beschleunigung erreicht ist.

Je höher und schlanker ein Gebäude, desto größer die Schwingungen. Manchmal kann man die Konstruktion nicht ausreichend versteifen, um die Beschleunigung und die Dauer der Schwingungen unter Kontrolle zu bringen. Das Gebäude hat dann zwar keine Sicherheitsmängel, doch man würde sich in ihm nicht sicher fühlen. In diesem Fall wird die Schwingung der Gebäudespitze durch eine Art Pendel – einen sogenannten Schwingungstilger – ausgeglichen.

Jeder Gegenstand und auch jedes Gebäude hat eine bestimmte Eigenfrequenz (die Frequenz gibt die Anzahl der Schwingungen pro Minute an). Eine Opernsängerin kann ein Weinglas zerspringen lassen, wenn sie eine Note mit der Frequenz trifft, die auch das Glas hat – ihre Stimme versetzt das Glas dann in heftige Vibrationen. Genauso können Wind und Erdbeben ein Gebäude mit einer bestimmten Frequenz schütteln. Wenn die Eigenfrequenz des Bauwerks den Schwingungen von Wind oder Erdbeben entspricht, beginnt die Konstruktion dramatisch zu vibrieren und wird beschädigt. Dieses Mitschwingen nennt man Resonanz.

Ein Pendel – also ein an einer Feder oder einem Kabel befestigtes Gewicht – schwingt hin und her. Je nachdem, wie lang das Kabel oder wie stark die Feder ist, wird das Pendel in einem bestimmten Zeitraum soundso viele Male ausschlagen. Wenn man nun die Schwingungen eines Hochhausturms mithilfe eines Pendels ausgleichen möchte, berechnet man die Frequenz des Wolkenkratzers und setzt dann in die Gebäudespitze ein Pendel mit ähnlicher Frequenz. Wenn Wind oder ein Erdbeben das Gebäude erschüttern, gerät es in Schwingung. Dies führt dazu, dass auch das Pendel ausschlägt – jedoch in die entgegengesetzte Richtung.

Ein Schwingungstilger fängt die Schwingung eines Hochhauses auf, indem er in die entgegengesetzte Richtung ausschlägt.

Die Vibration (und damit das Klingen) einer Stimmgabel kann man stoppen, indem man den Finger auf eine der Seiten legt. Der Finger nimmt dann die Vibrationsenergie auf. Dasselbe Prinzip findet im Wolkenkratzer Anwendung. Dabei ist die Stimmgabel das Hochhaus und der Finger das Tilgungspendel, das die Schwingungsenergie des Wolkenkratzers aufnimmt und die Bewegung dämpft.

Taipei 101, ein 509 Meter hoher Büroturm in Taipeh, war bei seiner Fertigstellung im Jahre 2004 das größte Gebäude der Welt. Es ist berühmt für seine besondere Architektur: Von Pagoden und Bambusstöcken inspiriert, besteht der Turm aus acht trapezförmigen Abschnitten, die wie organische Segmente wirken – als sei das schlanke Bauwerk aus dem Boden gewachsen wie eine Pflanze. Ein Effekt, der durch die grün getönten Fenster verstärkt wird.

Genauso berühmt ist der Wolkenkratzer aber für die riesige Stahlkugel, die zwischen dem 87. und 92. Stockwerk hängt. Mit 660 Tonnen ist es das schwerste Stahlpendel, das je in einem Hochhaus verbaut wurde. Das Pendel ist eine Touristenattraktion (durch seine Größe, seine geometrische Perfektion und seine hellgelbe Farbe wirkt es wie ein Requisit aus einem Science-Fiction-Film), doch seine eigentliche Aufgabe besteht darin, das Gebäude vor Taifunen und Erdbeben zu schützen. Wenn der Turm von einem Sturm getroffen wird oder der Erdboden unter ihm bebt, gerät das Pendel in Bewegung und fängt die Erschütterung auf. Im August 2015 traf Taifun Soudelor auf Taiwan und fegte mit 170 Stundenkilometern

rechts:
Das 509 Meter hohe *Taipei 101* beherrscht die Skyline im taiwanesischen Taipeh.

unten:
Durch das Stahlpendel übersteht das Hochhaus *Taipei 101* Erdbeben.

durch die Stadt, doch *Taipei 101* nahm keinen Schaden. Das rettende Pendel verzeichnete seinen bisher größten Ausschlag von knapp einem Meter.

Ingenieure setzen Pendel ein, um Gebäude vor Wind und Erdbeben zu schützen – dies funktioniert, da sich beide Naturgewalten in horizontaler Richtung auswirken. Doch Erdbeben können noch viel verheerendere Folgen haben und man muss zusätzliche Schutzmaßnahmen treffen. Die vernichtenden Kräfte eines Erdbebens haben die Menschen im Laufe der Geschichte auf verschiedene Weise zu erklären versucht. In der indischen Mythologie heißt es, die Erde erzittere, wenn die vier Elefanten, die sie auf ihrem Rücken tragen, ihre Köpfe schütteln. Laut den nordischen Sagen erbebt die Erde, wenn Loki (der Streichemacher unter den Göttern, der wegen seiner Missetaten in einer Höhle gefangen ist) an seinen Fesseln zerrt. Japaner geben dem Riesenwels Namazu die Schuld, da er unter der Erde im Schlamm lauert, bewacht von einem Gott, der ihn mit einem Felsen zu Boden drückt. Manchmal jedoch wird der Gott abgelenkt und Namazu kann entwischen. Heute haben wir eine weniger fantasievolle, aber dafür genaue Erklärung für die wiederkehrende Erschütterung der Erde: Zu einem Erdbeben kommt es, wenn sich verschiedene Schichten der Erdkruste gegeneinander verschieben. An einem einzelnen Punkt, dem Epizentrum, explodiert eine gewaltige Energiemasse. Diese verteilt sich im weiten Umkreis und lässt den Erdboden samt Gebäuden erzittern. Die Erschütterungswellen sind unvorhersehbar und unregelmäßig – sie schlagen ohne Vorwarnung zu.

Ingenieure untersuchen die Frequenzen von aufgezeichneten Erdbeben und vergleichen diese mit der natürlichen Frequenz des geplanten Gebäudes. Genau wie beim Wind müssen wir dafür sorgen, dass die Frequenzen sich nicht annähern, da das Bauwerk sonst in Schwingung gerät und beschädigt oder gar zerstört wird. Bei Bedarf lässt sich die Frequenz des Gebäudes ändern, indem mehr Masse verbaut wird oder der Gebäudekern bzw. das stützende Stahlgerüst stärker versteift wird.

Die Auswirkungen der Energiewellen eines Erdbebens können außerdem durch dämpfende Gummilager gemildert werden. Angenommen, man sitzt in seinem Wohnzimmer und hört basslastige Musik über Lautsprecher – dann spürt man die Vibrationen über den Fußboden und das Sofa bis in den Körper. Wenn aber unter den Lautsprechern Gummischeiben liegen, verringert sich die Wirkung, da das Material einen Großteil der Vibrationen aufnimmt. Genauso funktionieren die großen Gummilager an den Stützen eines Gebäudes: Sie nehmen die Erschütterungen des Erdbebens auf.

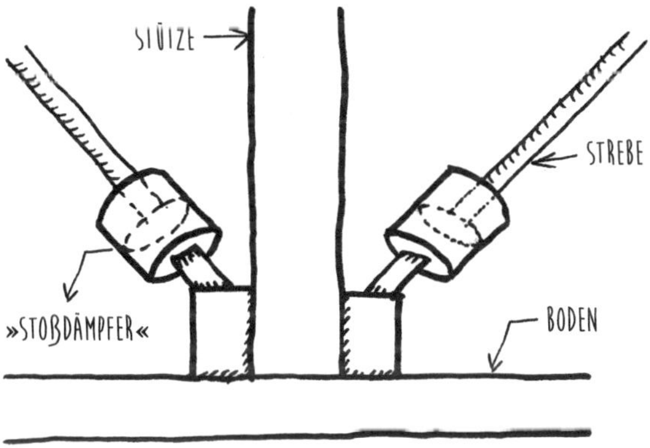

Gummilager wie dieses schützen auch die Torre Mayor in Mexiko-Stadt.

Erdbebenkräfte können auch am Gerüst eines Gebäudes abgefangen werden. Bei der Torre Mayor, einem 228 Meter hohen Wolkenkratzer in Mexiko-Stadt, kommt dabei ein ziemlich ausgeklügeltes System zum Einsatz. Rund um das 55-stöckige Gebäude ist ein x-förmiges Gitter aus 96 hydraulischen Stoßdämpfern angebracht. Wenn es zu einem Erdbeben kommt, gerät das Gebäude in Schwingung, doch die Bewegung wird von den Stoßdämpfern abgefangen, und der Turm wird kaum erschüttert. Tatsächlich erlebte Mexiko-Stadt kurz nach der Fertigstellung der Torre Mayor ein Erdbeben der Stärke 7,6, das große Zerstörungen hervorrief. Die Torre Mayor blieb unbeschadet – es hieß sogar, die Menschen darinnen hätten gar nichts von einem Erdbeben mitbekommen.

Das ist eigentlich das Ideal der Ingenieurskunst: ein Gebäude zu schaffen, das so perfekt geplant und so sicher ist, dass die Menschen darin ungestört ihren Beschäftigungen nachgehen, ohne sich der komplizierten Technologie bewusst zu sein, mit deren Hilfe man die Kräfte beherrscht, denen die Konstruktion Tag für Tag ausgesetzt ist.

FEUER

Am 12. März 1993 ging ich morgens wie gewohnt zu meiner im Mumbaier Stadtteil Juhu gelegenen Schule. Die Haare hatte ich zu einem ordentlichen Zopf gebunden, ich trug eine frisch gebügelte weiße Bluse und ein graues Schürzenkleid. Meine feste Zahnspange hatte ich mit grünen Gummiringen verschönert. Insgesamt machte ich keinen besonders coolen Eindruck – ich war schon mit neun der Klassennerd. Um 14 Uhr kam meine Mutter in unserem lindgrünen Fiat vorgefahren und holte meine Schwester und mich ab. Während sie noch einparkte, sausten wir Mädchen schon die Treppe hoch: unser tägliches Wettrennen bis zur Wohnungstür. Doch an diesem Tag war etwas anders. Wir hielten am Treppenabsatz an, weil unsere Nachbarin vor der Tür wartete. Sie zupfte nervös an ihrer Dupatta und schien von irgendetwas betroffen.

Wir erfuhren dann bald, was los war. Während meine Mutter uns abgeholt hatte, gab es einen Bombenanschlag auf den Bombay Stock Exchange – das Börsengebäude, in dem mein Vater und mein Onkel arbeiteten.

In Panik rannten wir in die Wohnung und schalteten den Fernseher ein. Die Katastrophe war auf allen Kanälen. In der Stadt detonierten weitere Sprengsätze. Hunderte Menschen waren getötet oder verletzt worden. Damals gab es noch keine Mobiltelefone, und wir wussten nicht, ob Vater und Onkel unverletzt waren.

Der Bombay Stock Exchange ist ein 29-stöckiger Betonturm mitten in Mumbais Finanzviertel. Ein mit einer Bombe beladener

Wagen war in die Tiefgarage gelangt und dort detoniert. Es gab viele Tote und noch mehr Verletzte. Voller Entsetzen stand ich vor dem Bildschirm und sah, wie weinende, von Blut und Staub bedeckte Menschen aus einer Rauchwolke flohen. Polizei, Feuerwehr und Rettungswagen eilten mit plärrenden Sirenen zu dem Büroturm. Man konnte sehen, dass die Räume im Erdgeschoss und im ersten Stock komplett zerstört waren. Niemand aus diesem Teil des Gebäudes konnte die Katastrophe überlebt haben. Benommen stolperten die Menschen aus den oberen Stockwerken über die Treppen nach draußen. Zu Hause vor dem Fernseher sahen wir uns wortlos an, dachten aber alle dasselbe: Mein Vater und mein Onkel arbeiteten in der 8. Etage. Wir hofften das Beste.

Wie ich später erfuhr, hatte mein Vater am Schreibtisch gesessen und sich am Telefon über eine schlechte Verbindung beschwert, als das Gebäude plötzlich durch einen gewaltigen Knall erschüttert wurde. Zuerst dachte er, ein Generator oder ein Kühlaggregat wären explodiert. Er sprang auf, versuchte, seine Mitarbeiter zu beruhigen und sagte ihnen, sie sollten im Büro bleiben. Kurz darauf hörte er, wie die Menschen in Panik durchs Treppenhaus rannten. Man schrie, es habe einen Bombenanschlag gegeben, und alle sollten das Gebäude schnellstmöglich verlassen. Mein Vater, mein Onkel und ihre Mitarbeiter verließen ihr Büro und stießen auf Szenen des Horrors.

Das Treppenhaus wurde durch Hunderte Menschen verstopft, es gab fast kein Vorwärtskommen. Mit gesenktem Kopf konzentrierte er sich nur noch darauf, Stufe für Stufe dem Ausgang näher zu kommen und nicht auf die abgerissenen Gliedmaßen und das Blut zu schauen. Endlich war er unten angelangt. Rettungswagen, die sich mühten, der Verletzten Herr zu werden, blockierten die Straße. Mein Vater und mein Onkel flohen aus der Gegend und konnten einen Bus zum Haus meiner Großmutter erwischen. Etwa zwei Stunden nachdem wir nach der Schule zu Hause angelangt waren – die längsten zwei Stunden meines Lebens –, rief unser »Pop« endlich an und sagte, sie beide seien in Sicherheit.

Jahre später, während meines Ingenieurstudiums, besprachen wir in einem Seminar, wie man Hochhäuser vor Explosionen sichert. Mit einem Mal hatte ich die schrecklichen Ereignisse dieses Maitags wieder vor Augen. Und dabei kam mir ein Gedanke: Das Börsengebäude war durch eine gewaltige Explosion im unteren Teil erschüttert worden, und im Anschluss war auch noch ein Feuer ausgebrochen – warum war der Büroturm nicht eingestürzt?

Ich weiß heute, dass es dafür hauptsächlich zwei Gründe gibt. Erstens werden bestimmte Gebäude extra bombensicher geplant, damit sie im Falle einer Explosion nicht gleich wie ein Kartenhaus zusammenfallen. Es gibt für sämtliche Gebäude einen minimalen Sicherheitsstandard, doch besonders anfällige Einrichtungen – große und wichtige Gebäude oder Gebäude, in denen sich viele Menschen aufhalten – werden vor verschiedenen Explosionsszenarien geschützt. Zweitens gilt für alle Bauwerke, dass ein eventuell ausbrechendes Feuer am Ausbreiten gehindert wird, damit die Menschen sich retten können und der Brand isoliert und bekämpft werden kann, bevor die Standfestigkeit des Gebäudes gefährdet ist.

Begonnen haben wir aber einmal anders – wir mussten aus vergangenen Katastrophen lernen.

Nachdem sie am Morgen des 16. Mai 1968 früh aufgewacht war, ging Ivy Hodge in die Küche, um sich einen Tee zu kochen. Sie drehte das Gas auf, zündete ein Streichholz an – und fand sich unter freiem Himmel auf dem Rücken liegend wieder. Eine Wand der Küche und eine Wand des Wohnzimmers waren verschwunden.

In Ivys Wohnung, gelegen im 18. Stock eines insgesamt 22-stöckigen Hochhauses im Londoner Canning Town, hatte es eine Explosion gegeben. Dass dies zu Friedenszeiten in einer ruhigen Wohngegend geschehen konnte, war ein schreckliches und unerhörtes Ereignis, das maßgeblich beeinflusste, wie wir von da an bauen sollten.

Der Wohnturm war im Zuge des Wiederaufbaus nach dem Zweiten Weltkrieg innerhalb kürzester Zeit errichtet worden. In dem Stadtteil war etwa ein Viertel der Häuser von Bomben zerstört worden, und zusammen mit dem Bevölkerungsanstieg der Nachkriegstage führte dies zu einer gewaltigen Wohnungsnot. Um schnell und effizient Wohnraum zu schaffen, experimentierte man mit neuen Konstruktionsweisen. Das Hochhaus war der zweite von neun identischen Wohntürmen, die eine Siedlung namens Ronan Point bilden sollten.

Das Gebäude hatte man mit vorgefertigten Teilen hochgezogen: Anstatt wie sonst üblich, vor Ort Betondecken und -wände zu gießen, wurden zimmergroße Betonplatten in Fabriken vorgefertigt. Die Platten wurden zur Baustelle transportiert und mit einem Kran eingehoben. Das Ganze funktionierte wie bei einem Kartenhaus: Zuerst wurden die Wände des Erdgeschosses aufgestellt, darüber legte man horizontale Platten, die den Boden des 1. Stockwerks bildeten, und nach diesem Prinzip ging es weiter. Die Bauteile wurden vor Ort mit wenig Beton zusammengefügt. Dabei sollte die Gebäudelast allein durch die Platten abgetragen werden, es gab keine stützende Skelett- oder Rahmenkonstruktion. Durch die Vorfertigung wurden die Baukosten gering gehalten, es konnte schneller und mit weniger Arbeitskräften gebaut werden – das waren in der Nachkriegszeit wichtige wirtschaftliche Faktoren.

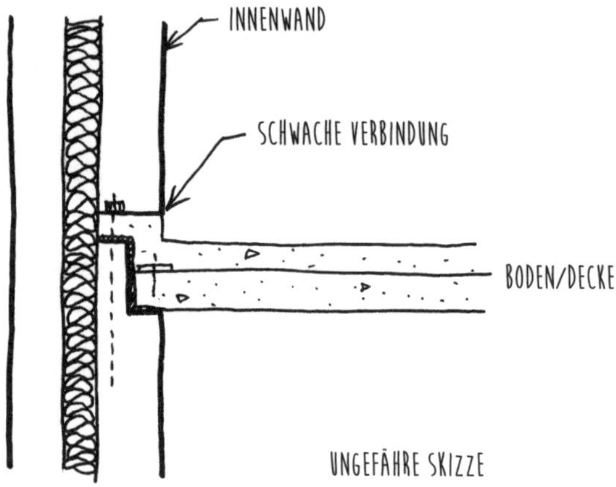

Beim Ronan-Point-Projekt wurden die vorgefertigten Platten beim Zusammenbau nur mangelhaft mit frischem Beton verbunden.

In Ivy Hodges Wohnung war Gas aus einem gerade erst installierten, aber defekten Boiler entwichen. Das Streichholz hatte das ausströmende Gas entzündet – und BAMM!, mit einem Schlag waren die Außenwände der Wohnung weggeflogen. Da sie nun nicht mehr abgestützt wurden, brachen auch Wände der darüberliegenden Wohnung ab und stürzten auf das Stockwerk darunter. Nach und nach kollabierten sämtliche Etagen an dieser Ecke des Wohnblocks und rissen große Gebäudeteile mit sich. Vier Menschen, die noch schlafend in ihren Betten gelegen hatten, starben bei dem Unglück.

Seltsamerweise wurde Ivys Trommelfell durch die Explosion nicht beschädigt. Dies legt nahe, dass keine großen Kräfte im Spiel waren, denn unsere Ohren sind in einem solchen Fall eigentlich sehr empfindlich. Die nachfolgenden Untersuchungen ergaben, dass selbst ein Drittel der Explosionskraft ausgereicht hätte, um die Wandplatten nach außen zu drücken. Da die Bauteile übereinanderlagen, ohne ordentlich befestigt zu sein, wurden sie durch nichts gehalten. Die Planer hatten sich auf die Reibung zwischen den Platten und ein wenig frischen Beton verlassen, mit dem man die Bauteile »zusammenkleben« wollte. Doch als die Explosion die Wände nach außen drückte, war dieser Druck größer als der Widerstand von Reibung und Beton: Die Platten flogen ab. Da die Lasten der oberen Wände nicht mehr abgeleitet werden konnten, stürzten auch sie ab.

Noch etwas ist auffällig an dem Einsturz des Wohnblocks. Normalerweise richtet eine Explosion im unteren Teil eines Gebäudes den meisten Schaden an, da alle Stockwerke darüber einstürzen. Im konkreten Fall war es aber so, dass dasselbe Ereignis in einer der unteren Etagen keine solche Katastrophe hervorgerufen hätte.

Reibung ist abhängig vom Gewicht. Je mehr Gewicht auf der Verbindung zweier Flächen lastet, desto größer ist die Reibung. Nahe der Spitze des Wohnturms – wo sich Ivys Wohnung befand – wirkte die Last von nur vier Etagen auf die Verbindung von Wand und Decke, daher ergab sich wenig Reibung. Der Druck der Explosion überwand die Reibungskraft und warf die Betonplatten von der Fas-

Nach der Explosion in dem Londoner Wohnturm Ronan Point im Jahre 1968 stürzten unverhältnismäßig viele Etagen ein.

sade. Im unteren Teil des Hochhauses hätte das Gewicht von über 20 Stockwerken für eine größere Reibung zwischen den Betonplatten gesorgt (aus diesem Grund ist es auch schwerer, eine Zeitschrift aus einem Stapel zu ziehen, wenn sie weiter unten liegt). Heutzutage ist eine Katastrophe wie in Ronan Point sehr selten – vor allem auch, weil sich andere Konstruktionsweisen durchgesetzt haben.

Aus den tragischen Ereignissen zog man zwei wichtige Erkenntnisse. Zum einen die Notwendigkeit, Bauteile stabil zu verbinden, damit Boden- oder Wandplatten nicht durch unvorhergesehene äußere Einflüsse in Bewegung geraten. Beim Ronan-Point-Projekt zum Beispiel hätten Stahlstreben als Verbindungsstücke zwischen den vorgefertigten Betonteilen den Einsturz verhindern können. In modernen Fertigbauten sind solche Verbindungssysteme heute Standard. Doch auch bei der traditionellen Bauweise, bei der man vor Ort den Beton gießt und die Stahlteile einbaut, ist es absolut wichtig, für eine sichere Verbindung von Stützen und Trägern zu sorgen. Bei Stahlrahmenkonstruktionen müssen die verbindenden Nieten nicht nur der Last von Wind und Erdanziehung standhalten, sondern das Bauwerk in sich stabil machen.

Zum zweiten galt es, einen unverhältnismäßigen Schaden zu verhindern. Beim Ronan-Point-Hochhaus rief eine einzelne Explosion im 18. Stock den Kollaps einer gesamten Gebäudeecke hervor. Dieser Dominoeffekt war unverhältnismäßig zur Ursache. Bei einer Explosion kommt es natürlich zu einem Gebäudeschaden, doch dieser sollte sich keinesfalls auf die gesamte Konstruktion auswirken. Die Lasten in dem eilends hochgezogenen Wohnturm fanden keinen Weg. Daher ist es so wesentlich, dass Kräfte auch dann noch abgeleitet werden, wenn ein Teil der tragenden Struktur wegbricht. Wenn man etwa auf einem Stuhl sitzt, nimmt theoretisch jedes Stuhlbein nur ein Viertel der Gewichtslast auf. Doch die meisten Menschen kippeln gerne – in diesem Fall drückt das gesamte Körpergewicht auf zwei Beine, man verdoppelt also die Traglast. Im ungünstigsten Fall geben die Beine nach, man schlägt auf dem Boden auf und verletzt sich. Wenn ein Ingenieur aber einberechnet, dass mit einem Stuhl gekippelt wird, und deshalb jedes Stuhlbein auch mit dem doppelten Gewicht belastbar macht, sind wir auf der sicheren Seite.

Inzwischen werden immer alternative Wege geschaffen, durch die sich Lasten abtragen. Im Computermodell kann ich eine Stütze in meinem Gebäude entfernen, die gestiegenen Lasten für die umgebenden Stützen berechnen und sie dementsprechend stabil planen. So kann ich sicher sein, dass die umgebenden Stützen die ausgefallene ersetzen würden. Denselben Versuch mache ich auch mit anderen Stützen und gehe verschiedene Kombinationen durch, um zu überprüfen, ob das Bauwerk eine Explosion überstehen würde. Einen Ingenieur fordert man besser nicht zu einer Runde *Jenga* heraus: Wir wissen ganz genau, welche Steine man herausnehmen kann, ohne dass der Turm zusammenbricht.

Seit dem Altertum widmen sich Ingenieure und Behörden einem gemeinsamen Kampf – dem Kampf gegen das Feuer. Schon immer drohten Feuersbrünste unsere Städte niederzubrennen. Römische Häuser hatten Holzbalken, Holzböden und Holzdächer – leicht brennbares Material, und das bei einer hohen Brandwahrscheinlichkeit. Beim Großen Brand von Rom im Jahre 64 wurden zwei Drittel der Stadt dem Erdboden gleichgemacht. Damals wurde unbehandeltes Holz verarbeitet, und Wände bestanden aus mit Lehm beworfenem Flechtwerk: Die verwobenen Zweige wurden mit einer Mischung aus nassem Lehm und Stroh abgedichtet. Eine solche Konstruktion fing extrem leicht Feuer und ein Brand konnte sich rasant schnell ausbreiten. Die engen Straßen verschlimmerten die Lage noch, da die Flammen mühelos von einem Gebäude auf das andere übersprangen.

Im 1. Jahrhundert v. Chr. wurde Marcus Licinius Crassus in die obere römische Gesellschaftsschicht hineingeboren. Er wurde später ein angesehener General (er half unter anderem mit, den Sklavenaufstand des Spartakus niederzuschlagen) und berüchtigter Geschäftsmann. Crassus war jemand, der Gelegenheiten beim Schopf packte. Als er sah, welche Zerstörung die vielen Brände in Rom hervorriefen, schuf er die erste Feuerwehr der Welt: Sie bestand aus über 500 in der Brandbekämpfung geschulten Sklaven. Crassus führte diese Feuerwehr wie ein Privatunternehmen. Seine Männer eilten zu einem Brand, vertrieben dort die anderen Helfer und warteten ab, bis Crassus mit den verzweifelten Hausbesitzern einen Preis fürs Löschen verhandelt hatte. Wenn man sich nicht einig wurde, ließen die Feuerwehrleute das Gebäude einfach abbrennen. Die schwelenden Trümmer kaufte Crassus den Besitzern oftmals für eine lächerliche Summe ab. Auf diese Weise gelang es ihm recht schnell, große Teile der Stadt zu erwerben und ein riesiges Vermögen anzusammeln. Zum Glück ist die Feuerwehr unserer Tage nicht von Habgier getrieben.

Nach dem großen Brand von Rom erließ Nero neue Verordnungen für den Städtebau. Die Straßen wurden breiter, Wohnhäuser durften nur noch sechs Etagen haben, und Bäckereien oder Schmieden sollten außerhalb der Wohnviertel liegen und von doppelten Mauern umgeben sein. Nero verlangte feuersichere Balkone, um die Rettung der Bewohner zu erleichtern, und er verbesserte das Wassernetz, damit Löschwasser zur Verfügung stand. Die Römer haben also aus Katastrophen gelernt, und wir profitieren noch heute von dieser harten Schule. Noch Tausende Jahre später gelten zum Schutz unserer modernen Gebäude dieselben einfachen Regeln: Räume, Wohnungen und Gebäude müssen durch feuerfestes Material voneinander getrennt sein, damit sich ein Feuer nicht ungehindert ausbreitet.

Am 11. September 2001 verfolgte die Welt mit blankem Entsetzen, wie zwei Flugzeuge in das New Yorker World Trade Center stürzten. Ich war damals gerade in Los Angeles und machte Urlaub, bevor mein Studium beginnen sollte. Für den nächsten Tag hatte ich einen Flug nach New York gebucht. Wie gelähmt saß ich vor dem Bildschirm. Fassungslos sah ich, wie die Türme eine Stunde nach dem Aufprall einstürzten. Ein paar Tage später kehrte ich nach London zurück – mit dem Gefühl, dass die Welt um mich herum eine andere war.

Die schockierenden Ereignisse hatten auch ein ingenieurtechnisches Nachspiel, da man die Bauweise von Wolkenkratzern überdachte. Ich las von den Konstruktionsmängeln, die zum Einsturz der Türme geführt hatten, und war überrascht, dass nicht allein der Aufprall der Flugzeuge zum Versagen des Bauwerks geführt hatte, sondern vor allem auch der darauffolgende Gebäudebrand.

New York steht voller spektakulärer Wolkenkratzer, doch die 1973 eröffneten Zwillingstürme des World Trade Center gehörten zu den bedeutendsten Wahrzeichen der Stadt. Optisch waren die Twin Towers sehr schlicht. Der Grundriss ein perfektes Quadrat, je 110 Stockwerke hoch. Den Kern der beiden Türme bildete ein Geflecht aus Stahlträgern. Doch es war nicht dieses Rückgrat, das für die Stabilität der Wolkenkratzer sorgte: Die Erbauer verwendeten ein Außenskelett nach Art eines Schildkrötenpanzers.

Senkrechte Stützen, die das Quadrat mit einem Abstand von etwa einem Meter umliefen, wurden Stockwerk für Stockwerk mit Trägern verbunden. Diese Streben bildeten ein stabiles Gitter, ähnlich wie beim Londoner Büroturm *The Gherkin* – hier jedoch mit riesigen Rechtecken statt mit Dreiecken. Die steifen Verbindungen zwischen den vertikalen Pfosten und den horizontalen Riegeln sorgten für ein robustes Außenskelett, das die Wolkenkratzer vor Windlasten schützte. Als nun die Flugzeuge in die Türme brachen, rissen sie Löcher in die tragende Fassade. Mehrere Stahlstreben barsten. Dabei hatten die Ingenieure des WTC sogar mit der Möglichkeit eines Flugzeugaufpralls gerechnet: Sie hatten untersucht, was passieren würde, wenn eine Boeing 707 (das damals größte Verkehrsflugzeug) in das Gebäude stürzen würde, und ihre Pläne dementsprechend angepasst. Die Stahlstützen waren so stabil verbunden, dass sie die Lasten abfangen könnten, falls Teile des Gitters zerstört wären. Die auf das Gebäude einwirkenden Kräfte würden rings um die Einbruchstelle umgeleitet, ein Kollaps wie beim Ronan-Point-Hochhaus würde verhindert.

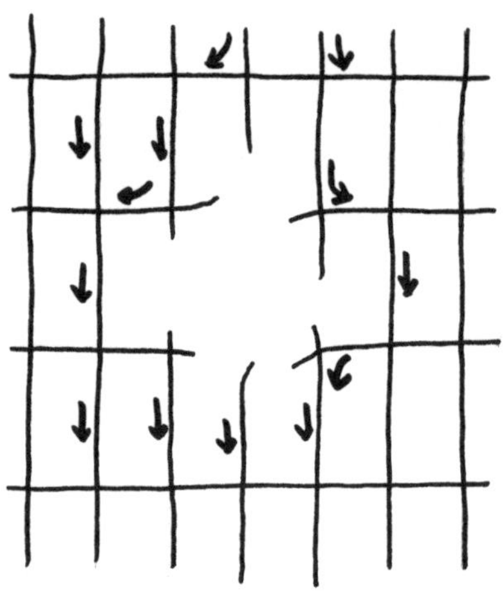

Im Notfall werden Lasten in einem Gebäude über alternative Wege abgetragen.

Doch die Flugzeuge, die in das World Trade Center brachen, waren keine Boeings 707, mit denen die Ingenieure dreißig Jahre zuvor ihre Berechnungen angestellt hatten, sondern die größeren 767er, mit noch mehr Treibstoff an Bord. Beim Aufprall geriet das Kerosin in Brand und entzündete Flugzeugteile, Möbel und andere brennbare Materialien. Im Innern des Gebäudes entstand ein gewaltiges Feuer. Das Stahlkorsett der Türme wurde extrem erhitzt. Stahl reagiert sehr ungünstig, wenn er heiß wird: Die winzigen Kristalle, aus denen das Material besteht, geraten in so heftige Bewegung, dass sich die eigentlich starken Verbindungen lösen. Das Metall wird weich. Heißer Stahl ist labiler als kalter Stahl und hält daher weniger Gewicht. An jenem 11. September trugen die Pfosten neben den Bruchstellen eine größere Last als sonst, denn sie leiteten ja zusätzlich die Kräfte der zerstörten Stützen ab. Die Gitterkonstruktion hatte einen speziellen, mit Mineralfasern durchmischten Anstrich, der den Stahl im Falle eines Feuers isolieren und eine Überhitzung vermeiden sollte. Doch der Aufprall des Flugzeugs und herumfliegende Trümmer hatten diese Schutzschicht zerstört, sodass große Teile des Stahlgerüsts freilagen. Die Temperatur des tragenden Skeletts stieg immer weiter.

Auch die Stahlkonstruktion im Innern der Türme erhitzte sich übermäßig. Der Gebäudekern war durch eine doppelte Schicht Gipskarton (eine Gipsplatte mit beidseitigem Kartonage-Bezug) von den umgebenden Bereichen getrennt. Auf diese Weise sollte ein in den Büroräumen ausbrechendes Feuer nicht ins Innere vordringen: Die Menschen könnten sich in diesen sicheren Schacht zurückziehen und über die Treppen entkommen. Aber auch diese Schutzplatten wurden beschädigt, die Stahlträger lagen bloß, und der Rettungsweg war verschlossen.

Die Stahlstützen wurden immer weicher, und als die Temperaturen schließlich 1000 Grad Celsius erreichten, gaben sie nach. Sie hielten den Lasten nicht mehr stand und knickten ein.

Am Ende fielen die Stahlträger komplett aus, und die darüberliegende Konstruktion war den Auswirkungen der Schwerkraft preisgegeben. Das Stockwerk über den versagenden Stützen brach ein, das darunter befindliche Stockwerk konnte die herabstürzende Last nicht tragen und gab ebenfalls nach. Eine Etage nach der anderen wurde durch einen verheerenden Dominoeffekt zerstört – ähnlich wie in Canning Town, aber in einem noch furchtbareren Ausmaß. Sämtliche Brandschutzmaßnahmen wie Anstriche und Schutzplatten waren dem Ansturm des Feuers in keiner Weise gewachsen.

Seit diesem Tag hat sich in der Planung von Hochhäusern einiges getan. Es wird dafür gesorgt, dass Rettungswege besser geschützt sind. Am besten gelingt das, indem man den Gebäudekern nicht aus Stahl, sondern aus Beton fertigt. Statt labiler Gipsplatten steht dann eine stabile Betonwand zwischen Brandherd und Sicherheitsbereich.

Beton ist ein schlechter Leiter, er gibt Wärme nicht gut weiter und erhitzt sich daher langsamer. Um Beton zu stabilisieren, wird er durch eine innen liegende stählerne Bewehrung gestützt. Dieses Stahlgitter ist wiederum ein idealer Wärmeleiter und stellt den Ingenieur vor ein schwerwiegendes Problem. Denn bei einem Feuer heizt sich der Stahl auf und die Wärmeenergie verteilt sich rasch im gesamten Geflecht – der umgebende Beton dagegen erwärmt sich bedeutend langsamer. Der heiße Stahl dehnt sich stärker aus als der kältere Beton, daraufhin reißt der Betonmantel. Es geschieht etwas Ähnliches wie bei einem dickwandigen Glasbehälter, in den man kochendes Wasser gießt: Die innere Glasschicht wird sehr heiß und dehnt sich aus, die äußere Schicht aber bleibt kalt, da Glas ebenfalls kein guter Leiter ist. Die innere Schicht drückt gegen die kältere äußere Schicht und lässt sie platzen.

Dank verschiedener Experimente wissen wir, wie lange es dauert, bis der Beton die Hitze an die innen liegende Bewehrung weitergibt, und wie lange es dann wiederum dauert, bis der Stahl sich so stark aufheizt, dass der Beton abplatzt. Daher wird der Stahl so tief im Beton versenkt, dass ein Feuer gelöscht werden kann, bevor die äußere Betonschicht nachgibt. So ist genug Zeit gewonnen, damit die Menschen das Gebäude über den Betonkern verlassen können oder die Feuerwehr die Flammen unter Kontrolle bringen kann, ohne dass es zum Einsturz kommt. Je höher und größer das Gebäude, desto länger ist der Fluchtweg, desto tiefer liegt die Bewehrung im Beton. Schon ein paar Zentimeter haben eine deutliche Auswirkung.

Der Betonkern in einem Gebäude erfüllt also einen doppelten Zweck: Er stabilisiert es gegen Windlasten und dient zugleich als Rettungsweg. Selbst wenn heutzutage ein außen liegendes Skelett die Windlasten abfängt (also statisch gesehen kein Betonkern notwendig ist), werden Rettungswege durch Betonwände geschützt. Auch der Brandschutz des tragenden Stahlgerüsts hat sich enorm verbessert, denn feuerhemmende Bauteile und flexible Schutzanstriche (die das Metall isolieren und sich bei Hitze ausdehnen) sind viel robuster als früher. Sie verhindern, dass sich der Stahl zu schnell zu stark erhitzt und sorgen so dafür, dass er stabil bleibt.

Ein wichtiger Teil des Ingenieurwesens besteht also darin, aus Katastrophen Lehren zu ziehen. Zum Ingenieurberuf gehört ein steter Verbesserungswille – das Bestreben, schlauer, solider und sicherer zu bauen. Wir haben dazugelernt und ahnen inzwischen den Ausfall von Stützen voraus. Wir prüfen im Vorhinein, ob ein Gebäude ausreichend standfest ist. Der Bombay Stock Exchange ist so konstruiert, dass zwar rings um die explodierende Bombe großer Schaden entstand, die Lasten aber über andere Wege abgetragen werden konnten. Der zerstörte Gebäudeteil blieb stabil, weil er mit der restlichen Konstruktion fest verbunden war. So wurde ein Einbrechen ganzer Etagen wie beim Ronan Point verhindert. Die in den Betonwänden versenkten Stahlträger hielten dem Feuer stand.

Ingenieure haben ihre Erkenntnisse aus den Unglücken der Vergangenheit gezogen: Inzwischen plant man das Unerwartete ein. Das hat meinem Vater das Leben gerettet.

TON

Ich backe sehr gerne – was vielleicht nicht überraschen mag, da es mit dem Bauen einiges gemeinsam hat. Mir gefällt, wie man festgelegte Schritte befolgen muss, um ein Ergebnis zu erhalten. Ich mag die geduldige und genaue Arbeitsweise, ohne die man nicht die gewünschte Form und Konsistenz erhält. Und auch das Abwarten am Ende finde ich schön, wenn man nach getaner Arbeit in Ruhe zuschauen kann, wie das Werk Form annimmt. Wie gesagt, normalerweise macht mir Backen wirklich Spaß. Doch es gibt auch Momente der Frustration: Einmal etwa öffnete ich die Backofenklappe in Erwartung eines köstlichen Ananaskuchens und fand stattdessen harte Fruchtstücke in flüssiger Butter vor. Eine einzige Katastrophe. Ich verfluchte Ofen und Rezept und warf die unglückliche Komposition gleich in den Müll. Beim Backen wie beim Bauen kommt es eben darauf an, die richtigen Materialien im richtigen Verhältnis zu mischen.

Bei der Planung eines Gebäudes oder einer Brücke ist die Auswahl des Materials ganz entscheidend. Verschiedene Materialien erfordern verschiedene tragende Strukturen, außerdem entscheiden sie darüber, wie augenfällig, wie schwer und wie teuer ein Bauwerk sein wird. Das Material muss dem Zweck des Gebäudes angemessen sein: Das tragende Skelett muss stabil sein, es darf die Bewohner aber nicht behindern. Das Material muss dem Druck und dem Zug von Lasten widerstehen und Bewegungsänderungen und Temperaturschwankungen standhalten. Zuletzt sollte das ausgewählte Material gewährleisten, dass das Bauwerk den umgebenden Einflüssen so lange wie möglich trotzt. Zum Glück gibt es bei mir nicht so viele missglückte Gebäude wie missglückte Kuchen.

Die Materialforschung beschäftigt die Menschen schon sehr lange. Seit der Antike machen wir uns Gedanken darüber, woraus ein Ding eigentlich besteht. Der griechische Philosoph Thales (etwa 600 v. Chr.) befand, Wasser sei der Urstoff allen Seins. Heraklit von Ephesos (etwa 535 v. Chr.) dagegen behauptete, es sei Feuer. Demokrit (etwa 460 v. Chr.) und sein Schüler Epikur sprachen von dem »Unteilbaren« und meinten damit wohl unsere heutigen Atome. Im Hinduismus beschreiben die vier Elemente Erde, Feuer, Wasser und Luft die Welt der Dinge, während das fünfte Element *akasha* alles jenseits der materiellen Welt umfasst. Der römische Ingenieur Vitruv schreibt in *De architectura*, die Dinge bestünden in der Tat aus vier Elementen, wobei das Verhalten eines Materials davon abhinge, wie viel von einem Element in ihm enthalten sei.

Die Idee, dass es eine begrenzte Zahl grundlegender Inhaltsstoffe gibt, deren verschiedene Anteile etwa die Farbe, Festigkeit und Stabilität, aber auch alle anderen Eigenschaften eines Materials prägen, war eine revolutionäre Vorstellung. Die Römer nahmen an, dass weiche Materialien mehr Luft, festere Materialien dagegen mehr Erde enthielten. Ein hoher Wasseranteil ließ ein Material wasserfest werden, in spröden und zerbrechlichen Materialien dagegen herrschte das Element Feuer vor.

Die stets neugierigen und erfindungsreichen Römer nahmen Einfluss auf bestimmte Materialien, um ihre Eigenschaften zu verbessern – so entstand auch ihr berühmter Beton. Sie kannten zwar noch kein Periodensystem (es sollte noch eine ganze Zeit dauern, bis Dmitrij Mendeleev 1869 eine erste Version schuf), doch sie wussten, dass die Eigenschaften eines Stoffs in seiner Zusammensetzung aus verschiedenen Elementen begründet lagen und dass man diese Eigenschaften verändern konnte, indem man die Stoffe anderen Elementen aussetzte.

Lange Zeit bauten Menschen jedoch einfach aus den Materialien, die ihnen die Natur lieferte, ohne deren Eigenschaften wesentlich zu verändern. Die Behausungen unserer frühen Vorfahren bestanden aus dem, was sie in ihrer unmittelbaren Umgebung vorfanden: sofort verfügbare Materialien, die sich leicht zu verschiedenen Formen zusammenfügen ließen. Mit wenigen einfachen Werkzeugen ließen sich Bäume fällen und Stämme zu Wänden schichten – Tierhäute ließen sich zusammenbinden und aufhängen und dienten als Zelte.

Wenn keine Bäume zur Verfügung standen, stellte man Häuser aus Lehm her. Als sich das Werkzeug verfeinerte und die Menschen einfallsreicher und mutiger wurden, gingen sie einen Schritt weiter: Sie versuchten, den Lehmbau zu verbessern, indem sie rechteckige Lehmklötze formten. Die Menschen entdeckten, dass die in der Sonne getrockneten Klötze besonders hart wurden. (Laut der römischen Denkweise ließ man das Wasser mithilfe von Feuer entweichen, damit die Erde hervortrat.) Die Menschen hatten den Ziegel erfunden.

Ziegel wurden schon 9000 v. Chr. in einem Wüstengebiet des Nahen Ostens verwendet. Im tiefen Jordangraben, mehrere Hundert Meter unter dem Meeresspiegel, gründeten Steinzeitmenschen die Stadt Jericho. Die Bewohner der antiken Stadt buken handgeformte flache Lehmbrocken in der Sonne und bauten daraus Hütten in Form von Bienenstöcken. Die bronzezeitliche Indus-Kultur schuf bereits 2900 v. Chr. Bauten aus im Ofen gebackenen Ziegeln. Dies verlangte Können und Präzision: Wenn der Lehm nicht lange genug erhitzt wurde, trockneten die Formen nicht richtig. Wenn man die Ziegel zu heiß oder zu schnell buk, bekamen sie Risse. Wenn der Lehm jedoch bei der richtigen Temperatur und weder zu kurz noch zu lang im Ofen trocknete, erhielt man harte, wetterfeste Ziegel.

Die archäologischen Überreste der Indus-Kultur stammen aus den Ruinen der Städte Mohenjo-Daro und Harappa, die im heutigen Pakistan liegen. Sämtliche aufgefundenen Ziegel besitzen die perfekten Proportionen von 4:2:1 (Länge zu Breite zu Höhe) – genau dieses Format ist noch heute gebräuchlich, da der Ziegel so gleichmäßig trocknet, mit einer Hand zu greifen ist und über ein geeignetes Oberflächenverhältnis verfügt, um mithilfe von Mörtel oder Ähnlichem mit anderen Ziegeln verbunden zu werden. Etwa zur gleichen Zeit wie die Menschen der Indus-Kultur fertigten auch die Chinesen gleichförmige Backsteine. Bis aber der einfache Ziegel zum gebräuchlichsten Baumaterial der westlichen Zivilisation werden sollte, musste erst eines ihrer größten Reiche auf den Plan treten.

Die Energie und der Einfallsreichtum der römischen Ingenieurskunst wecken mein Erstaunen, sie spornen mich an. Ich war also freudig gespannt, als ich in einen Zug stieg, der mich entlang der Küste in den Süden von Neapel bringen sollte – zu einer der berühmtesten Ausgrabungsstätten der Welt. Bei unserer Ankunft kletterten mein Mann und ich in Sandalen plus Sonnenhut aus dem Waggon und wanderten zu den antiken Ruinen von Pompeji.

Entlang der Kopfsteinstraßen erkannte man Ladenfronten mit Theken, in deren runden Aussparungen einst Amphoren abgestellt wurden. Im »Haus des Fauns« bewunderten wir ein beeindruckendes Mosaik aus quirligen Fischen und Meeresgetier. Ein anderes Mosaik zeigte einen wütenden Hund mit der berühmten Aufschrift: »Cave canem« – Hüte dich vor dem Hund! Die großzügig geschnittenen Villen – etwa das Haus des griechischen Dichters Menander – mit Atrien und Bädern und von Kolonnaden umgebenen Gärten (Peristylen) vermittelten uns eindrücklich, was für eine herrschaftliche, blühende Stadt Pompeji einmal gewesen sein musste.

Am meisten fielen mir jedoch die blutroten Ziegel ins Auge. Sie waren überall. Sie linsten von Säulen herab, an denen der Putz abgebröckelt war, der sie einst verdeckt hatte. Sie blickten mir von Mauern entgegen, wo sie im Wechsel mit weißen Steinen zu schmalen Dreierreihen verbaut waren. Meine Lieblingsziegelbauten waren mit Abstand die Bögen.

Bögen sind wichtige Bauelemente. Die Ausschnitte von Kreisen, Ellipsen oder auch Parabeln sind besonders stabile Formen. Wenn man zum Beispiel ein Ei in der Hand hält und es mit gleichmäßigem Druck aller Finger zerbrechen möchte, gelingt dies nur schwer, weil der gebogene Umriss den Druck ableitet. Um das Ei zu zerbrechen, benötigt man eine scharfe Kante, etwa eine Messerklinge, die an einem einzelnen Punkt Druck ausübt. Wenn ein Gebäudebogen unter Last steht, wird die Kraft um die Rundung herum abgeleitet, wobei alle Teile des Bogens unter gleichmäßigem Druck stehen. In der Antike waren Steine und Ziegel gebräuchliche Baumaterialien – diese verhalten sich deutlich günstiger unter Drucklasten als unter Zuglasten. Die Römer wussten die Eigenschaften des Materials und die Vorteile der Bogenkonstruktion zu nutzen und brachten beides perfekt zusammen. Bei Brücken wie bei Gebäuden waren bis dahin gerade Balken zur Überwindung von größeren Spannen eingesetzt worden. Wie weiter oben beschrieben, stehen solche Träger bei Belastung unter Druckspannung (oben) und Zugspannung (unten). Da Mauerwerk Zugkräften nicht gewachsen ist, fielen die Balken der Antike dick und unhandlich aus. Damit war die Spannweite der Träger natürlich beschränkt. Indem sie aber den großen Druckwiderstand von Bogenkonstruktionen nutzten, konnten die Römer stabilere und größere Bauwerke schaffen.

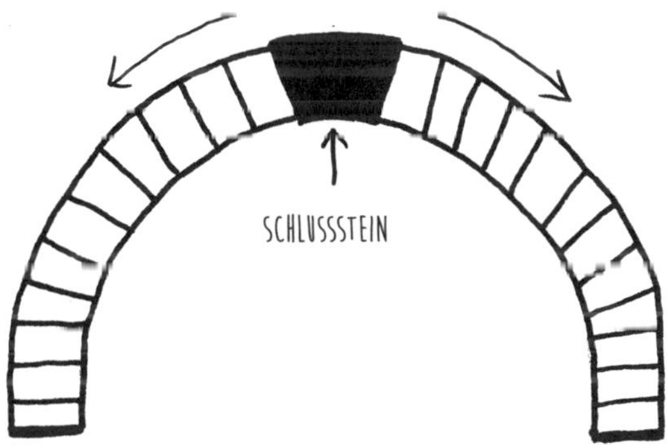

Lasten werden entlang des Bogens abgeleitet – dieser steht unter gleichmäßigem Druck.

Die mich umgebenden Steinbögen hatten Jahrtausende überdauert und erinnerten mich an ein arabisches Sprichwort, in dem es heißt, Torbögen würden niemals schlafen. Sie schlafen deshalb nicht, weil die Bauteile unter ständigem Druck stehen. Sie tragen ihre Last mit endloser Geduld. Selbst als der Vesuv seine Lava über Pompeji ausbreitete und Menschen wie Bauten erdrückte, hielten die Bögen der Stadt einsam Wache. Sie waren zwar auch mit Asche bedeckt, aber sie taten weiter ihre Arbeit.

Die Ruinen von Pompeji zeigen, dass die Römer in fast allen eroberten Gebieten Ziegel als Baumaterial verwendeten. Sie verbreiteten die Technik bis auf die Britischen Inseln und nach Syrien. Vitruv hatte genaue Ansichten dazu, welches Material einen guten Stein ergibt, und er erklärte das korrekte Vorgehen in seiner *De architectura*. Einen Lehmziegel backt man ganz ähnlich wie einen Kuchen. Ich habe anhand der Überlieferungen der römischen Baumeister ein ganz einfaches Rezept für einen antiken Ziegel zusammengefasst. Es lautet:

REZEPT FÜR EINEN ANTIKEN ZIEGEL

Zutaten:

Lehm
»Man muss die Ziegel weder aus sandigem, noch steinigem, noch griesigem Lehme verfertigen, und auch nicht aus feinem Kies, denn wenn sie aus irgend einer dieser Lehmarten gestrichen werden, so sind sie erstlich schwer, und dann werden sie, wenn sie der Regen in den Mauern benetzt, abgewaschen und aufgelöst; auch verbinden sich diese Lehmarten, wegen ihrer Magerkeit, nicht mit der hineingemengten Spreu.
Man verfertige sie aus weißlicher, kreidiger oder roter Erde; oder allenfalls auch aus grobem Sande, denn diese Erdarten haben, ihrer Fettigkeit wegen, viel Festigkeit, drücken die Gebäude nicht durch ihre Last, und lassen sich gut kneten.«

Wasser von Früchten
Wärme, in Form von Sonnenlicht oder Ofenglut

Vorgehen:

1. Man werfe einen Tonklumpen in knietiefes Wasser und rühre und knete vierzigmal mit den Füßen.
2. Der Lehm wird mit dem Saft von Pinien, Mangos und Baumrinde befeuchtet, außerdem mit dem Saft von drei Obstsorten, dann wird einen Monat weitergeknetet.
3. Nun streiche man den mit etwas Wasser vermengten Lehm in breite, flache Rechtecke aus Holz. (Der typische griechisch-lydische Ziegel, der auch von den Römern verwendet wurde, ist anderthalb Fuß lang und einen Fuß breit.) Die Ziegel werden gleich wieder aus den Formen herausgenommen.
4. Jetzt wird der Lehm vorsichtig und schrittweise erhitzt. Im Sommer gefertigte Ziegel sind oft fehlerhaft, da die äußere Schicht schnell hart wird, während das Innere weich und zerbrechlich bleibt. Die trockenen Außenschichten ziehen sich stärker zusammen als die feuchten Innenschichten, dadurch reißt der Stein. Im Frühjahr oder Herbst gefertigte Ziegel dagegen trocknen aufgrund der milderen Temperaturen gleichmäßiger aus.
5. Nach zwei bis vier Monaten werden die Ziegel kurz in Wasser geworfen und anschließend noch einmal gründlich getrocknet.

Geduld ist hier die Hauptsache, denn es kann bis zu zwei Jahre dauern, bis die Ziegel komplett getrocknet sind. Frische Ziegel sind nicht ausreichend gehärtet und setzen sich noch. Der Putz auf einer Mauer aus jungen Steinen wird auf jeden Fall reißen. Vitruv teilt uns sogar mit: »Aus diesem Grunde dürfen zu Utika die Ziegel nicht eher vermauert werden, als bis sie von einer Obrigkeitlichen Person besichtiget und, als vor fünf Jahren gestrichen, trocken befunden worden sind.«

Römische Ziegel waren größer und flacher als unsere heutigen Backsteine. Sie sahen eher aus wie Fliesen – angesichts der zur Verfügung stehenden Werkzeuge und Methoden konnten die flacheren Ziegel gleichmäßiger trocknen, und dies war schließlich eine der Hauptvoraussetzungen für den idealen Ziegel. Von den ehrwürdigen Tempeln auf dem Forum Romanum bis zum gewaltigen Kolosseum und den monumentalen Mauern und Bögen der Roten Basilika in der Westtürkei – immer bilden Ziegel das Grundelement der beeindruckenden römischen Bauten.

Nachdem das Römische Reich im Jahre 476 untergegangen war, blieb dem Westen die Kunst des Ziegelbrennens mehrere Jahrhunderte verschlossen, um dann im Frühmittelalter (zwischen dem 6. und 10. Jahrhundert) für den Burgenbau wieder aufzuleben. In der Renaissance und im Barock (ab dem 14. bis zum frühen 18. Jahrhundert) kam es aus der Mode, das Ziegelmauerwerk in Gebäuden sichtbar zu lassen, und es wurde hinter Gips und Malereien versteckt. Ich persönlich mag Sichtmauerwerk, mir gefallen ja auch die Rohre und Rolltreppen außen am Centre Pompidou. Ich finde es ansprechend, wenn Bauwerke direkt und ehrlich auftreten. Wie bei einem Kuchen möchte ich sehen können, woraus sie bestehen. (Und das hat nichts damit zu tun, dass Glasuren bei mir meist schiefgehen.)

Das viktorianische Zeitalter (1837–1901) und die Zeit zwischen den Weltkriegen waren in Großbritannien die Hochphasen des Ziegelbaus. Eines meiner Londoner Lieblingsgebäude, das gotisch verspielte St Pancras Renaissance Hotel von George Gilbert, ist ein spektakuläres Beispiel für sichtbares Ziegelmauerwerk. Damals wurden in Großbritannien jährlich bis zu zehn Milliarden Ziegelsteine hergestellt. Beinahe sämtliche Bauwerke, von der Fabrikhalle bis zum Wohnhaus und vom Abwasserkanal bis zur Brücke, bestanden aus unverkleidetem Ziegelmauerwerk.

Die jahrtausendealte Geschichte des Ziegels ist ja schon schwer zu überblicken, aber verglichen mit der Entstehung des Rohmaterials ist diese Zeitspanne ein Nichts. Während der Filmarbeiten für *Britain Beneath Your Feet*, einer zweiteiligen Dokumentation über die Welt unter unseren Füßen, konnte ich eine Tongrube im Nordosten von London besichtigen. Ich bestaunte die riesige Lehmklippe, die

Die Ruine der aus römischen Ziegeln gemauerten Roten Basilika im heutigen Bergama (Türkei).

Das Mauerwerk eines römischen Bogens in Pompeji, Süditalien.

Bagger aus dem Grund unter London geformt hatten. Der Besitzer der Tongrube deutete auf die oberen Schichten, wo der Boden die Farbe von Rost hatte. »Der Lehm da ist neu, etwa 20 Millionen Jahre alt.« Als er mein verdutztes Gesicht sah, redete er weiter: Er erklärte, der »neue« Ton habe einen höheren Eisengehalt, was ihm eine rötliche Farbe verleihe. Der Ton unten an der Abbruchkante sei reiner und daher eher blaugrau – daran erkenne man, dass er älter sei.

»Älter« bedeutete in diesem Fall: mehr als 50 Millionen Jahre alt. Vor langer Zeit wurde Vulkangestein von Wasser, Wind und Eis verwittert und abgetragen. Die fortgeschwemmten Steine und Felsen trugen Mineralien wie Quarz, Muskovit, Kalk und Eisenoxid mit sich fort. Die Mischung aus Stein und Mineralien lagerte sich schließlich in großer Entfernung vom Ursprungsort in tiefen Sedimentschichten am Grund von Flüssen, Tälern und Seen ab. In diesen Milieus lebten Pflanzen und Tiere, die nach ihrem Absterben eine Schicht aus organischem Material bildeten, auf das dann wieder Gestein folgte – und so weiter. Bei den richtigen Temperatur- und Druckbedingungen wurde aus diesen überlagerten Schichten im Laufe von Millionen von Jahren Sedimentgestein. Und genau das holt man nun aus der Tongrube. Der Besitzer erzählte mir, weil der Ton so unglaublich alt sei, stecke er voller Fossilien von tropischen Pflanzen (etwa Mangroven, und das in England!), außerdem finde man die Vorfahren von Vögeln, Schildkröten und Krokodilen – Tiere, die schon lange nicht mehr auf der Erde leben.

Der abgebaute Ton dient vielerlei Zwecken: zum Töpfern, für Kunstprojekte an der Schule und natürlich zur Ziegelherstellung. Dazu wird er in Fabriken gebracht, wo man ihn in feste Quader verwandelt. Das Prinzip, Lehm zu trocknen, um einen Ziegel zu erhalten, hat sich seit der Antike nicht gewandelt – die Methode aber ist heute eine andere. Zuerst wird dem Ton Sand oder Wasser hinzugefügt, um die richtige Konsistenz zu erhalten: Die Masse sollte steif, aber formbar sein. In einer Maschine wird sie durch ein Sieb gedrückt (wie bei Play-Doh-Knete, nur in etwas größerem Maßstab). Der Ton kommt als lange, rechteckige Schlange heraus, die in ziegelgroße Stücke geschnitten wird. Diese werden in einen Trockenraum befördert, wo ihnen vorsichtig so viel Feuchtigkeit wie möglich entzogen wird – geht man dabei zu ungeduldig vor, bekommen die Ziegel Risse, wie schon Vitruv warnte. Im Trockenraum herrscht eine relativ moderate Temperatur von 80–120 Grad Celsius. Auch wird er leicht feucht gehalten, damit die Ziegel nicht außen schneller trocknen als im Kern. Beim Trocknen setzt sich der Ton.

Wenn das Verfahren hier angehalten würde, bekäme man Ziegel wie zur Römerzeit. Im nächsten Schritt liegt der deutliche Unterschied zwischen Antike und Moderne. Die Ziegel werden bei 800 bis 1200 Grad Celsius gebrannt, sodass sich die Teilchen des Tons verbinden und es zu einer stofflichen Veränderung kommt: Aus Ton wird Keramik, die eher Glas ähnelt als trockenem Lehm. Der gebrannte Ziegel ist um vieles robuster als der getrocknete. Mit ihm errichten wir unsere heutigen Gebäude. Ein hart gebrannter Ziegel oder Klinker ist äußerst stabil: Er würde die vier indischen Elefanten aushalten, die unsere Erde auf dem Rücken tragen, und sogar noch einen fünften dazu.

Um die einzelnen Ziegel in eine brauchbare Struktur zu verwandeln, benötigen wir einen speziellen Klebstoff oder Mörtel, mit dem wir die Einheiten zu einem Ganzen verbinden können. Die alten Ägypter verwendeten das Mineral Gips, um Putz herzustellen. (Später auch »Pariser Putz« genannt, da es am Montmartre große Gipsvorkommen gab.) Leider ist Gips aber nicht besonders wasserfest, und ein gipsverkleidetes Mauerwerk verwittert schnell. Zum Glück hatten die Ägypter aber noch eine zweite Mischung in petto, nämlich Kalkmörtel. Dieser wird nach dem Trocknen sehr hart und fest (er absorbiert Kohlendioxid aus der Atmosphäre) und ist insgesamt widerstandsfähiger als Gips. Korrekt angemischter Mörtel verleiht Bauten Stabilität und überdauert sehr lange: Teile des Londoner Towers wurden mit Kalkmörtel errichtet und stehen noch 900 Jahre später.

In den Mörtel werden oftmals noch andere Materialien gemischt, um ihm günstige Eigenschaften zu verleihen. Die Chinesische

Mauer wurde mit Mörtel gebaut, dem man Klebreis hinzugab. Reis besteht hauptsächlich aus Stärke – sie festigt die Verbindung von Mörtel und Stein, ermöglicht aber gleichzeitig genügend Flexibilität, damit nichts bricht, wenn sich die Mauer mit den Jahreszeiten ausdehnt oder zusammenzieht. Die Römer fügten ihrem Mörtel Tierblut hinzu, weil sie glaubten, so werde er frostbeständig. Die Kuppe des Taj Mahal wird durch *Chuna* zusammengehalten: eine Mischung aus Branntkalk, zermahlenen Muscheln, Marmorstaub, Gummi, Zucker, Fruchtsaft und Eiweiß.

Die meisten Häuser in Großbritannien werden weiterhin aus Ziegeln gebaut – einfach, weil es ein preisgünstiges Material ist. Doch Mauerwerk hat auch Nachteile. Man benötigt Facharbeiter, und der Baufortschritt ist recht langsam. Wegen der Standardmaße der Ziegel ist man weniger frei in der Auswahl der Gebäudeformen. Zudem hat Mauerwerk eine geringe Zugfestigkeit: Mörtel und Ziegel brechen, wenn sie unter erhöhter Zugspannung stehen. Gemauerte Wände kommen nur für Gebäude infrage, in denen sie ständig unter Drucklast komprimiert werden. Sie sind nicht stabil genug, um größere Bauwerke zu tragen (Stahl und Beton können viel höhere Lasten aushalten), und daher ungeeignet für Hochhäuser oder größere Brücken. Beliebt bleiben sie aber immer da, wo die Kosten niedrig gehalten werden sollen. Weltweit werden jährlich etwa 1,4 Billionen Ziegel gefertigt – davon allein 800 Milliarden in China und 140 Milliarden in Indien. Zum Vergleich: LEGO stellt jedes Jahr gerade einmal 45 Milliarden Steine her.

Der aus der Erde geborene und vom Feuer getaufte Ziegel ist so vielseitig, dass man die Pyramiden, die Chinesische Mauer, das Kolosseum, die mittelalterliche Marienburg, die berühmte Kuppel von Santa Maria del Fiore in Florenz und auch mein Zuhause mit ihm errichtete. Mir gefällt der Gedanke, dass wir in unserer schnelllebigen, hoch technisierten Welt weiter auf ein Baumaterial setzen, das seit 10 000 Jahren im Einsatz ist und aus einem Rohstoff besteht, dessen Entstehung 50 Millionen Jahre gedauert hat.

METALL

Im indischen Delhi steht eine Eisensäule, die nicht rostet. Sie wirkt unscheinbar zwischen den vielen atemberaubenden Zeugnissen islamischer Architektur, die es auf dem umgebenden Qutb-Komplex zu bewundern gibt: Da sind das Iltutmish-Mausoleum mit seinen reich ornamentierten Innenwänden oder der Qutb Minar, ein elegant geriffelter, spitz zulaufender Turm und mit 72,5 Metern das höchste Minarett der Welt. Auf den ersten Blick erscheint die graue Säule – sie ist etwa so dick wie ein Baumstamm und knapp sieben Meter hoch – unbedeutend und fehl am Platz. Wie eine Hauskatze zwischen exotischen Tieren. Trotzdem beeindruckte sie mich.

Die Säule ist älter als die umgebenden Bauwerke. Sie wurde um 400 n. Chr. von einem König der Gupta-Dynastie errichtet, als Geschenk an den Hindu-Gott Vishnu, der als Bewahrer der Welt verehrt wird. Ursprünglich befand sich eine Garuda-Statue auf der Säule (Garuda ist Vishnus halb menschliches, halb adlergestaltiges Reittier, das so groß sein soll, dass es die Sonne verdeckt). Es bringt angeblich Glück, mit dem Rücken zu der Säule zu stehen und die Arme so nach hinten zu legen, dass sich die Finger berühren – inzwischen schützt das Baudenkmal aber ein Zaun vor dem Zugriff der Touristen. Mich interessierte die Säule nicht als Glücksbringer, mich faszinierte eine andere Besonderheit: Entgegen seinen natürlichen Eigenschaften hat das Eisen auch nach über 1500 Jahren keinen Rost angesetzt.

Die Eisenzeit folgte auf die Bronzezeit. Letztere ging zu Ende, als

Die Eiserne Säule auf dem Qutb-Komplex in Delhi.

Kupfer und Zinn – die Rohmaterialien für Bronze – nicht mehr in größerem Umfang zur Verfügung standen. In Indien und in Anatolien (der heutigen Türkei) hat die Eisenzeit um 1200 v. Chr. begonnen. Archäologen haben in den Ruinen von Kodumanal, einem kleinen Dorf in Tamil Nadu, einem südlich gelegenen indischen Bundesstaat, einen Graben entdeckt, der aus der Zeit um 300 v. Chr. stammen muss. In diesem Graben war ein Schmelzofen, der Reste von Eisenschlacke (ein Nebenprodukt des Schmelzvorgangs) enthielt. Indisches Eisen – das schon bei Aristoteles und in der *Historia naturalis* von Plinius dem Älteren erwähnt wird – war für seine herausragende Qualität bekannt. Es wurde bis nach Ägypten exportiert, wo die Römer es verbauten. Das Rezept zu seiner Herstellung aber war streng geheim.

Zur Errichtung der Eisernen Säule stellten die indischen Schmiede zuerst Eisenscheiben her, die sie dann zusammenfügten. Das Werkstück wurde behauen und gefeilt, damit sich eine glatte Oberfläche ergab. Das für die Säule verwendete Eisen war extrem rein, doch bedingt durch eine besondere Gewinnungsmethode enthielt es ungewöhnlich viel Phosphor. Und eben dieser Phosphor verhindert, dass die Eiserne Säule oxidiert. Rost bildet sich, wenn Eisen Sauerstoff und Feuchtigkeit ausgesetzt ist. Das Metall begann zwar zu korrodieren, doch in Delhis trockenem Klima wurde der Phosphor an die Schnittstelle zwischen Rost und Metalloberfläche gezogen und bildete dort einen dünnen Überzug. Dieser Film sorgt nun dafür, dass Luft und Feuchtigkeit nicht mit dem Eisen reagieren. Die Säule rostet nicht weiter. Moderner Stahl wird nicht mit größeren Mengen Phosphor hergestellt, denn dann würde er bei der Warmumformung sehr schnell brechen – das Verbiegen unter Hitze ist ein wichtiger Teil des Herstellungsprozesses. Konstruktionen aus Eisen oder Stahl, die in Kontakt mit Luft stehen, tragen einen Schutzanstrich, um der Rostbildung entgegenzuwirken. Denn Rost würde die Stabilität gefährden. Stahlstreben innerhalb von Gebäuden dagegen benötigen keinen Anstrich (es sei denn aus Brandschutzgründen), da sie hier mangels Feuchtigkeit kaum rosten.

Römer und Griechen erkannten zwar die Möglichkeiten von Eisen, nutzten es aber hauptsächlich zur Herstellung von Gefäßen, Schmuck und Waffen. Es gab noch keine Methode, Eisen ausreichend zu härten, um ein Gebäude oder eine Brücke damit zu errichten. Dennoch gibt es einzelne Beispiele für Bauwerke, in denen Eisen verbaut wurde: In seinem *Bericht von den buddhistischen Königreichen* schreibt der chinesische Mönch Faxian von indischen Hängebrücken, die durch Eisenketten gehalten wurden (und etwa zur selben Zeit entstanden wie die Eiserne Säule in Delhi). Bei dem monumentalen marmornen Torbau der Akropolis, den um 432 v. Chr. entstandenen Propyläen, verstärken Eisenstangen die Deckenkonstruktion. Metall wurde in der Antike also nur stellenweise zur Versteifung von Stein- und Ziegelbauten verwendet. Bevor Eisen und

Stahl großflächig Verwendung fanden, musste man das Material erst noch besser durchschauen.

Mauerwerk, das unter Zugspannung steht, bricht sehr leicht. Für Metall trifft das nicht zu, da es eine ganz andere Molekülstruktur hat. Wie Diamanten besteht Metall aus Kristallen – jedoch aus sehr kleinen, undurchsichtigen Kristallen, die mit bloßem Auge kaum zu erkennen sind.

Diese Kristalle ziehen sich gegenseitig an und sind deshalb zu einer Matrix oder einem Gitter verbunden. Wenn Metall erhitzt wird, beginnen die Kristalle immer schneller zu vibrieren und die Bindung wird schwächer. Das Metall wird formbar, bei extrem hoher Temperatur verflüssigt es sich sogar. Durch die Flexibilität der Bindung ist Metall *duktil*, das heißt, man kann es bis zu einem gewissen Grad walzen und pressen, ohne dass es bricht. Die oben erwähnte Warmumformung bedient sich dieses Effekts. Eine 100 Millimeter dicke Stahlplatte kann zu einem 0,1 Millimeter dünnen Blech gewalzt werden, ohne dass sie Risse bekommt (wie mein Kuchenteig). Das Kristallgitter kann gelockert, verformt und gedreht werden.

Eine weitere daraus folgende Eigenschaft von Metall ist seine *Elastizität*. Wenn Metall (bis zu einem gewissen Grad) gezogen oder gestaucht wird, nimmt es wieder seine Ausgangsform an, wenn die Kraft wegfällt. Dasselbe passiert mit einem gedehnten Gummiband: Wenn man die Spannung wegnimmt, springt es zurück in die ursprüngliche Form – es sei denn, es wird überdehnt, dann reißt es oder leiert aus. Bei Metallen ist es ganz ähnlich.

Durch die Kombination dieser Merkmale – metallische Bindung, Verformbarkeit und Elastizität – ist Metall sehr bruchresistent. Metall ist der ideale Baustoff, da es großen Zugspannungen standhält. Durch diese Eigenschaften hat es unsere Bauweise revolutioniert. Denn bis dahin waren Bauwerke vor allem für Drucklasten ausgelegt, jetzt aber konnte man Konstruktionen entwerfen, die Druck- *und* Zugspannungen standhielten.

Reines Eisen hat eine hohe Zugfestigkeit, doch es ist zu weich, um die Lasten größerer Konstruktionen zu tragen. Die Bindungen zwischen den Kristallen sind zu instabil. Die Baumeister der Antike konnten es für dekorative Säulen verwenden, doch für große und komplexe Bauwerke war es nicht stark genug. Man musste also einen Weg finden, das Material zu härten. Wissenschaftler wie Ingenieure versuchten, die gitterförmige Struktur der Eisenkristalle zu festigen.

Dies kann erreicht werden, indem man der Gitterstruktur weitere Atome hinzufügt. Der Effekt lässt sich mit einem einfachen (und leckeren) Experiment illustrieren: Man nehme eine Handvoll Schokokugeln und rolle sie mit der flachen Hand über den Tisch – sie lassen sich sehr leicht bewegen. Wenn man nun aber eine »Verunreinigung« in Form von Schokorosinen hinzufügt, lässt sich das Ganze nicht mehr so mühelos rollen. Die unrunden Rosinen hemmen die Kugeln in ihrer Bewegung. Etwas ganz Ähnliches passiert, wenn Eisen Kohlenstoffatome hinzugefügt werden: Sie blockieren das Kristallgitter.

Dabei gilt es, ein Gleichgewicht zu beachten. Mit zu wenigen Kohlenstoffatomen bleibt das Eisen zu weich. Mit zu vielen versteift sich die Gitterstruktur so sehr, dass Elastizität und Formbarkeit verloren gehen und das Material spröde wird und bricht. Als ob das nicht schon kompliziert genug wäre, enthält Eisen von Natur aus meist *zu viel* Kohlenstoff (und andere Elemente wie Silizium). Die Qualität des Eisens hängt von der Menge dieser sogenannten Verunreinigungen ab. Wissenschaftler konnten anfangs nur schwer bestimmen, wie viel Kohlenstoff entfernt werden musste, um Eisen zu erhalten, dass weder zu weich noch zu spröde ist. Zu den Ergebnissen ihrer Experimente gehören Gusseisen (das sich nicht abnutzt und daher besonders für Töpfe und Pfannen geeignet ist, in Gebäuden aber kaum vorkommt, da es spröde und hart wie ein italienischer *biscotto* ist), Schmiedeeisen (das inzwischen nicht mehr in großem Umfang verwendet wird und dessen Konsistenz eher mit einem weichen amerikanischen *cookie* vergleichbar ist) und Stahl. Schmiedeeisen war bereits ein ernst zu nehmendes Baumaterial – immerhin besteht der Eiffelturm daraus –, doch als der ideale Kompromiss zwischen Stabilität und Formbarkeit erwies sich Stahl. Stahl ist Eisen mit einem Kohlenstoffgehalt von unter 0,2 Prozent. Der Prozess, mit dem man fast den gesamten Kohlenstoff bis auf die wichtigen 0,2 Prozent entfernte, war ursprünglich sehr kostspielig: Bis man herausfand, wie man Stahl günstig und industriemäßig herstellen konnte, war er in der Bauwelt kaum von Bedeutung. Dann aber trat Henry Bessemer auf den Plan. Der Ingenieur löste das Problem – seine Entdeckung war der Startschuss für den weltweiten Ausbau von Eisenbahnnetzen und die Errichtung von himmelwärts strebenden Bauten.

Henry Bessemers Vater Anthony arbeitete als Schriftgießer, der Lettern für den Handsatz herstellte. Diese Lettern hielt er unter Verschluss, zum Schutz vor der Konkurrenz. Der kleine Henry aber gelangte öfter mal an die Metallstücke und untersuchte sie. Vater Anthony erkannte, dass sein ungehorsamer Sohn einfach nur sehr wissbegierig war, und begann ihn anzulernen. Im Alter von 15 Jahren verließ Henry die Schule, um in der Werkstatt seines Vaters zu arbeiten. Er begeisterte sich für den Werkstoff Metall, besaß ein natürliches Zeichentalent und betätigte sich schließlich als Erfinder.

Aus Anlass des Krimkriegs (1853–1856) warf Henry Bessemer einen genaueren Blick auf die Kanonen, welche Franzosen und Briten im Kampf gegen die Russen einsetzten. Der große Nachteil dieser Kanonen bestand nämlich darin, dass sie nur einen Schuss abgeben konnten und dann sofort nachgeladen werden mussten. Bessemer kam nun auf die Idee, die Kanonen mit Granaten zu bestücken, die mehr Sprengstoff enthalten könnten. Zum Leidwesen seiner Nachbarn testete er seine Geschosse im Garten seines Hauses in Highgate, im Norden Londons. Das britische Kriegsministerium hatte jedoch kein Interesse an der Erfindung, deshalb führte Bessemer sie dem französischen Kaiser Napoleon Bonaparte und dessen Offizieren vor.

Die Granaten machten einigen Eindruck, doch die Soldaten wiesen Bessemer darauf hin, dass die erhöhte Sprengkraft die schmiedeeisernen Kanonen auseinanderreiße. Ihrer Ansicht nach waren die

Granaten einfach zu groß. Doch Bessemer ließ sich nicht beirren: Das Problem sah er in den Kanonen, nicht in den Geschossen. Bessemer nahm sich vor, die Herstellung der Kanonen zu verbessern.

Dabei ging es vorrangig um die Qualität des Eisens. An seinem selbst gebastelten Ofen experimentierte Bessemer mit neuen Gussverfahren, doch die Erfindung, für die er später berühmt wurde, ergab sich durch Zufall.

Als Bessemer nämlich Eisen im Ofen erhitzte und einzelne Stücke einfach nicht schmelzen wollten, obwohl er die Temperatur erhöhte, blies er schließlich heiße Luft oben in den Ofen und stupste die widerspenstigen Eisenstücke mit einem Stab an, um zu prüfen, ob sie nun endlich geschmolzen waren. Zu seinem Erstaunen waren sie nicht spröde wie Gusseisen, sondern verformbar. Da diese Eisenstücke am meisten Luft abbekommen hatten, folgerte Bessemer, dass der Sauerstoff mit dem Kohlenstoff und anderen Verunreinigungen des Eisens reagiert haben musste – wodurch die Beistoffe verschwanden.

Das Bessemerverfahren, mit dem Stahl erstmals industriemäßig hergestellt werden konnte, führte zu radikalen Veränderungen in der Baubranche.

Bis dahin hatte man versucht, Eisen durch das Erhitzen mit Kohle oder anderen Brennstoffen reiner zu machen. Bessemer verwendete nun einen geschlossenen Ofen, durch den er heiße Luft leitete – ohne Einsatz von Brennstoffen. Ein bisschen so, als würde man heiße Luft in einen geschlossenen Topf blasen, anstatt ihn ohne Deckel auf einer Gasflamme zu erhitzen. Normalerweise würde man erwarten, dass brennendes Gas mehr Hitze hervorruft als heiße Luft, doch es geschah etwas anderes.

Bessemer wird erstaunt zugesehen haben, als auf einmal Funken aus dem Ofen sprangen, da eine chemische Reaktion in Gang kam. Es war ein richtiggehendes Inferno mit Explosionen und herumfliegenden Metalltropfen. Bessemer konnte sich dem Kessel nicht mehr nähern, um die Reaktion zu stoppen. Zehn angstvolle Minuten später kamen die Explosionen langsam zum Stillstand. Was Bessemer daraufhin in dem Kessel entdeckte, war reines Eisen.

Die Explosionen waren Teil einer exothermen Reaktion – eine chemische Reaktion, die Energie (meist in Form von Wärme) freigibt und in diesem Fall durch die Oxidation der Verunreinigungen hervorgerufen wurde. Nachdem das Silizium leise verbrannt war, reagierte der Sauerstoff aus dem Luftstrom mit dem Kohlenstoff im Eisen und gab große Hitzemengen frei. Die Temperatur des Eisens stieg weit höher, als das zur damaligen Zeit in einem kohlebefeuerten Ofen möglich war. Bessemer musste also keine externe Energiequelle mehr verwenden. Je heißer das Eisen wurde, desto mehr Verunreinigungen verbrannten, wodurch das Eisen noch heißer wurde und noch mehr Verunreinigungen verbrannten. Aus dieser Spirale entstand reines, geschmolzenes Eisen, dem Bessemer nun genau die richtige Menge Kohlenstoff hinzufügen konnte, um Stahl herzustellen. Vor seiner Erfindung sorgten die hohen Produktionskosten dafür, dass aus Stahl eigentlich nur Messer, Handwerkzeuge und Federn gefertigt wurden, jedoch keine größeren Werkstücke. Bessemer hatte diese Grenze durchbrochen.

1856 stellte er seine Erfindung bei der British Association in Cheltenham vor und sorgte für einigen Aufruhr, da sein Stahl nur ein Sechstel dessen kostete, was damals üblich war. Bessemer erhielt mehrere Zehntausend Pfund von Fabriken überall im Land, denn alle wollten sein Verfahren nachbilden. Dabei wurden ihm seine fehlenden Chemiekenntnisse beinahe zum Verhängnis.

Denn die Hersteller, die Bessemers Methode zu übernehmen versuchten, scheiterten einer nach dem anderen. Vor Gericht erstritten die wütenden Fabrikbesitzer eine Rückzahlung der Lizenzgelder. Bessemer tüftelte die kommenden zwei Jahre daran, warum die Reaktion in seinem gemauerten Ofen so gut funktioniert hatte, anderenorts aber nicht. Und endlich fand er den Knackpunkt: Das von ihm verwendete Eisen war kaum durch Phosphor verunreinigt. Seine Lizenznehmer aber hatten Eisen mit hohen Phosphoranteilen verwendet, und bei einem gemauerten Ofen kam so offenbar keine Reaktion in Gang. Bessemer experimentierte daher mit verschiedenen Ofenauskleidungen und erkannte, dass eine gekalkte Brennkammer die besten Ergebnisse lieferte.

Doch das enttäuschende und finanziell äußerst nachteilige Scheitern des ursprünglichen Verfahrens hatte Zweifel aufkommen lassen und die Fabrikanten vertrauten Bessemer nicht mehr. Also beschloss er, in Sheffield eine eigene Fabrik zur Massenproduktion von Stahl aufzubauen. Es dauerte mehrere Jahre, bis die Bedenken schwanden, doch dann begannen auch andere Fabriken mit der industriellen Stahlherstellung. 1870 schließlich gab es 15 Firmen, die jährlich 200 000 Tonnen Stahl produzierten. Als Henry Bessemer 1898 starb, wurden weltweit zwölf Millionen Tonnen Stahl hergestellt.

Hochwertiger Stahl brachte enormen Schwung in den Streckenausbau der Eisenbahn, denn nun konnte man schnell und günstig Schienen bekommen, die auch noch zehnmal länger hielten als die Vorgänger aus Eisen. Man konnte größere, schwerere und schnellere Züge einsetzen und die verstopften Verkehrsadern befreien. Stahl konnte nun für Brücken und Gebäude verwendet werden. Und auch der Weg in die Höhe stand auf einmal offen.

Ohne Bessemers Stahl würde es die Fußgängerbrücke für die Northumbria University nicht geben. Sie hängt nämlich im wahrsten Sinne von der großen Zugfestigkeit von Stahl ab. Die Brücke war das erste Bauwerk, an dem ich als Uniabsolventin mitarbeiten konnte. Ich erinnere mich noch genau an den ersten Tag im neuen Job: Ich fuhr mit der voll bepackten Londoner U-Bahn zur Station Chancery Lane, wo ich inmitten einer Horde Anzugträger auf die Straße geschwemmt wurde. Aufgeregt und ungewohnt ernst stiefelte ich zu meiner ersten Arbeitsstelle: einem fünfstöckigen, weiß verkleideten Bürogebäude.

Mein Chef hieß John und war ein schlanker, durchschnittlich großer Mann mit glatten kurzen Haaren, einer rahmenlosen Brille und einer großen Begeisterung für Cricket (die ich trotz meiner in Indien verbrachten Kindheit nicht teilen konnte). Wir gingen die Formalien durch – eine Pflicht, die er durch gelegentliche ironische Kommentare belebte – und ich machte ihn vorsichtshalber nicht darauf aufmerksam, dass dieser Tag mein 22. Geburtstag war. Dann zeigte er mir eine handgefertigte Zeichnung der neuen Fußgängerbrücke, die in Newcastle gebaut werden sollte. Die selbstbewussten Bleistiftstriche zeigten einen hohen Pylonen auf der Ostseite der Brücke, von dem drei Seilpaare ausgingen. Die Seile würden den

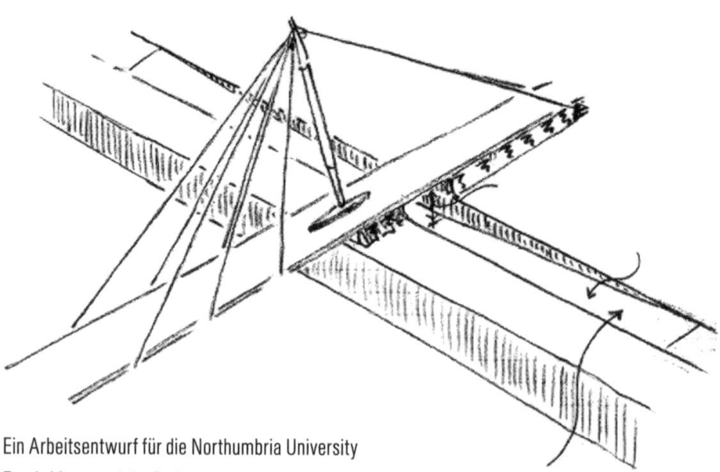

Ein Arbeitsentwurf für die Northumbria University Footbridge von John Parker.

Das Viadukt von Millau ist ein besonders elegantes Beispiel für eine Schrägseilbrücke.

Gehwegträger der Brücke halten. Um die Last auszugleichen, sollte auf der anderen Seite des Pylonen ein weiteres Seilpaar abgehen. Ich schaute mit John in die Pläne und führte innerlich einen Freudentanz auf. Diese Brücke war das beste Geburtstagsgeschenk. Ich war absolut begeistert, dass mein erstes Projekt dieses elegante und markante Bauwerk sein sollte. Die Brücke sprach mich durch ihre reizvolle Ästhetik, aber auch durch ihre ingenieurtechnischen Details an.

Der Fußgängerüberweg ist eine Schrägseilbrücke – ein berühmtes Beispiel für diese Konstruktionsweise ist das Viadukt von Millau in Frankreich. Ihr leicht geschwungener Fahrbahnträger wird von sieben Pylonen getragen, deren Schrägseile wie Segel aussehen – so entsteht der Eindruck, als schwebe die Brücke in 270 Metern über dem Tarntal. Schrägseilbrücken haben einen oder mehrere Pylonen, an denen im schrägen Winkel Spannseile befestigt sind. Der Fahrbahn- bzw. Gehwegträger wird durch die Schwerkraft nach unten gezogen und durch die unter permanenter Zugspannung stehenden Seile gehalten. Die Zugspannung wird über die Seile in den Pylonen geleitet. Dieser steht unter Druckspannung und trägt die auf ihn einwirkenden Kräfte senkrecht in das Fundament ab. Das Fundament verteilt den Druck im Erdreich.

Als frischgebackene Ingenieurin war die Planung der Seilaufhängung eine echte Herausforderung für mich. Wenn man sich ein metallenes Lineal nimmt, das die Fahrbahn darstellen soll, und dazu dreimal zwei Gummibänder, die für die in Wahrheit faustdicken Seile stehen, kann man schön ausprobieren, wie jedes einzelne Band gespannt werden muss, damit es das Lineal so hält, dass es flach liegt. Wenn man auf einer Seite zu stark an den drei Seilen zieht, kippt das Lineal. Wenn man zu stark am Mittelpaar zieht, wölbt es sich. Das darf natürlich bei einer echten Brücke nicht passieren.

Mithilfe eines Computerprogramms entwarf ich ein dreidimensionales Modell mit den Brückenpfeilern unterhalb des Gehwegträgers und der Seile, die vom Träger zum Pylonen führen. Ich musste das Gewicht der Passanten einberechnen und natürlich den Umstand, dass diese sich zu verschiedenen Zeiten an verschiedenen Stellen der Brücke aufhalten würden. Da gab es zum Beispiel den Great North Run, dessen Laufstrecke über die Autobahn unterhalb der Brücke führt: Die Zuschauermenge würde erst auf der einen Seite der Brücke stehen und die entgegenkommenden Läufer anfeuern, um dann auf die andere Seite zu wechseln und den Sportlern nachzublicken. Ich musste die veränderliche Nutzlast berechnen und positionierte dazu Menschengruppen in verschiedenen Konfigurationen. Die Seile mussten in jeder Situation straff bleiben und den Gehwegträger stabil halten. Sobald die Seile nicht unter Zugspannung stünden, würde der Fahrbahnträger nicht mehr gehalten. Um das zu verhindern, vergrößerte ich die Zugspannung der Seile.

Dies kann durch ein Spannelement geschehen – eine an beiden Seiten klemmbare Röhre. Jedes Kabel besaß mindestens eine Schnittstelle, an der man solch eine Klemme befestigen konnte, die zwei Seilenden zusammenhält. Das Spannelement wird verstellt, um die Enden näher zusammenzuziehen oder weiter auseinanderzubringen und so die Zugspannung des Seils zu verändern. Schaut man sich die Seile an, die vom Pylonen der Fußgängerbrücke ausgehen, erkennt man die Verbindungsstücke: An den Stellen, an denen die Kabel dicker erscheinen, wurden die Klemmen angesetzt. In unserem oben genannten Modell könnte man die Zugspannung nach demselben Prinzip erhöhen, indem man die Gummibänder durch kleinere ersetzt, sie aber auf dieselbe Länge dehnt.

Die Krux an einer Schrägseilbrücke ist das Gleichgewicht. Nimmt man im Modell nur ein Pappstück als Gehwegträger und zieht dann an den Gummibändern, hebt sich die Pappe nach oben. Ersetzt man die Karte durch ein Buch, lassen sich die Bänder spannen, ohne dass das Buch verformt wird. Sobald die Steifigkeit und das Gewicht des Trägers und die Spannung der Seile aufeinander abgestimmt sind, lässt sich berechnen, wie groß die Zugspannung der Seile sein wird. In meine Entwürfe für die Brücke konnte ich am Ende also einfügen, wie stark jedes einzelne Seil gespannt werden musste.

Die Arbeit eines Ingenieurs ähnelt dem Jonglieren. Man muss mehrere Dinge gleichzeitig voraussehen und überwachen. Etwa die Temperatur: Wie alle Bauwerke wird natürlich auch meine Brücke durch Temperaturschwankungen beeinflusst. Stahl hat einen thermischen Ausdehnungskoeffizienten von $12 \times 10 - 6$. Das bedeutet: Wenn sich die Temperatur um ein Grad verschiebt, wird sich ein 1 Millimeter langes Materialstück um 0,000012 Millimeter ausdehnen oder zusammenziehen. Das mag unbedeutend erscheinen, aber meine Brücke war immerhin 40 Meter lang und sollte Temperaturschwankungen von 40 Grad standhalten. Der Sommer in Großbritannien ist zwar nicht 40 Grad wärmer als der Winter, doch Stahl heizt sich extrem auf, da er die Sonnenwärme absorbiert. Es geht also um die Temperaturschwankungen im Stahl, nicht um die Lufttemperatur – und zwar in den extremsten Wetterlagen, die man sich denken kann.

Alles in allem kommt man auf eine Ausdehnung von fast 20 Millimetern. Würde ich die Brückenenden auf jeder Seite fest einbauen, sodass sich der Gehwegträger nicht mehr ausdehnen oder zusammenziehen könnte, würde sich bei Erwärmung eine enorme Druckspannung aufbauen, und bei Abkühlung eine starke Zugspannung. Und dies mehrere Tausend Mal im Laufe eines Brückenlebens. Das ständige Stauchen und Ziehen würde nicht nur den Stahlträger selbst, sondern auch die Stützen auf Dauer beschädigen.

Um dies zu vermeiden, musste eine Seite meiner Brücke flexibel bleiben. (Bei größeren Brücken oder Brücken mit vielen Stützen werden an mehreren Stellen Übergangskonstruktionen eingebaut. Beim Überfahren einer Brücke spürt man diese Bewegungsfugen als leichtes Poltern.) Weil die Ausdehnung der Fußgängerbrücke recht klein ist, reichte eine Gummilagerung, um die Bewegungen abzufangen. Die Stahlträger des Überbaus liegen auf etwa 400 Millimeter breiten, 300 Millimeter langen und 60 Millimeter dicken Gummilagern. Wenn der Stahl sich ausdehnt oder zusammenzieht, gleichen die Lager die Differenzen aus.

Genauso galt es, Vibrationen und Resonanzen der Brücke zu bedenken. Ich habe ja bereits ausgeführt, wie ein Erdbeben ein Gebäude zum Schwingen bringt – wie eine Opernsängerin, die einen Sprung im Weinglas verursacht. Bei der Fußgängerbrücke bereitete mir Sorge, ob bestimmte Resonanzen ein Unwohlsein bei den Passanten hervorrufen könnten. Große und schwere Brücken, etwa aus Beton, zeigen dieses Problem nicht, da ihr Gewicht keine Vibrationen zulässt. Der Stahlüberbau meiner Brücke aber war leicht, und seine Eigenfrequenz entsprach ungefähr den Schwingungen von Fußgängern, daher bestand das Risiko einer Resonanz. Wir bauten deshalb Schwingungstilger unterhalb des Gehwegs ein. Diese funktionieren nach demselben Prinzip wie das riesige Pendel im *Taipei 101*, indem sie die Vibrationen des Überbaus abfangen. Die

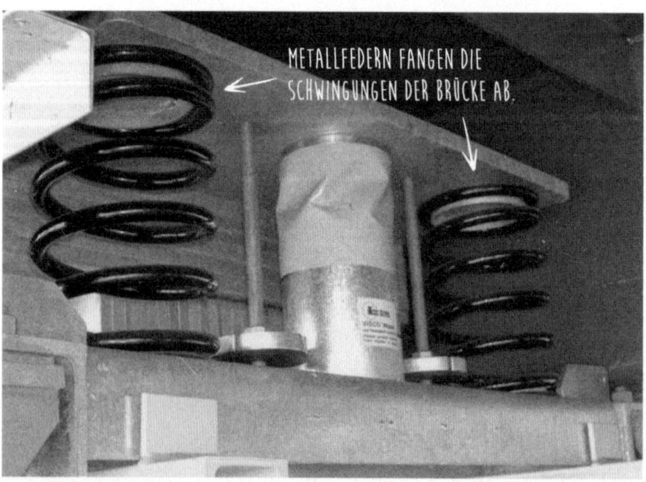

Ein Schwingungstilger wie er in der Northumbria University Footbridge verbaut wurde.

Schwingungstilger entdeckt man nur, wenn man sich die Brücke von unten ansieht (vielleicht bei einer Dehnübung während des Great North Run). Die drei stählernen Kisten sind zwischen den blau gestrichenen Trägern versteckt.

Nachdem geklärt war, dass die Brücke in der geplanten Konfiguration stabil sein würde, musste ich mir Gedanken darüber machen, wie der Bau genau vonstattengehen sollte. Die Brückenkonstruktion konnte ja nicht fertig montiert nach Newcastle gebracht werden, dafür war sie viel zu groß. Ich wendete mich daher an einen Stahlhersteller in Darlington. Im Funkenregen der Schweißbrenner gingen wir verschiedene Möglichkeiten durch. Die Brücke müsste in Teilen transportiert werden, die auf Lastwagen passten, also legten wir Schnittstellen fest und prüften, wie die Segmente sicher eingebaut und abgestützt werden konnten, bis die Seile eingezogen wären. Es war wie bei einer Skulptur, deren Standfestigkeit schon beim Zusammenbau gewährleistet sein musste.

Außerdem sollte der Verkehr möglichst wenig behindert werden. Die Brücke sollte eine Autobahn überspannen, die man nur kurzzeitig sperren wollte. Deshalb kamen wir zum dem Schluss, das Bauwerk in vier Teilen zur Baustelle zu transportieren, die Teile in unmittelbarer Nähe zu montieren und anschließend den gesamten Überbau per Kran einzuheben. Für diesen Zweck musste ein Riesenkran gemietet werden.

Monatelang planten wir einen reibungslosen Ablauf der Aktion. Zuerst kam an einem langen Wochenende der Kran an, ebenfalls in Teilen, und man sperrte die Straßen erstmals, damit ganze Schwärme von Monteuren ihn aufrichten konnten. Währenddessen wurden die vier Stahlteile der Brücke aus Darlington angeliefert und auf einem nahe gelegenen Parkplatz wie ein Puzzle zusammengesetzt.

Nun sollten zuerst der Überbau eingehoben und erst anschließend die Seile montiert werden. Ich hatte die Brücke so entworfen, dass alle drei Seilpaare notwendig waren, um ihr Eigengewicht und das Gewicht der Passanten zu halten. Deshalb musste die Konstruktion provisorisch abgestützt werden, bis die Seile befestigt wären.

Laut meinen Berechnungen reichte ein einzelner mittiger Pfeiler, um den Brückenüberbau (noch ohne das zusätzliche Gewicht der Passanten) zu halten. Daher wurde eine temporäre Stahlstütze auf dem Mittelstreifen der Autobahn errichtet.

Die Fahrbahnen wurden gesperrt, dann trat der Kran in Aktion. Der Gehwegträger wurde vom Parkplatz aufgenommen und langsam eingehoben – die Brückenenden lagen auf den endgültigen Betonwiderlagern auf, die Brückenmitte wurde durch die provisorische Stahlstütze gehalten. Die Konstruktion wurde vom Kran gelöst, die Autobahn war wieder befahrbar. Die komplizierte Aktion nahm letztendlich nur drei Tage in Anspruch.

In den folgenden Wochen wurde die Brücke dann komplett montiert. Mithilfe eines Krans richtete man den Pylonen auf und verankerte ihn mit Bolzen am Betonfundament. Nun konnten die alles entscheidenden Seilpaare vom Brückenende her eingezogen werden. Nach jedem neuen Paar wurde die Spannung mithilfe einer Klemme justiert. Anschließend musste die Autobahn noch einmal gesperrt werden: Die Stahlstütze wurde entfernt, die Brücke war fertiggestellt.

Ich bin normalerweise keine begeisterte Frühaufsteherin, doch an dem Tag, an dem ich in Newcastle die fertige und für die Öffentlichkeit begehbare Brücke besichtigte, war ich schon um fünf hellwach. Ich setzte vorsichtig einen Fuß auf den Überweg, aber es fühlte sich an wie ein Riesensprung. Dann lief ich mehrmals von einem Ende zum anderen. Im Hopserlauf. Im Schneckenschritt. Ich besah mir die mächtigen Stahlträger, die straffen Seile, die Gummilager und Schwingungstilger und dachte daran, wie ich noch vor ein paar Monaten über der Planung gebrütet hatte. Ich bewunderte Details, die außer mir wohl niemandem auffallen würden, und war einfach nur glücklich.

Auf der einen Seite der Brücke stand eine Bank. Ich setzte mich und sah fröhlich grinsend zu, wie übernächtigte Studenten die Brücke benutzten, um von einer Vorlesung zur anderen zu trotten. Keiner von ihnen ahnte, welche Freude es mir machte, meinen ersten gebauten Beitrag zur Welt in Aktion zu sehen.

STEIN

Ich bin dafür bekannt, dass ich gerne über Beton streiche. Andere streicheln gerne Katzen oder möchten Museumsstücke anfassen, mich aber zieht Sichtbeton magisch an. Glatte, dunkelgraue Oberflächen, Wände mit sichtbaren Kieselchen oder auch eine bewusst rau belassene Struktur – ich muss das einfach befühlen. Und dann stand ich eines Tages in Rom und hatte Tonnen antiken Betons über mir, an den meine Hand nicht heranreichte …

Zu meinen Lieblingsbauwerken gehört das Pantheon auf der Piazza della Rotonda. Es wurde um 122 n. Chr. von Kaiser Hadrian errichtet (etwa zur selben Zeit, als er einen Wall bauen ließ, der England von Schottland abschotten sollte) und hat seitdem in verschiedenen Rollen – als römischer Tempel, katholische Kirche, als Grabstätte – der Zeit getrotzt, obgleich die Barbaren es gründlich plünderten und Papst Urban VIII. sogar seine Deckenplatten einschmelzen ließ, um Kanonen daraus zu gießen. Die Vorderseite des Pantheons empfängt den Besucher mit einem dreieckigen Giebel, der von sechzehn korinthischen Säulen gestützt wird. Drinnen wird die Rotunde von einer Kuppel überdacht – diese hat eine kleine runde Öffnung, ein *oculus* (lat. Auge), durch das ein nahezu überirdischer Lichtstrahl in den Kirchenraum strömt. Das Bauwerk hat eine außergewöhnliche Atmosphäre und wunderschöne Proportionen. Mich überwältigte allein seine Größe – ich lief darin herum und rempelte versehentlich die Leute an, weil ich andauernd zur Decke starrte. Das Dach des Pantheons hat die größte freitragende

Die riesige Betonkuppel mit *oculus* im Pantheon von Rom.

Betonkuppel der Welt, auch heute noch. Die Römer haben ihrer Baukunst mit diesem ingenieurtechnischen Meisterwerk einen echten Höhepunkt verliehen, und zwar unter Zuhilfenahme eines revolutionären Materials, das sie *opus caementicium* nannten.

Das Besondere an Beton ist seine Wandelbarkeit: Er beginnt als Stein, wird zu einer klumpigen grauen Masse, die in alle möglichen Formen gegossen werden kann und dann mithilfe von Chemie wieder zu Stein wird. Das Endprodukt kann eine runde Säule, ein rechteckiger Träger, eine trapezförmige Gründung, ein elegant geschwungenes Dach und eben auch eine gewaltige Kuppel, also einfach alles sein. Die enorme Flexibilität von Beton ermöglicht, ihm eine beliebige Gestalt zu geben. Aufgrund seiner enormen Stabilität und extremen Haltbarkeit ist Beton nach Wasser das meistverwendete Material auf der Erde.

Wenn man Gesteine zu Puder vermahlt und mit Wasser vermengt, erhält man meist einen unbrauchbaren Schlamm, denn die beiden Teile vermischen sich nicht. Erhitzt man aber bestimmte Gesteinsarten, geschieht etwas Seltsames. Nimmt man etwa eine

Mischung aus Kalkstein und Ton und erhitzt sie in einem Ofen auf etwa 1450 Grad Celsius, so verbindet sie sich zu kleinen Klumpen, ohne zu schmelzen. Wenn man diesen sogenannten Zementklinker zu einem sehr feinen Pulver vermahlt, hat man schon die erste Zutat für ein ganz erstaunliches Material.

Das Pulver nennt sich Zement. Es ist eintönig grau und sieht nun wirklich nach nichts Besonderem aus. Doch weil es bei sehr hohen Temperaturen gebrannt wurde, sind die verbundenen Materialien chemisch verändert. Wenn man dem Pulver Wasser hinzufügt, wird daraus kein Schlamm, sondern es beginnt erneut eine chemische Reaktion, die Hydratation. Das Wasser reagiert mit den Kalzium- und Silikatmolekülen in dem Kalk-Ton-Gemisch und bildet kristallähnliche Strukturen aus. Diese verleihen dem Material eine puddingartige Konsistenz – die weiche, aber stabile Gitterstruktur von Zementleim. Wenn nach dem Ansteifen die Reaktion fortschreitet, bilden sich immer größere Verbindungen und langfaserige, nadelförmige Strukturen. Die Mischung wird immer dicker und zum Ende hin fest – der Zement ist erstarrt.

Wasser plus Zement ergibt also Zementleim. Dieser steift an und verhärtet sich wie durch ein Wunder zu Stein. Doch dieses Wunder hat auch Nachteile. Zum einen ist die Zementherstellung sehr teuer. Der Prozess benötigt enorm viel Energie. Zum anderen wird durch die Hydratation Wärme frei. Wenn der chemische Prozess abgeschlossen ist, kühlt der Zement wieder ab, mit dem Abkühlen zieht er sich zusammen – und reißt.

Zum Glück haben Ingenieure herausgefunden, dass Zementleim sich auch mit anderem Gestein fest verbindet. Also begann man, der Mischung einen *Zuschlag* (kleine, unregelmäßige Gesteins- und Sandkörner) beizugeben. Dies reduzierte nicht nur die benötigte Zementmenge und damit die freigegebene Wärme beim Abbinden, sondern auch den Energieverbrauch bei der Herstellung. Der Zementleim durchläuft die gleiche chemische Reaktion und bildet kristalline Strukturen, die sich untereinander, aber auch mit der Gesteinskörnung verbinden. Die Masse erstarrt zu dem, was uns heute als Beton bekannt ist. Also: Wasser plus Zementpulver plus Zuschlag ergibt Beton.

Bei der Betonherstellung kommt es auf die richtige Mischung an. Wenn zu viel Wasser zugegeben wird, reagiert nicht alles Wasser mit dem Zementpulver, und der Beton trägt nicht. Bei zu wenig Wasser kann nicht das gesamte Pulver reagieren, und der Beton trägt ebenfalls nicht. Das beste Ergebnis erreicht man, wenn das gesamte Wasser mit dem gesamten Zementpulver reagiert. Und auch der Mischvorgang selbst ist wichtig. Schlecht gerührter Beton härtet nicht richtig aus. Denn die großen und schweren Gesteinskörner sinken nach unten, während der feine Sand und der Zementleim oben bleiben – die ungleichmäßige Betonmasse ist nicht stabil. Aus diesem Grund drehen sich auch die Mischtrommeln der Betontransporter: So wird der Zuschlag ständig untergerührt und verteilt.

Die Ingenieure der Antike hatten keine Betonmischfahrzeuge, dennoch haben sie Beton auf ganz ähnliche Weise hergestellt wie wir: Auch sie haben Kalkstein gebrannt, zu Pulver gemahlen und dann Wasser hinzugefügt, um eine Paste zu erhalten, mit der sie Steine, Ziegel und Fliesen zusammenfügen konnten. Doch war ihre Mischung viel klumpiger und dicker als unser heutiger Beton. Die Römer aber entdeckten etwas noch viel Besseres: In der Umgebung des Vesuv fanden sie eine Asche, die sie *pozzolana* nannten – und verwendeten nun statt gebrannten Kalk diese fertige Asche als Zementpulver. Mit Ton, Gesteinsbröckchen und Wasser vermischt, ergab sich fester Beton. Dieser erstarrte sogar unter Wasser. Denn die chemische Reaktion mit dem Puzzolan benötigte kein Kohlendioxid aus der Luft: Die Mischung härtete auch so aus.

Zu Beginn nutzten die Römer das erstaunliche Potenzial des von ihnen geschaffenen Materials nicht voll aus – sie verwendeten es nur zaghaft in kleineren Bauwerken. Zum Beispiel, um Wände zu stabilisieren, indem zwischen zwei Mauern eine Lage Beton gefüllt wurde. Woher wollte man auch wissen, dass der Beton nicht in einigen Jahren reißen oder bröckeln würde, so wie Gips? Im Laufe der Zeit erkannten sie natürlich, dass dieser unglaublich widerstandsfähige Feststoff nicht mit Gips vergleichbar war, und Beton wurde zu einem allseits eingesetzten Baumaterial. Da er auch unter Wasser härtete, konnten Brückenfundamente im Fluss errichtet werden, und die Schwierigkeiten beim Überspannen großer Gewässer erübrigten sich.

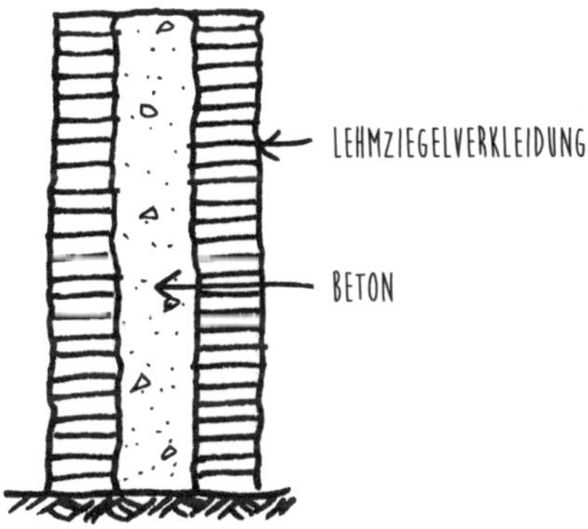

Eine verstärkte Wand. In der römischen Baukunst füllte man den Zwischenraum zwischen zwei Mauern mit Beton.

Die Römer bauten gerne mit Bögen – und Beton ist da der ideale Werkstoff, weil er unglaublich stabil ist. Ein gewöhnlicher Ziegel aus gebranntem Ton trägt vielleicht das Gewicht von fünf Elefanten, derselbe Stein aus relativ weichem Beton hält aber gleich 15 Elefanten aus. Ein Stein aus einer stärkeren Betonmischung kann auch 80 Elefanten tragen. Die Festigkeit von Beton kann angepasst werden – je nachdem, welche Stoffe der Mischung in welchem Verhältnis zugegeben werden. Anders als bei einer gemauerten Wand – bei ihr ist der Mörtel meist anfälliger als die Ziegel und bricht leicht – wird Beton in einem Block gegossen und hat deshalb viel weniger Fugen, die immer auch Schwachstellen sind. Eine Betonwand ist durchgängig stabil. Wenn die Drucklast zu groß wird, bricht natürlich auch Beton, aber dafür muss schon eine enorm große Last (oder eine Horde Elefanten) auftreten.

Beton ist ein wählerisches Material. Er mag Drucklasten und wird seit Jahrtausenden entsprechend eingesetzt: komprimiert in

Fundamenten oder Mauern. Gedehnt wird Beton aber gar nicht gern. Die Zugfestigkeit von Beton ist minimal: Er bricht bereits bei einem Zehntel der Last, den er unter Drucklast aushält.

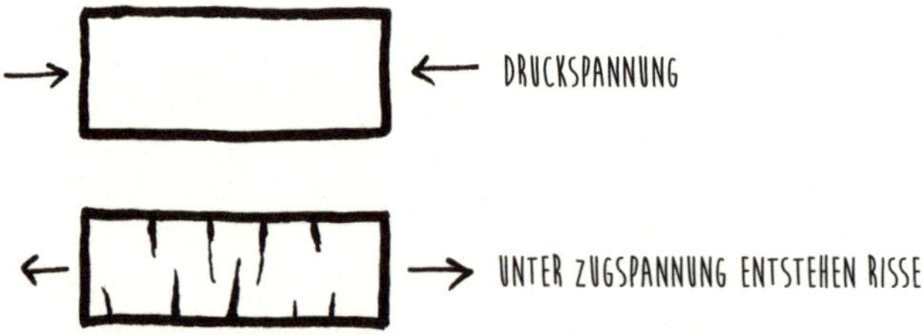

Beton ist eigen: Drucklasten hält er mühelos aus, doch schon bei geringer Zuglast bricht er.

Auch aus diesem Grund beeindruckt mich das Pantheon so. Denn die Römer haben perfekt verstanden, wie Beton und wie Kuppeln funktionieren. Beton war sicher nicht das ideale Material zur Errichtung der riesigen Rotunde, dennoch setzten sie es ein. Aber auf die richtige Weise.

Warum eine Kuppel aus Beton eine so große Herausforderung darstellt, macht man sich am besten anhand eines einfachen Papierbogens klar. Wenn man einen langen, schmalen Pappstreifen zu einem Bogen biegt und auf den Tisch legt, wird er seine Form nicht halten. Er gibt nach. Damit er stehen bleibt, muss man je ein Radiergummi an beide Enden des Pappbogens setzen. Werden nämlich die Enden nicht abgestützt, schieben sie sich nach außen, und der Bogen fällt zusammen. Auch mit den Radiergummis bleibt diese Wirkung bestehen, doch die Reibung zwischen Radiergummi und Tischplatte arbeitet dem Schub der Bogenenden entgegen. Hier erfüllt sich das Dritte Newtonsche Gesetz, das Wechselwirkungsprinzip: Jede Aktion erzeugt eine gleich große Reaktion. In den Bogenenden agiert die Schubkraft gegen die Radiergummistützen – die Stützen reagieren und halten den Bogen, indem sie dem Schub entgegenwirken.

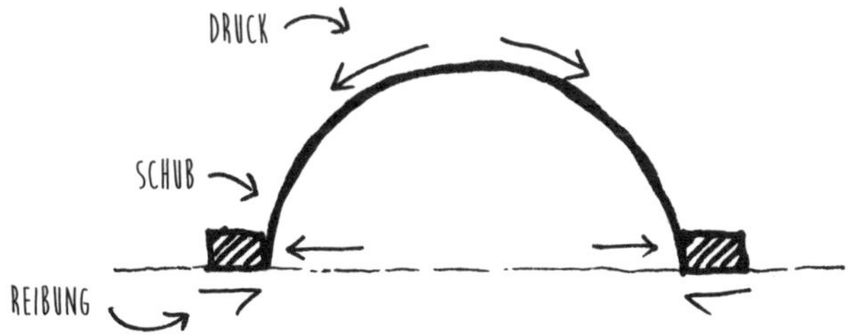

Die Kräfte werden entlang des Bogens abgeleitet und schieben die Enden nach außen.

Kuppeln sind im Grunde dreidimensionale Bögen – die dritte Dimension hebt die Konstruktion auf eine komplexere Stufe. Statt eines einzelnen Pappstreifens hat man nun viele lange, schmale Streifen, die man übereinanderlegt und mittig mit einer Heftzwecke fixiert. Auch diese Streifen könnte man zu einem Bogen biegen – oder aber man fächert sie zu einem Rund auf, bis sie Linien nach Art der Längengrade der Erde bilden. So entsteht eine Halbkugel oder Kuppel. Die Kuppel ist genauso instabil wie der nicht abgestützte Papierbogen: Sie behält ihre Form nicht von allein. Zur Stabilisierung könnte man nun lauter Radiergummis an den Streifenenden platzieren – oder aber man probiert es mit einer schlaueren Methode und umspannt die Kuppel mit Gummibändern, die wie Breitengrade angeordnet sind. Sind die Gummibänder einmal fixiert, kann man die Radierer entfernen, und die Kuppel behält ihre Form.

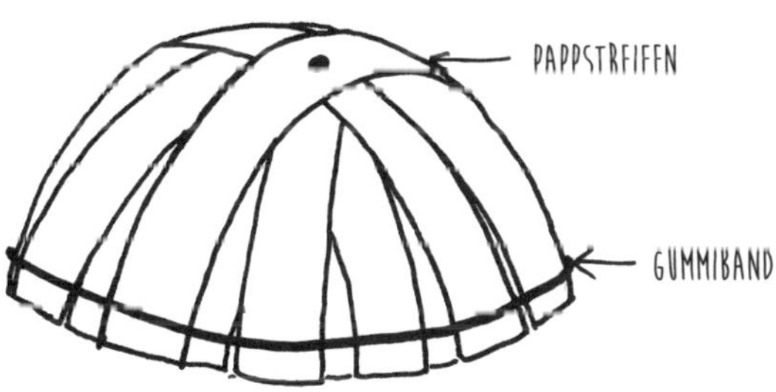

Werden die rund um die Kuppel wirkenden Kräfte ausreichend »zusammengezogen«, schieben sich die Enden nicht nach außen.

Die Stützwände einer auf diese Weise fixierten Kuppel sind (anders als beim Bogen) keinem waagrechten Schub ausgesetzt. Die unter Zugspannung stehenden Gummibänder wirken dem Druck der Pappstreifen entgegen. Der einzelne Streifen steht also auf der Ebene der »Längengrade« unter Druck, und es ist Zugspannung nötig, um die Streifen auf der Ebene der »Breitengrade« zusammenzuhalten.

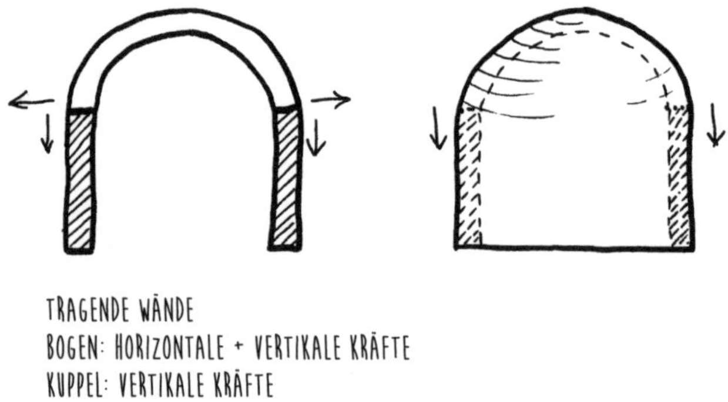

In einem Bogen und in einer Kuppel werden Lasten unterschiedlich abgetragen.

Vom Platz aus gesehen wirkt das Dach des Pantheons recht flach, doch innen ist es tatsächlich eine beinahe perfekte Halbkugel. Der Eindruck von außen entsteht, weil der Rand der Kuppel viel dicker ist als ihr Scheitel: Der Beton im oberen Teil der Kuppel ist nur 1,20 Meter dick, im unteren Teil aber bis zu sechs Meter. Auf diese Weise kann die Kuppel höheren Zugspannungen standhalten – je mehr Material, desto mehr Widerstand.

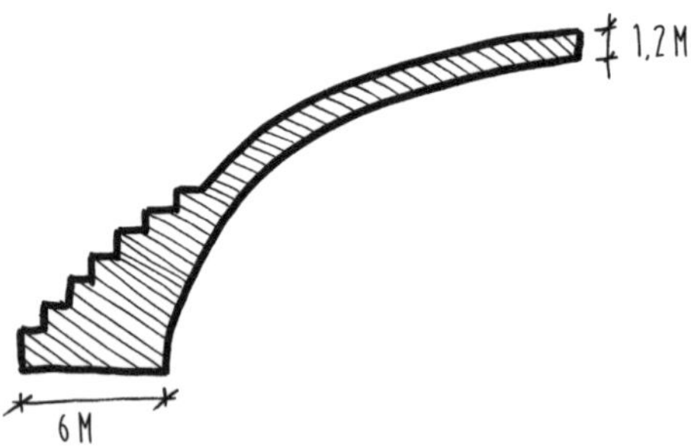

Die immer dickeren Ringe im unteren Bereich verstärken die Kuppel des Pantheons.

Die römischen Baumeister sorgten für noch größere Stabilität, indem sie sieben konzentrische Ringe (die man unterhalb des *oculus* erkennt, wenn man von oben auf das Pantheon schaut) um die Kuppel legten. Diese Ringe funktionieren in etwa wie die Gummibänder in unserem Modell, denn sie widersetzen sich den Zugkräften und stabilisieren so die Kuppel. Durch ihre intelligente Bauweise konnten die Römer also Beton verwenden, obwohl dieser Zugkräften nur mangelhaft standhält.

Dickerer Beton kann Zugkräften besser standhalten, doch er bringt dafür andere Probleme mit sich. Je dicker die Kuppel, desto höher der Zementanteil – so entsteht beim Abbinden mehr Hitze und das Material zieht sich beim Abkühlen noch stärker zusammen. Da er diese Zugspannungen schlecht aushält, bricht der Beton. Die römischen Ingenieure hatten Sorge, dass der untere Teil der Kuppel starke Risse bekommen könnte. Die Kassetten auf der Gewölbeinnenseite sind offenbar nicht nur Teil der einzigartigen Ästhetik des Bauwerks – die rechteckigen Ausschnitte sorgten auch dafür, dass der Beton schneller und gleichmäßiger trocknete und so einer Rissbildung vorgebeugt wurde. Dennoch hat man im unteren Teil der Kuppel Risse entdeckt, die wohl während der Bauzeit entstanden sind – sie konnten der Stabilität des antiken Bauwerks aber nichts anhaben.

Zum ersten Mal habe ich das Pantheon als Jugendliche betreten, und ich war gebannt von seiner Schönheit und friedvollen Stimmung. Beim zweiten Besuch war ich dann schon Ingenieurin und betrachtete die Kassettenkuppel mit nicht geringerer Begeisterung. Ich suchte den Gewölberand nach Rissen ab. Lange sah ich einfach nur auf den Lichtstrahl, der durch den *oculus* in den Innenraum dieses einzigartigen Bauwerks fällt. Ich bestaunte die Größe der Kuppel und ihre einnehmende Schlichtheit und wunderte mich, wie man sie vor all dieser Zeit errichten konnte.

Ich frage mich immer mal wieder, ob die Bauwerke, die wir heute planen und bauen, ähnlich wie das Pantheon auch nach 2000 Jahren noch stehen, und das in so gutem Zustand. Ich kann es mir nur schwer vorstellen.

Nach dem Zusammenbruch des Römischen Reichs im 5. Jahrhundert begann das Mittelalter und das Rezept für Beton sollte beinahe 1000 Jahre lang verschollen bleiben. Die Menschheit machte einen Schritt zurück zu einer eher primitiven Lebensweise. Beton tauchte erst im 14. Jahrhundert wieder auf. Doch hatte man auch dann noch mit seiner mangelnden Zugfestigkeit zu kämpfen. Erst Jahrhunderte später wurde der wahre Zauber von Beton entdeckt – von einem unscheinbaren Helden, in einem unerwarteten Zusammenhang.

Es war in den 1860er-Jahren, als der französische Gärtner Joseph Monier irgendwann genug davon hatte, dass seine Tontöpfe ständig brachen. Also stellte er Töpfe aus Beton her, aber auch die bekamen Risse. Schließlich probierte er, den Beton durch ein Metallgitter zu verstärken, das er in die feuchte Masse einschloss. Das Experiment hätte aus zwei Gründen scheitern können: Zum einen hätte der Beton sich nicht mit der metallenen Verstärkung verbinden können (es gab keinen Grund, davon auszugehen!), und das Gitter hätte dann nur eine weitere Schwachstelle im Material dargestellt. Zum anderen hätten sich das Metall und der Beton im Wechsel der Jahreszeiten unterschiedlich ausdehnen und zusammenziehen können und es wären nur noch mehr Risse entstanden. Ohne sich dieser Probleme bewusst zu sein, schuf Monier den perfekten Topf: Er blieb stabil und zeigte kaum Risse.

Wie die meisten Metalle sind Eisen und Stahl elastisch und verformbar. Außerdem halten sie Zugspannungen stand und brechen nicht so einfach, denn sie sind nicht so spröde wie Ziegel oder Beton. Indem man nun Beton (der unter Zuglast bricht) und Eisen (das Zuglasten aufnimmt) kombiniert, erhält man das perfekte Materialpaar. Das Prinzip findet man sogar in einem antiken Beispiel: In Marokko wurden die Mauern der Berberstädte aus Lehmziegeln mit beigemischtem Stroh gebaut. Diese sogenannten *Adobe* wurden unter anderem von den Ägyptern, Babyloniern und amerikanischen Ureinwohnern verwendet. Dabei erfüllt das Stroh eine ähnliche Funktion wie das Metall im Beton: Es bindet Lehm und Gips aneinander und verhindert Risse, da es Zugspannungen auffängt.

Aus demselben Grund enthält der Gips an den Wänden meiner viktorianischen Wohnung Pferdehaare.

Nachdem er das neue Material bei der Pariser Weltausstellung von 1867 vorgestellt hatte, weitete Monier dessen Anwendung auf Rohre und Balken aus. Der deutsche Ingenieur Gustav Adolf Wayss sah Moniers Beton und stellte sich vor, ganze Bauwerke daraus zu errichten. 1879 kaufte er die Nutzungsrechte an Moniers Patent und ließ erforschen, wie man Beton als Baumaterial einsetzen könnte. Schließlich entstanden überall in Europa neuartige Gebäude und Brücken aus verstärktem Beton.

Die Verbindung von Stahl (Stahl ersetzte das Eisen, nachdem sich das Bessemerverfahren verbreitet hatte) und Beton erscheint heute so offensichtlich, dass man sich kaum noch vorstellen kann, dass die beiden einmal nicht in dieser Paarung verwendet wurden. In jedem Betonbau, den ich plane, wird Bewehrungsstahl eingesetzt – lange, geriffelte Stäbe von 8–40 Millimeter Durchmesser, die zu einem Geflecht zusammengebunden (»gerödelt«) werden, das später einen Verbund mit dem Beton bildet. Meine Berechnungen geben mir Auskunft, an welchen Stellen der Beton Zug- oder Drucklasten ausgesetzt ist, dementsprechend verteile ich den Bewehrungsstahl.

Die perfekte Verbindung verschiedener Baustoffe: ein Stahlkorb stabilisiert den Beton, nimmt Zugbelastungen auf und vermindert Risse.

Die beauftragte Baufirma ermittelt anhand meiner Zeichnungen die genaue Größe und Form der einzelnen Bewehrungsstäbe und berechnet deren Gewicht. Die Aufstellung geht an einen Stahlhersteller, und ein paar Wochen später treffen die Stäbe ein. Sie werden in die gewünschte Form geflochten und zum Schluss mit Beton umgossen.

Während die chemische Reaktion im Betongemisch fortschreitet, gehen Stahl und Beton einen festen Verbund ein. So, wie er sich mit dem Gesteinszuschlag verbindet, so verbindet sich der Zementleim auch mit dem Stahl. Beton und Stahl lassen sich nur noch schwer voneinander trennen. Sie haben nahezu denselben Temperaturkoeffizienten und dehnen sich bei Wärme gleichmäßig aus bzw. ziehen sich bei Kälte gleichmäßig zusammen. Wenn ein Betonträger sich unter Last verbiegt – wenn er also oben gestaucht und unten gezogen wird –, bekommt der Beton an der Unterseite Risse. Diese Risse sind Millimeterbruchteile klein und oftmals nicht mit bloßem Auge zu erkennen. Doch es gibt sie. Sobald sie auftauchen, wird das Stahlgeflecht an der Unterseite des Betonträgers aktiviert und nimmt die Zugspannung auf.

Eine Stahlbewehrung ist heute quasi die DNA moderner Bauwerke. In London haben viele Baustellenzäune kleine Guckfenster. Wenn ich an einem vorbeilaufe, kann ich meine Neugier nicht bezähmen und muss unbedingt einen Blick hindurchwerfen. Ganz gleich, um was für ein Projekt es sich handelt: Immer sehe ich Berge von Bewehrungsstahl, die darauf warten, verflochten zu werden. Manchmal stehen auch fertige Stahlkörbe bereit. Wenn die Betonmischfahrzeuge anrücken, gießen sie einen dicken Betonstrom in die fertigen Geflechte, und Arbeiter mit Rüttelflaschen verdichten die Masse und sorgen dafür, dass die verschiedenen Betonbestandteile gut vermischt sind. Im Vorhinein haben Ingenieure sichergestellt, dass die Abstände zwischen den Bewehrungsstäben groß genug sind, damit die Betonmasse gut einfließen kann. John, mein erster Chef, brachte mir bei: »Wenn ein Kanarienvogel aus deinem Stahlkäfig entwischen kann, sind die Stäbe zu weit auseinander.

Wenn er erdrückt wird, stehen sie zu eng.« Das habe ich mir gemerkt. (Kanarienvögel sind zu keinem Zeitpunkt meiner Karriere zu Schaden gekommen.)

Wenn der gesamte Beton eingefüllt und verdichtet wurde, glätten die Arbeiter die Oberfläche mit großen Harken und lassen die Masse aushärten. Das erstaunliche Material hat noch eine Überraschung in petto: In den folgenden Wochen endet ein Großteil der chemischen Reaktion, der Beton wird geprüft und für fertig befunden, wenn die Zielfestigkeit erreicht ist. In Wahrheit aber nimmt die Festigkeit noch weiter zu, wenn auch in kleinen Schritten, und das über Monate und Jahre. Erst in ferner Zukunft wird ein konstanter Wert erreicht.

Heute wird Beton für alle möglichen Bauwerke eingesetzt. Aus Beton entstehen Hochhäuser, Wohnblocks, Tunnel, Straßen, Dämme und zahllose Dinge mehr. In der Antike verwendeten verschiedene Zivilisationen verschiedene Materialien und Bauweisen, jeweils in Anpassung an die verfügbaren Techniken, die klimatischen Bedingungen und die örtlichen Gegebenheiten. Heute ist Beton der universelle Baustoff.

Wissenschaftler und Ingenieure arbeiten daran, Beton noch härter und beständiger zu machen, als er ohnehin schon ist. Eine der neuesten Erfindungen ist »selbstheilender« Beton, der winzige Pellets mit Kalziumlaktat enthält. Die Pellets werden in den flüssigen Beton gemischt und warten dort auf ihre große Stunde. Denn sie enthalten außerdem eine bestimmte Bakterienart (diese kommt normalerweise in alkalischen Seen in der Nähe von Vulkanen vor), die bis zu 50 Jahre ohne Sauerstoff und Nahrung auskommt. Der Beton mit den Pellets härtet aus. Wenn sich nun Risse im Material bilden und Wasser einsickert, aktiviert das Wasser die Pellets und lässt die Bakterien frei. Da sie an eine alkalische Umgebung gewöhnt sind, kann den Bakterien der Kontakt mit dem hochalkalischen Beton nicht viel anhaben. Sie gehen ans Werk und verwandeln das Kalzium mithilfe von Sauerstoff und Kohlendioxid in

Kalzit, also Kalkstein. Wenn der Kalkstein die Risse im Beton füllt, hat sich dieser somit selbst repariert.

Und es gibt weitere Herausforderungen. Fünf Prozent des vom Menschen produzierten Kohlendioxids rühren von unserem Betonverbrauch. Beton in »normalen« Mengen ist sicher nicht besonders umweltschädlich, heute wird aber derart viel Beton verarbeitet, dass die Emissionen sich bemerkbar machen. Ein Teil des Kohlendioxids entsteht durch das Brennen von Kalk zur Betonherstellung, der Rest wird bei der Hydratation frei. Die Zementmenge in einer Betonmischung kann reduziert werden, indem man geeignete Industrieabfälle nutzt – wie die bei der Stahlfertigung zurückbleibende Schlacke, die zu hochwertigem Hüttensand verarbeitet wird. Die kluge Verwendung dieser Rückstände wird die Festigkeit des Betons kaum beeinträchtigen, sie verringert aber den Kohlenstoffverbrauch um mehrere Tonnen. Beton mit solchen alternativen Zusätzen kann jedoch nicht für alle Bauten eingesetzt werden, da die Stoffe sich auch auf die Mischung auswirken. Der Beton muss beispielsweise länger aushärten und ist insgesamt zäher – für den Hochhausbau, bei dem er mehrere Stockwerke nach oben gepumpt werden müsste, kommt er deshalb nicht infrage.

Der Londoner Wolkenkratzer *The Shard* nutzt Stahl und Beton auf wirklich clevere Weise und beachtet dabei die verschiedenen Anforderungen von Wohn- und Arbeitsräumen. In einem typischen Bürogebäude möchte man große Flächen mit möglichst wenig Stützen. Dann ist Stahl das Material der Wahl, da es Zug und Druck aushält und Stahlträger eine größere Fläche überspannen können als gleich dicke Betonträger. Im Vergleich zu Wohnungen benötigen Büros außerdem öfter Klimaanlagen und viel mehr Rohrleitungen und Kabelleitungen. Die Form von Doppel-T-Trägern und die Zwischenräume zwischen den Trägern lassen viel Platz zum Verlegen von Leitungen. Stahlkonstruktionen sind leichter als ein Pendant aus Beton, deshalb kann man mit kleineren Fundamenten arbeiten.

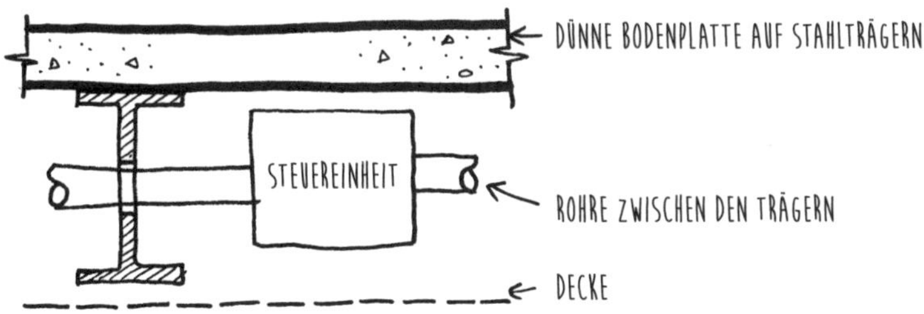

Anordnung von Stahlträgern und Betonböden in einem Bürogebäude.

Die Etagen von Wohngebäuden dagegen sind in Wohnungen und Zimmer unterteilt, und es geht nicht darum, freie Flächen zu schaffen. Daher lassen sich die Betonstützen für die Bodenplatten in den Wänden verstecken. Betonböden sind insgesamt dünner als Stahlböden, daher lassen sich bei gleicher Höhe mehr Etagen unterbringen. In reinen Wohnetagen benötigt man weniger Kabelschächte und Rohrleitungen – sie können einfach unterhalb der Bodenplatte verlaufen. Beton wirkt schalldämpfend und es werden weniger Geräusche von Etage zu Etage übertragen – in einem Bürogebäude (das ja eigentlich nicht zum Schlafen gedacht ist) ist diese Eigenschaft nicht so wichtig wie in einem Wohngebäude.

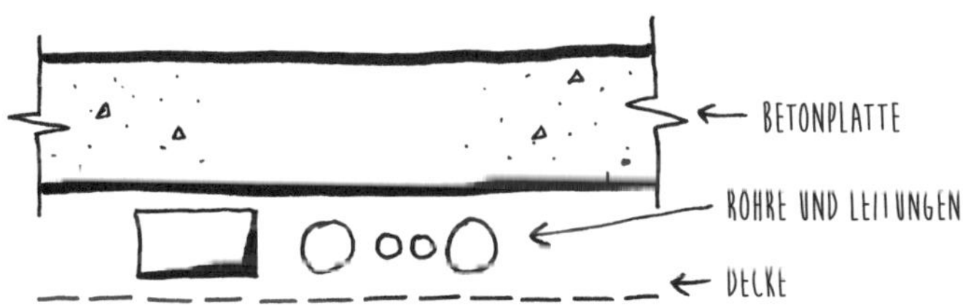

Anordnung der Betonböden in einem Wohngebäude.

In *The Shard* sind auf den unteren Etagen Büros untergebracht, während sich in den oberen Etagen Apartments und ein Hotel befinden. Je nach Nutzung verwendeten wir daher verschiedene Materialien: Die unteren Etagen haben ein Stahlgerüst, um Großraumbüros zu schaffen, die oberen Etagen sind aus Beton, um ein gutes

Wohnklima herzustellen. Eigentlich leuchtet es unmittelbar ein, das Baumaterial der Nutzung anzupassen, dennoch war unser Vorgehen ungewöhnlich. Weltweit haben bisher nur sehr wenige Bauten den Materialmix gewagt. Ein Grund dafür könnte sein, dass es logistisch betrachtet einfacher und günstiger ist, durchweg dasselbe Material zu verwenden – ich meine jedoch, dass man mit einer angepassten Bauweise langfristig besser plant und außerdem nachhaltiger baut, da weniger Material verbraucht wird. Ein anderer Grund ist wahrscheinlich, dass Gebäude häufig einen einzigen Zweck erfüllen und die gemischte Nutzung bisher wenig verbreitet ist. Ich rechne aber damit, dass die Mischnutzung immer gefragter sein wird und sich damit die Kombination verschiedener Baumaterialien ausweitet.

Gutes Ingenieurshandwerk zeichnet sich auch dadurch aus, dass die verfügbaren Materialien effizient genutzt werden. Beton gilt aufgrund seiner antiken Wurzeln oft als veraltet, doch gehört er ganz wesentlich zu unserer Zukunft. Wissenschaftler und Ingenieure arbeiten an neuen, superrobusten Mischungen und sind bemüht, Beton umweltverträglicher zu machen. Vielleicht findet sich eines Tages ein neues Material, das Beton komplett ersetzt. Bis dahin aber werden in rasantem Tempo neue Städte hochgezogen, um den Bedürfnissen einer stetig wachsenden Weltbevölkerung Herr zu werden. Betonbauten werden die urbane Landschaft noch sehr, sehr lange prägen. Und ich bekomme noch eine Menge Beton, den ich streicheln kann.

HIMMEL

Im Laufe der Jahre habe ich an ganz verschiedenen Projekten mitgewirkt – von der Fußgängerbrücke in Newcastle über Londoner Wohnblocks bis zur Renovierung des Backsteinbahnhofs Crystal Palace im Süden der britischen Hauptstadt. Trotzdem sind Hochhaustürme so etwas wie mein Spezialgebiet geworden – was ein bisschen seltsam ist, weil ich große Höhen gar nicht so gut vertrage.

Es ist nicht so, als stünde ich stocksteif und mit stierem Blick da, so wie James Stewart zu Beginn von *Vertigo*. Ich fange nicht an zu zittern wie ein Häufchen Elend, wenn ich von ganz oben runterschaue, die Knie werden mir aber trotzdem weich. Jedenfalls reicht es, um mir immer mal wieder unangenehme Momente zu bescheren. Meistens sitze ich ja ganz gelassen an meinem Schreibtisch im Büro (das nur im 9. Stock liegt). Manchmal aber muss ich die typische Ingenieurskluft aus Helm, Schutzweste und Stahlkappenschuhen anlegen und ein von mir geplantes Hochhaus erklimmen.

Als ich im Mai 2012 an der London Bridge aus der Bahn stieg, war ich gespannt, voller Vorfreude, aber etwas mulmig war mir auch. Ich bog rechts ab und lief am Bauzaun entlang zu einer blau gestrichenen Sperrholztür, welche die Pendlermassen auf dem Weg zur Arbeit gar nicht bemerkten. Sie war der Eingang zu *The Shard* – welch ein Kontrast zu der glitzernden Fassade aus Glas und Stahl, die uns heute an dieser Stelle begrüßt!

Hinter der Brettertür erwartete mich ein Labyrinth aus Absperrungen, durch das ich mich hindurchschlängelte – ich war ein wenig

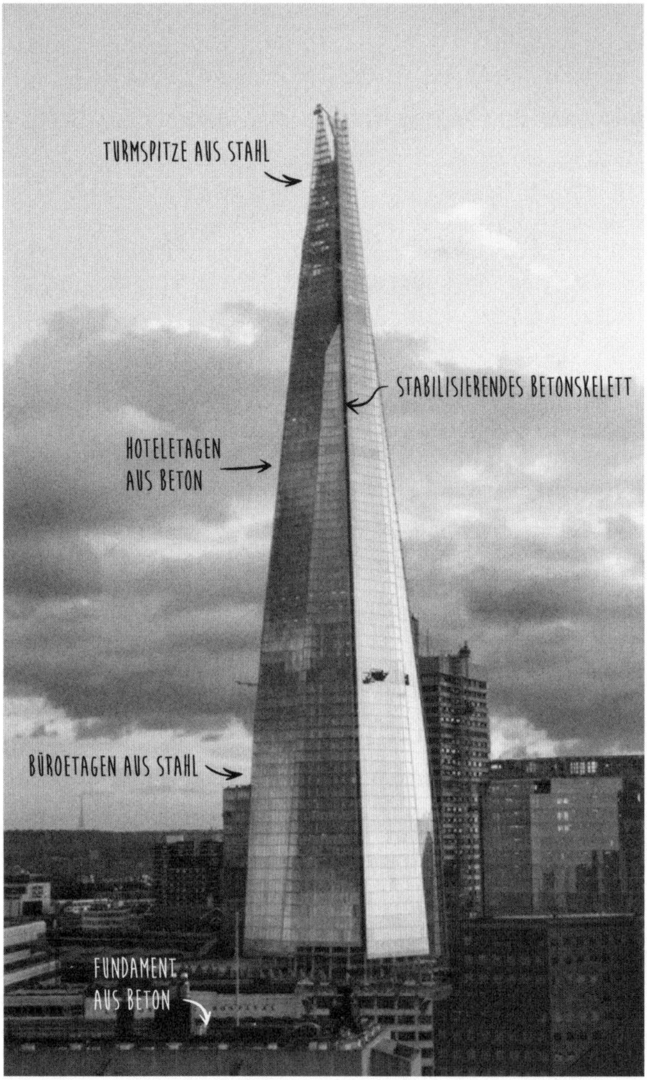

The Shard prägt das Stadtbild Londons.

in Angst, dass ich mich verlaufen könnte, da der Pfad durch die Baustelle inzwischen einen anderen Verlauf nahm als bei meinem letzten Besuch. Am Ende betrat ich zaghaft einen käfigartigen Bauaufzug, der in schräger Linie entlang des Pyramidenturms nach oben führte. Ein Rütteln und Ächzen, dann schoss er nach oben: Ich heftete den Blick auf das Gebäude, um nicht nach unten sehen zu müssen. (Für *The Shard* wurde erstmals ein Schrägaufzug außen an der Fassade montiert, das war natürlich cool, doch mein Unwohlsein besänftigte es nicht.) Als der Aufzug endlich auf halber Höhe anhielt, stieg ich aus und betrat die Etage. Es war niemand zu sehen, alles war ruhig. Das Gebäudeskelett lag noch offen da: Rostfarbene Stahlsäulen erhoben sich über einem grau gefleckten Betonboden. Ich widerstand dem Drang, den Beton zu befühlen, und stellte mir vor, wie der Ort wohl voller Menschen, Möbel und Betriebsamkeit aussehen würde. An diesem Tag herrschte jedenfalls absolute Stille.

Ich zwang mich, noch einmal den Aufzug zu betreten, und fuhr nun bis ganz oben, in den 69. Stock. Hier fühlte es sich komplett anders an: Das Gebäude war den Elementen preisgegeben. Am Rand waren Absperrungen montiert, da man das Glas noch nicht eingesetzt hatte. Der Einsamkeit auf den unteren Etagen machte hier Betriebsamkeit Platz: Arbeiter brüllten Befehle, Stahlteile klirrten, Kräne piepten und Beton quoll aus zuckenden Schläuchen. Über mir erhob sich die elegante Turmspitze, in die man über weitere achtzehn Treppen gelangte. Jetzt erst fiel mir auf, dass ich die oberste Etage an diesem Tag zum ersten Mal begehen konnte, da sie kürzlich erst fertiggestellt worden war. Es war tatsächlich ein besonderer Tag.

Auf der obersten Stufe musste ich innehalten. Die spitz zulaufende Form des Wolkenkratzers ließ den Raum auf der 87. Etage etwas eng werden. Ich stand noch am Treppenabsatz in der Mitte der Bodenfläche, trotzdem fühlte es sich an wie kurz vorm Abgrund. Mir wurde ganz flau. Ich unterdrückte einen Anflug von Panik. Meine Lungen füllten sich mit kalter, klarer Luft. Ich hielt die Augen geschlossen und atmete tief durch. Als der Schwindel halbwegs vorüber war, öffnete ich ein Auge (ja, nur eins).

Ich befand mich zwischen Himmel und Erde. Nachdem ich über Monate Modelle gebaut, Berechnungen angestellt und Zeichnungen vervollständigt hatte, sah ich nun das fertige Objekt vor mir. Es fühlte sich so viel größer und greifbarer an als die Entwürfe auf Papier oder die Simulationen am Bildschirm. Die Bauphase, die ich an diesem Tag erlebte, verursacht in mir immer Hochstimmung: Decken und Fußböden sind noch nicht verkleidet, der Blick wird noch nicht durch eine Fassade begrenzt und die Menschenmassen haben das Gebäude noch nicht in Beschlag genommen. Mir kommt es immer so vor, als dürfte ich mich bei einem riesigen Rockkonzert backstage aufhalten und einen Blick auf all das werfen, was später das Rückgrat der spektakulären Show bildet. Der Besuch auf der Baustelle erfüllte mich mit Ehrfurcht vor dem, was wir da geschaffen hatten. Ich war wie erfrischt und neu motiviert, denn mir war wieder klar, warum mich der kreative Prozess des Planens und Bauens so anspricht, und das gerade bei Wolkenkratzern.

Wenn man einen Graph zeichnen würde, der angibt, wie sich die Höhe von Bauwerken im Laufe der Zeit verändert hat (übrigens genau die Art von Beschäftigung, mit der ich gerne meine Abende verbringe), würde man feststellen, dass die Kurve in den 1880ern sprunghaft ansteigt. Über Jahrtausende hielt die Pyramide von Gizeh mit ihren 146 Metern den Rekord als höchstes menschengeschaffenes Bauwerk. Erst im Mittelalter wurde dieser Rekord von der Kathedrale von Lincoln (160 Meter) übertroffen – sie hielt ihn von 1311 bis 1549, als bei einem Sturm ihre Turmspitze abbrach. So gelangte die Marienkirche in Stralsund mit 151 Metern Höhe an den Titel – bis auch sie 1647 durch einen Blitzschlag ihre Kirchturmspitze verlor. Nun kam das Straßburger Münster an die Reihe, das zwar nur 142 Meter maß, doch zu jenem Zeitpunkt war die Pyramide von Gizeh bereits so erodiert, dass sie keine 140 Meter mehr erreichte. Der wirkliche Höhenwettlauf begann erst im 19. Jahrhundert, als in Chicago 1884 das erste Hochhaus errichtet wurde. Mit zehn Stockwerken und gerade einmal 42 Meter Höhe weit von unserer heutigen Vorstellung von einem Wolkenkratzer entfernt, war es doch das erste große Gebäude, das durch ein Metallgerüst gestützt wurde. 1889 dann durchbrach der Eiffelturm die 300-Meter-Marke. Seither sind Ehrgeiz und Bauhöhe gewaltig gestiegen. Es dauerte beinahe 4000 Jahre, bis die Pyramiden (mit mehr oder weniger wackeligen Turmspitzen) übertrumpft wurden. Dagegen ist die Gebäudehöhe allein in den vergangenen 150 Jahren von rund 150 Metern auf über tausend Meter angewachsen.

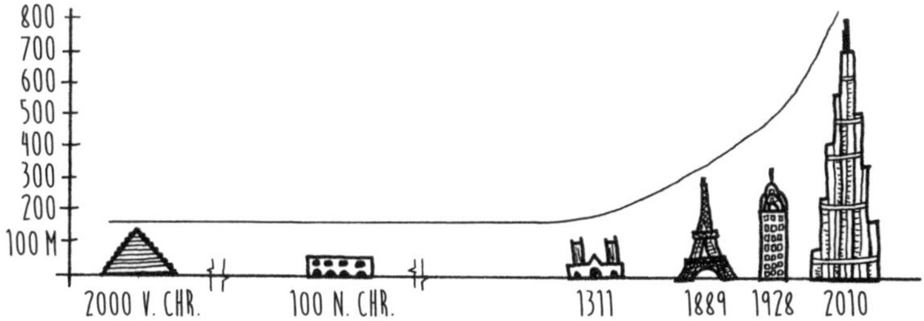

Die Darstellung der höchsten Gebäude am Zeitstrahl lässt erkennen, wie der technische Fortschritt der vergangenen einhundert Jahre die Bauhöhe nach oben schnellen ließ.

Von Isaac Newton stammt ja der berühmte Ausspruch: »Wenn ich weiter gesehen habe, dann deshalb, weil ich auf den Schultern von Riesen stand.« Als ich nun auf dem (mit 310 Metern) höchsten Hochhausturm Westeuropas stand und mir bewusst machte, welche Materialien und Maschinen – klirrender Stahl und piepende Kräne zum Beispiel – zu seiner Entstehung beigetragen hatten, erinnerte ich mich daran, wie wir überhaupt an diesen Punkt gelangt sind und welche Schlüsselfiguren der Geschichte uns beim Erreichen des Himmels geholfen haben. Zu ihnen gehört natürlich Newton selbst: Ohne das von ihm formulierte Wechselwirkungsprinzip wäre ich nicht in der Lage, die Kräfte in einer Bogenkonstruktion zu berechnen. Doch es gibt noch andere, die uns weiter und höher denken ließen und Kräne und Aufzüge erfanden, ohne die wir nicht über das Erdgeschoss hinausgekommen wären. *The Shard* steht nicht nur auf einem innovativen realen Fundament, sondern auch auf einem ideellen Fundament historischer Entdeckungen und Fortschritte, die das Bauen revolutioniert und Hochhäuser überhaupt erst möglich gemacht haben. Die erste Schwierigkeit besteht ja schon einmal darin, das Baumaterial in die Höhe zu bekommen. Vor der Erfindung des Krans wurde unser baulicher Ehrgeiz hierdurch stark in seine Grenzen verwiesen – doch immerhin erfand schon Archimedes (287–212 v. Chr.) den Flaschenzug.

Der einfache Seilzug geht Archimedes jedoch voraus. Schon 1500 v. Chr. benutzten die Bewohner Mesopotamiens (dem heutigen Irak) die Kombination aus einem Seil und einer festen Rolle, um Wasser zu schöpfen. An einem Seilende hängt der Gegenstand, den man heben möchte – etwa ein Eimer Wasser –, am anderen Ende wird gezogen. So ein Seilzug war eine sehr praktische Erfindung, denn nun konnte man Gegenstände heben, indem man am Boden stand und nach unten zog, also die Unterstützung der Schwerkraft nutzte. Bis dahin musste man über der Stelle stehen, an der der Gegenstand abgesetzt werden sollte, und ihn nach oben ziehen. Der Seilzug veränderte die Zugrichtung und es ließen sich größere Lasten bewegen.

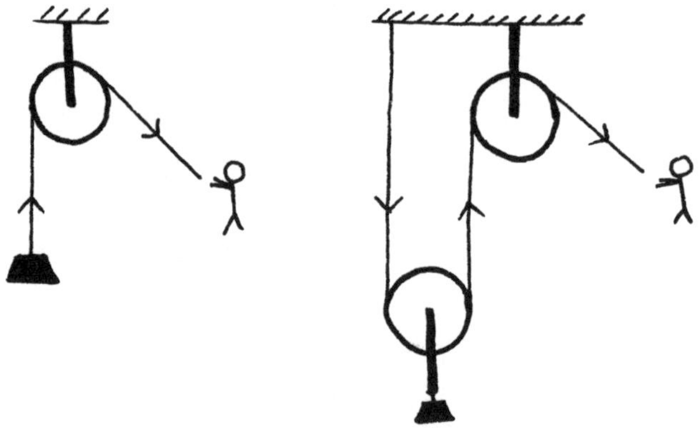

Einfacher (links) und kombinierter Flaschenzug (rechts).

Archimedes besaß eine rastlose Fantasie, die er auf die Mathematik und Physik anwendete. Er beschäftigte sich sogar mit dem Waffenbau und zum Glück auch mit dem Ingenieurbau. Den Seilzug verbesserte er, indem er das Seil über mehrere statt nur eine Rolle laufen ließ. Beim einfachen Seilzug entspricht die Kraft, die man aufwenden muss, um eine bestimmte Last zu heben, eben dem Gewicht dieser Last. Möchte man eine Masse von zehn Kilogramm heben, benötigt man hierzu eine Kraft von $10\ \text{kg} \times 9{,}8\ \text{m}/\text{s}^2$ (der letzte Faktor entspricht der Schwerebeschleunigung durch die Erdanziehung). Die Kraft beträgt in diesem Fall 98 N. (Das N steht für Newton und erinnert nochmals daran, welche Schlüsselfigur er für die Ingenieurwissenschaft war – ohne sein Gesetz der allgemeinen Gravitation könnte ich diese Berechnungen nicht anstellen.) Die *mechanische Arbeit* ist gleich der benötigten Kraft mal dem Weg. Wenn ich mit einem einfachen Seilzug ein Gewicht von zehn Kilogramm einen Meter in die Höhe heben möchte, muss ich auch einen Meter an dem Seil ziehen, damit entspricht die Arbeit: 98 N × 1 m = 98 Nm (Newtonmeter).

Wenn ich nun aber zwei Rollen an einem Flaschenzug habe, bleibt zwar die Arbeit gleich, denn ich bewege ja ein fixes Gewicht um ein fixes Maß), doch ich halbiere die Kraft. Das liegt daran, dass das Gewicht statt durch ein Seilstück nun durch zwei Seilstücke gehalten wird. Beide Seilstrecken müssen sich einen Meter bewegen, um die Masse in eine Höhe von einem Meter zu bringen: Ich muss also zwei Meter an dem Seil ziehen. Die Arbeit bleibt dieselbe, der Weg verdoppelt sich, die Kraft wird halbiert. Dasselbe Prinzip gilt für drei oder zehn oder x Rollen.

Archimedes machte seinem König Hieron II. von Syrakus einen unglaublichen Vorschlag: Er gab an, mit seinem Flaschenzug könne er wirklich *jedes* Gewicht heben. Hieron konnte das natürlich nur schwer glauben und verlangte Beweise. Eines der größten Fracht schiffe aus der königlichen Flotte sollte voller Menschen und Ladung an Land gezogen werden. Dazu waren normalerweise Dutzende Männer notwendig, doch Hieron verlangte, Archimedes solle die Arbeit ganz allein fertigbringen. Unter den Blicken von König, Gefolge und einer Schar Neugieriger montierte Archimedes mehrere Rollen hintereinander, schlang das Seil darum, befestigte ein Seilende am Schiff und nahm das andere in die Hand. Laut den Biografien des Plutarch (die wahrscheinlich Anfang des 2. Jahrhunderts verfasst wurden) zog er es »ohne Mühe ganz leicht und so gut heran, als wenn das Schiff auf dem Meer segelte«.

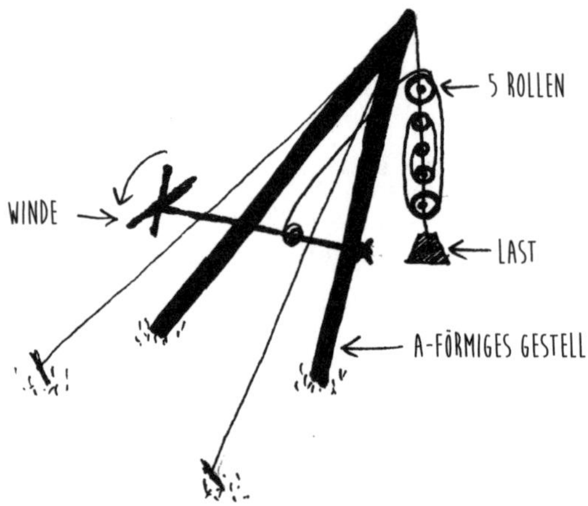

Ein römischer Kran als Flaschenzug mit fünf Rollen.

Die Römer erkannten das Potenzial von Flaschenzügen mit mehreren Rollen und entwickelten das System weiter, indem sie es in ihre Kräne einbauten. Zwei als umgekehrtes ›V‹ angeordnete Holzbalken bildeten das Gerüst des Krans. Die oberen Enden wurden mit einer eisernen Klemme verbunden, die unteren am Boden verankert. Zwischen die beiden Balken montierte man eine Stange (so ergab sich ein A), die als Winde fungierte – an ihr befestigte man das Seilende und konnte die Last dann durch Ab- und Aufwickeln heben oder senken (wie den Eimer in einem Brunnen). Am oberen Ende des Krans befand sich ein Block mit zwei Rollen: Das Seil verlief von der Winde über diesen Block bis zu einer dritten Rolle direkt über der Last. Die Enden der Querstange hatten jeweils ein Drehkreuz, um die Winde leichter betätigen zu können. Auf diese Weise ließen sich auch relativ schwere Lasten leicht bewegen. Gab es größere Dinge zu heben, wurden mehr Rollen montiert und man ersetzte das Drehkreuz an der Winde durch ein Tretwerk.

Mit einem Flaschenzug-Kran konnte ein römischer Arbeiter 60-mal schwerere Lasten heben als ein Arbeiter im alten Ägypten. Unsere heutigen Kräne sind zwar viel größer, doch sie funktionieren immer noch nach demselben Prinzip. Lange Stahlrohre werden zu einem hohen Gerüst montiert, an das ein langer Arm oder Ausleger kommt. An diesem Ausleger hängt ein mehrfacher Flaschenzug, wobei die Muskelkraft an der Winde durch einen Motor ersetzt wird. Die moderne Version von Archimedes' Erfindung hat einen um 360 Grad schwenkbaren Arm und kann mehrere Tonnen Stahl oder Glas heben.

Die Römer wussten das Potenzial von Kränen und Bogenkonstruktionen zu nutzen und konnten deshalb in die Höhe bauen. Und ihr Können kam ihrem Ehrgeiz gelegen: Sie waren in der Lage, großzügiger zu planen. Da das Römische Reich und seine Bevölkerung stetig wuchsen, entstanden immer mehr Großstädte. Um für alle Menschen Platz zu schaffen, wurden sogenannte *insulae* errichtet – sie waren das römische Äquivalent zu unseren heutigen Mietshäusern und bis zu zehn Etagen hoch. (Eine damals unerhörte Bauhöhe, obgleich die Pyramiden natürlich noch höher waren, aber in denen konnte ja niemand wohnen.)

Eine *insula* nahm einen gesamten Block ein und war von Straßen umgeben wie eine Insel von Wasser. Statt des sonst üblichen Innenhofs, der Licht und Luft spendete, hatte die *insula* Fenster, die zur Straße zeigten. Die Atrium-Bauweise wurde damit quasi umgekrempelt. Das Erdgeschoss bestand aus einer Vielzahl von Säulen, die durch relativ flache Bögen verbunden wurden. Darüber kam Beton, um eine ebene Fläche zu schaffen, die dann den Fußboden für die nächste Etage bildete. Ohne die Bogenkonstruktion wären noch viel mehr Säulen zum Abstützen der Bodenbalken erforderlich gewesen, wodurch noch engere, versperrte Räume entstanden wären.

Um in die Höhe zu gelangen, schichteten die Römer weitere Säulen und Bögen aufeinander. Zum ersten Mal mussten sie auch die Beschaffenheit des Fundaments beachten, damit die großen und schweren Bauwerke nicht im Erdreich versanken. Man untersuchte den Baugrund unter dem geplanten Gebäude und errichtete dann Fundamente aus Stein und Beton.

Die teuren und begehrten Wohnungen befanden sich im Erdgeschoss. Je höher man kam, desto kleiner und billiger waren die Unterkünfte – ganz im Gegenteil zu heute, wo ein Penthouse der Gipfel des Luxus ist. In einer *insula* wohnte man nicht gerade komfortabel: Es gab keinen Aufzug und die Bewohner der oberen Etagen mussten viele Treppen steigen. Da es noch keine Möglichkeit gab, Wasser in die oben liegenden Wohnungen zu pumpen, mussten sie sauberes Wasser nach oben schleppen und allen Abfall nach unten bringen (die meisten warfen ihn ganz einfach aus dem Fenster). Unterwegs begegnete man womöglich einem Tier: Es heißt, eine Kuh habe sich einmal bis in den dritten Stock eines solchen Wohnblocks verirrt.

In den römischen *insulae* war es laut: Selbst nachdem man Fenster aus Glas erfunden hatte, welche die einfachen Fensterläden ersetzten, ließ sich der ständige Lärm der Straße nicht aussperren. Noch bevor die Sonne aufging, klapperten die Bäcker mit ihren Öfen. Etwas später dann begannen die Lehrer auf den Plätzen laut brüllend ihren Unterricht. Den ganzen Tag über hörte man das Hämmern der Goldschmiede, das Wehklagen der Bettler und die Rufe der Händler. Zum Abend fügten sich betrunkene Seeleute und quietschende Wagen in den Tumult. Doch schlimmer als der Lärm und die fehlende Wasserversorgung war die Angst, der gesamte Wohnblock könnte zusammenstürzen oder abbrennen, wie es bei vielen mangelhaften Gebäuden auch passierte. Kaiser Augustus erließ den Vorgänger einer Bauregelung, in der er die maximale Gebäudehöhe auf 20 Meter festlegte (Nero ging später auf 18 Meter herunter), doch diese Anordnungen wurden allzu oft ignoriert. Trotz der Unannehmlichkeiten wohnte im Jahr 300 n. Chr. ein Großteil der Stadtbevölkerung in *insulae*. Es gab in Rom etwa 45 000 dieser Massenunterkünfte und nur knapp 2000 Villen, in denen jeweils nur eine Familie wohnte.

Erstmals in der Geschichte wurden also zweckgerichtete große Gebäude mit mehreren Stockwerken gebaut, um Hunderten von Menschen ein Zuhause zu geben – eine revolutionäre Idee, die bei den ersten Bewohnern noch Unbehagen ausgelöst haben mag, da sie auf einmal so dicht an dicht mit ihren Nachbarn auskommen mussten. Für diejenigen, denen diese neue Lebensweise noch ungewohnt war, muss der Anblick der Wohnblocks befremdlich gewesen sein. Und doch waren damit die Weichen für die Zukunft gestellt: Die Idee, Menschen übereinander in Etagenwohnungen unterzubringen, war der Beginn des modernen Hochhauses.

Archimedes nahm sich den Seilzug der Mesopotamier und verbesserte ihn. Und die Römer nahmen sich Archimedes' Erfindung und setzten sie auf neue Weise ein, wodurch sie Schwerlastkräne schufen. Doch technischer Fortschritt entsteht nicht immer dadurch, dass man Altes und Bewährtes weiterentwickelt. Manchmal geht es auch darum, Traditionen zu durchbrechen und das Unmögliche zu denken. Ich bin eine große Bewunderin von Leonardo da Vinci (1452–1519), der Flugapparate, einen mechanischen Ritter und auch ein berühmtes Brückenmodell ersann. (Letzteres bestand aus kurzen leiterähnlichen Elementen, die rasch zusammengefügt und wieder auseinandergenommen werden konnten.) Ein ähnlich kreativer Geist war Filippo Brunelleschi (1377–1446), der in eigener Regie (und mit eigenem Kopf!) eine der berühmtesten Kuppeln der Renaissance schuf und das Bauhandwerk revolutionierte, indem er das Gewölbe ohne Lehrgerüst errichtete. Nicht schlecht für einen Mann, dem die Leute nachsagten, er sei verrückt.

Zu Brunelleschis Zeit waren die Arbeiten am Florentiner Dom Santa Maria del Fiore schon seit über einhundert Jahren im Gang. Ein Edikt aus dem Jahr 1296 beabsichtigte den Bau einer Kathedrale, die so herausragend groß und schön sein sollte, dass sie sämtliche Bauwerke der Griechen und Römer übertreffen würde. Die Arbeiten begannen noch im gleichen Jahr nach Plänen von Arnolfo di Cambio (der mit der Basilica di Santa Croce und dem Palazzo Vecchio zwei weitere Florentiner Wahrzeichen schuf). Trotz der hochtrabenden Ansprüche schwanden in den folgenden Jahrzehnten Begeisterung und Tatkraft – und auch das Geld. So wurde die Kathedrale erst 1418 fertiggestellt. Bis auf die Kuppel. Während der Bauarbeiten hatte man sich wenig Gedanken darüber gemacht, wie man ein Gewölbe über ein riesiges Loch von 42 Metern Durchmesser setzen sollte.

Brunelleschis Kuppel für die Kathedrale Santa Maria del Fiore in Florenz.

Brunelleschi wuchs in der Nähe der Baustelle auf und hatte die unvollendete Kirche ständig vor Augen. Die Arbeiten zogen sich nun schon so lange hin, dass eine vorbeiführende Straße *Lungo di Fondamenti* hieß: Entlang der Fundamente. Als Lehrling lernte Brunelleschi, Bronze und Gold zu gießen, er konnte Eisen schmieden und Metall formen. Später zog er nach Rom und studierte dort die Bautechnik seiner Vorfahren, der alten Römer. Brunelleschi war dem Bauen schon immer zugetan und fasste als junger Mann zwei Entschlüsse: Er würde der Architektur wieder zu der Größe des Altertums verhelfen und der Kathedrale eine Kuppel verschaffen. Als die Behörden einen Wettbewerb zum Bau der Kuppel ausschrieben, bot sich Brunelleschi die Chance, beide Vorhaben zu verwirklichen. Dabei war es aber sehr unwahrscheinlich, dass man sich für ihn entscheiden würde, denn seine radikalen Ideen stießen bei Menschen mit einer weniger großen Vorstellungsgabe auf Ablehnung, und Diplomatie war nicht gerade seine Stärke. (Ein Komitee, dem er seine Entwürfe zur Prüfung vorlegte, ließ ihn aus dem Saal werfen – dass er vollkommen wutentbrannt draußen auf der Piazza landete, brachte ihm den Ruf eines Verrückten ein.)

Bei dieser Bauweise werden die Steine des Bogens durch ein Lehrgerüst abgestützt, bis der entscheidende Schlussstein gesetzt ist.

Vielleicht ist es nicht so verwunderlich, dass die Leute Brunelleschis Behauptung, er habe eine neue Konstruktionsweise erfunden, als lächerlich abtaten. Denn seit Jahrtausenden baute man Bögen und Gewölbe immer mit derselben Methode: Zimmerleute fertigten ein Lehrgerüst aus Holz, das den unteren Verlauf des Bogens vorgab. Steinmetze oder Maurer umgaben diese Schablone mit Steinen, die sie bei Bedarf mit Mörtel verklebten. Ziegel oder Steine wurden beidseitig von unten hochgemauert, und man arbeitete sich langsam zur Bogenmitte voran. Zuletzt wurde der Bogen mit dem Schlussstein gekrönt. Die noch unverbundenen Bogenseiten stützte das Lehrgerüst, sonst wären sie zusammengebrochen. Sobald aber der Schlussstein saß, konnten die Drucklasten abgeleitet werden und die Konstruktion war stabil. Das Lehrgerüst konnte entfernt werden, der Bogen stand von allein. Bei einem Gewölbe ging man ähnlich vor, nur kamen dann halbkugelförmige Lehrgerüste zum Einsatz.

Man glaubte einfach, dies sei die einzige Möglichkeit, eine Kuppel zu errichten. Brunelleschi war da anderer Meinung. Er präsentierte dem Bauausschuss ein zwei Meter breites und fast vier Meter hohes Modell aus 5000 Ziegeln, das er, so behauptete er, in gut einem Monat ganz ohne Lehrgerüst gefertigt habe. Die Anwesenden blieben skeptisch – vor allem, weil Brunelleschi nicht verraten wollte, wie ihm das gelungen war.

Der Dombau-Ausschuss forderte ihn mehrmals auf, seine Methoden offenzulegen, doch Brunelleschi weigerte sich. Bei einem der Treffen waren mehrere Experten anwesend, die der Kommission beratend zur Seite standen. Brunelleschi ließ sich ein Ei bringen und meinte, wenn einer seiner Konkurrenten das Ei aufrecht hinstellen könne, solle dieser den Wettbewerb gewinnen. Alle Versuche der anwesenden Baumeister scheiterten. Da setzte Brunelleschi das Ei mit Wucht auf die Tischplatte, und es blieb stehen, da die Schale leicht angeknackst war. Die anderen beschwerten sich, das habe ja jeder schaffen können, wenn man gewusst hätte, dass die Schale zu Bruch gehen darf. Darauf erwiderte Brunelleschi: »Dasselbe würdet ihr sagen, wenn ich euch verrate, wie ich die Kuppel zu bauen gedenke.« Er bekam schließlich den Auftrag – wahrscheinlich auch, weil es kaum eine andere praktikable Lösung gab. (Jemand hatte sogar vorgeschlagen, den gesamten Kirchenraum mit Erdreich zu füllen, um den Kuppelbau zu stützen. Nach der Fertigstellung würden kleine Jungs eifrig alles wieder herausschaufeln, da man vorher Münzen untergemischt hätte …)

Ich habe Florenz besucht, als ich noch Physik studierte. Zwischen Ponte Vecchio, Giottos Campanile, dem Baptisterium San Giovanni und der Kirche Santa Felicita kommt man sich vor wie in einem Freilichtmuseum für die Baukunst des Mittelalters und der frühen Renaissance. *Il Duomo*, wie die Florentiner ihre Kathedrale liebevoll nennen, ist dabei natürlich eines der zentralen Werke. Ich blieb noch eine Weile vor ihrem Portal stehen und genoss die klare Symmetrie der drei Eingänge, die durch vier große Säulen voneinander getrennt sind. Ich bestaunte die feingliedrigen Statuen der Apostel und der Muttergottes unter der großen Fensterrose. Kreise, Spitzbögen, Dreiecke und Rechtecke aus dreifarbigem Stein ergaben für mich ein ansprechendes geometrisches Chaos. Irgendwann trat ich dann in den Kirchenraum und mein Blick wurde sofort von dem gewaltigen Gewölbe angezogen.

Am Rand ist die Kuppel achteckig, und auf jeder Seite sah ich durch ein rundes Buntglasfenster Licht hereinströmen. Auch durch den Oculus an der Gewölbedecke kamen Sonnenstrahlen. Über den bunten Fenstern sind spektakuläre Szenen des Jüngsten Gerichts dargestellt – das Fresko zeigt Engelschöre, Heilige und Personifikationen der Tugenden zwischen Wolkengebilden. Ein wunderschöner Anblick, doch die Technikerin in mir wollte wissen, wie das alles funktionierte: Ich wollte die Kuppel hinter der hübschen Verkleidung sehen.

Den besten Blick auf den Dom hat man von Giottos Glockenturm, der an der Westseite der Kathedrale steht. Die 414 steinernen Stufen stellten meine Fitness auf die Probe, aber irgendwann stand ich dann oben und schaute auf die Wölbung aus dunkelroten Terrakottaziegeln und einen Teil der acht weißen Rippen, die der Kuppel ihre Form geben. Ich hatte da einen faszinierenden Blickwinkel und konnte Brunelleschis Genie gebührend bewundern. Für mich ist es vor allem seine unkonventionelle Denkweise, gepaart mit dem Mut, diese auch Wirklichkeit werden zu lassen, die Brunelleschi für die moderne Ingenieurwissenschaft bedeutend machen: Denn nur, wer nicht in festgelegten Bahnen denkt und das Unmögliche für möglich hält, kann sich weiterbewegen.

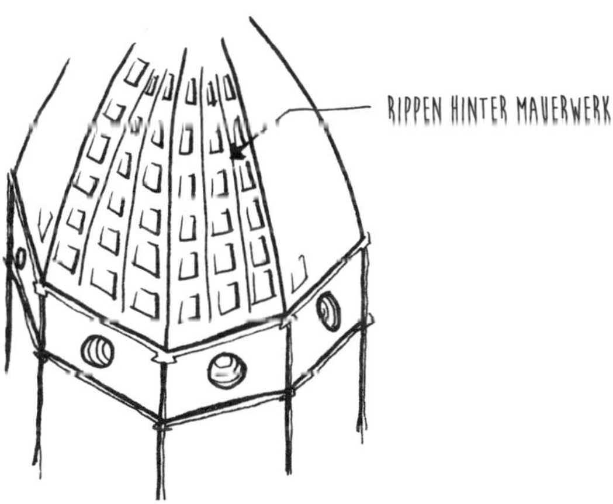

Brunelleschi ging auch damit neue Wege, dass er das Gewölbegerüst zwischen zwei Schichten Mauerwerk versteckte.

Brunelleschi zeichnete genaue Entwürfe der Gewölberippen. Die steinernen Bögen verbanden die acht Ecken der zu überdachenden Fläche und stützten den Rand der Kuppel. Zwischen den Hauptrippen befinden sich weitere sechzehn, die das Bauwerk vor Windlasten schützen sollen. Diese konnte ich von außen nicht sehen, da Brunelleschi sie in dem Hohlraum zwischen zwei gemauerten Schalen verborgen hat. Durch den Hohlraum hatte er nicht nur ein Versteck für die zusätzlichen Rippen, sondern konnte das Gewicht der Kuppel im Vergleich zu einer massiven Ausführung auf die Hälfte reduzieren. Durch das geringere Gewicht war der Bau ohne Lehrgerüst möglich.

Brunelleschi hielt sich an das Grundlegende. Mauerwerk wird in Schichten hochgezogen: erst Steine, dann Mörtel und so weiter, wie bei einer einfachen Gartenmauer. Wenn man diese Mauer nun nach innen geneigt bauen würde (was bei einer Gartenmauer natürlich ziemlich unvorteilhaft wäre), gelangte man rasch an einen kritischen Punkt. Wenn die gebogene Mauer höher und schwerer wird, kippt sie irgendwann und bricht zusammen. Mörtel ist schwächer als Stein, also gibt am ehesten die durchgehende waagrechte Mörtellinie nach.

Um dem entgegenzuwirken, gab Brunelleschi den Maurern ungewöhnliche Anweisungen: Er verlangte, sie sollten drei Ziegel waagrecht legen und rechts und links der Dreiergruppe zwei Ziegel wie Buchstützen aufrecht einbauen. Auch in der nächsten Schicht folgte auf drei waagrechte Ziegel ein senkrechter. Das Ganze war ein äußerst langwieriger Prozess: Die Arbeiter warteten geduldig, bis der Mörtel getrocknet war, bevor sie die nächste Schicht auflegten. Auf diese Weise entstand eine Art Fischgrätenmuster. Als Ingenieurin begeistert mich diese Idee aufgrund ihrer Einfachheit. Die durchgehenden Mörtelschichten waren die Schwachstelle – Brunelleschi unterbrach sie durch senkrecht gesetzte Steine und stabilisierte so das gewölbte Mauerwerk.

Bei Londons modernem Hochhausturm *The Shard* kam ein ähnlich innovativer Ansatz zum Tragen. Bei der Planung des Gebäude-

Ein Fischgräten-Mauerwerk, in dem senkrecht verbaute Steine für Stabilität sorgen.

kerns entwickelte das Ingenieurteam eine einzigartige Bauweise. Um Zeit zu sparen, beschlossen wir, in zwei Richtungen zugleich zu bauen: nach unten Richtung Kellergeschoss und Fundament und nach oben Richtung Himmel! Normalerweise werden für die Kellergeschosse riesige Löcher gegraben, die am Rand mit Beton- oder Stahlwänden abgestützt werden. Am Grund der Baugrube werden Betonpfähle im Boden versenkt – sie sollen das zukünftige Gebäude stützen. Anschließend gießt man für jedes Untergeschoss eine Betondecke, bis man auf Erdgeschosshöhe angelangt ist. Erst dann kann man in die Höhe bauen.

Wir aber gingen ganz anders vor. Wir ließen die Pfähle schon ab der Geländeoberkante bohren und verstärkten sie mit Stahlstützen. Auf den Stützen wurde dann auf Erdgeschosshöhe ein Deckel betoniert, der jedoch ein riesiges Loch hatte. Durch dieses Loch konnte der Boden abgetragen werden, bis die Stahlstützen freigelegt waren. Nachdem wir uns bis auf Solltiefe vorgearbeitet hatten, wurde die Gründungsplatte auf die Betonpfeiler gegossen. Daraufhin konnte auch der unterirdische Betonkern vervollständigt werden. Der Gebäudekern wuchs in die Höhe, während gleichzeitig die Untergeschosse und das Fundament fertiggestellt wurden. Es gab eine Bauphase, in der zwanzig Geschosse auf den Stahlsäulen ruhten – ohne fertiges Fundament! *The Shard* war zeitweilig ein Pfahlbau.

Die Deckelbauweise hatte man bereits eingesetzt, um die Geschosse von kleineren Bauwerken zu tragen. Bei einem Gebäudekern, geschweige denn einem Kern solcher Größe war so etwas aber noch nie probiert worden. Es war also eine ingenieurtechnische Premiere. Für *The Shard* haben wir weitergedacht, als es uns die gängige Praxis vorschrieb, und dadurch Zeit und Geld gespart – so konnten wir eine konkrete Herausforderung mit Kreativität meistern. Inzwischen kommt unsere Idee auch bei anderen Projekten zum Einsatz. Damit zeigt sich wieder einmal, dass Innovationen durch das Weiterführen von Altbekanntem entstehen – ob es nun um eine der berühmtesten Kirchenkuppeln der Welt oder um eins der höchsten Gebäude Europas geht.

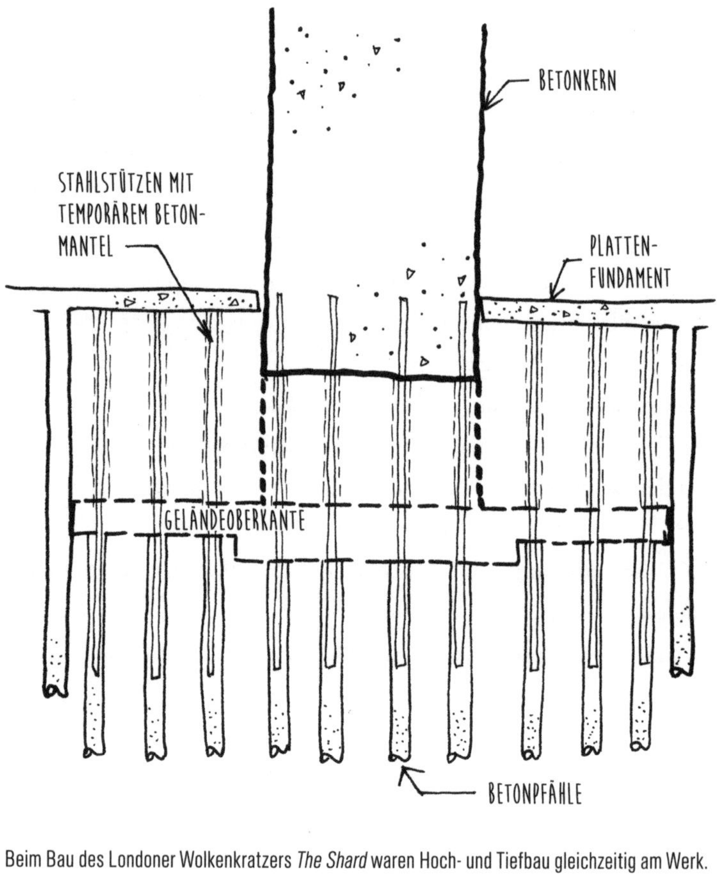

Beim Bau des Londoner Wolkenkratzers *The Shard* waren Hoch- und Tiefbau gleichzeitig am Werk.

Als ich *The Shard* bei der Baustellenbegehung im Mai 2012 in einem käfigartigen Aufzug bis zum 34. und dann bis zum 69. Stock hinaufschoss und meinen Blick auf die Fassade heftete, anstatt nach draußen oder nach unten zu schauen, musste ich daran denken, dass es ohne Aufzug auch kein *The Shard*, ja überhaupt kein Hochhaus geben würde. Die römischen *insulae* waren ja auch deshalb nicht höher als zehn Stockwerke, weil es einfach nicht machbar gewesen wäre, noch höher hinauf- und herabzusteigen. Wir sind es gewohnt, einfach einen Knopf zu drücken und damit einen fahrbaren Würfel herbeizurufen, der uns durch unsere Wohn- und Bürotürme sausen lässt. Vor den 1850er-Jahren gab es aber Aufzüge in dieser Form noch gar nicht. Man begann zwar recht bald nach der Erfindung des Aufzugs mit dem Bau von Hochhäusern, doch waren die Apparaturen ursprünglich nicht für Gebäude gedacht, sondern zum Gütertransport in Fabriken.

Elisha Otis besaß einen ähnlich rastlosen und erfinderischen Geist wie Archimedes. Er hatte die verschiedensten Jobs und war unter anderem als Tischler, Mechaniker, Bettfabrikant und Fabrikbesitzer tätig: Dabei erfand er mal eben einen Wendemechanismus, mit der die Bettgestelle viermal schneller gefertigt werden konnten; eine neuartige Notbremse für Züge und eine Brotbackmaschine. Im Jahre 1852 hatte Otis den Auftrag, eine Fabrik in Yonkers im Staat New York leer zu räumen, und da es zu große Mühe machte, alles über die Treppen zu schleppen, suchte er nach einer Methode, diese Aufgabe mechanisch zu erledigen. Schon seit Jahrhunderten gab es Vorrichtungen, mit denen man Menschen und Material von einer Ebene in die andere transportierte: Die römischen Gladiatoren etwa gelangten über eine bewegliche Plattform aus den Katakomben des Kolosseums in die Arena. Doch diese Seilzüge waren nicht sicher genug: Wenn das Tragseil riss, stürzte die Plattform ab, und die Passagiere kamen womöglich ums Leben. Otis sann darüber nach, wie man eine solche Katastrophe verhindern könnte.

Die Wagenfeder beseitigte das Sicherheitsrisiko von Aufzügen.

Er experimentierte mit einer Wagenfeder: einer harten Stahlfeder in C-Form, die aus übereinandergelegten Stahlstreifen bestand und in Kutschen und Eisenbahnwaggons als Stoßdämpfer diente. Unter Last ist die Wagenfeder beinahe flach, wenn sie aber losgelassen wird, schnellt sie an den Enden hoch. Eben diese Formveränderung durch Drucklast wollte Otis für seinen Aufzug nutzen. Zuerst einmal ersetzte er die glatten Führungsschienen (mit denen die Plattform bei der Auf- und Abwärtsbewegung in Position gehalten wurde) durch gezahnte Schienen. Anschließend schuf er eine Vorrichtung in Form eines Torpfostens mit mittigem Scharnier und zwei seitlich herausstehenden Bolzen. Er befestigte zuerst die Feder und dann den Bügel am Zugseil über der Aufzugkabine. War das Seil intakt, blieb die Feder gestreckt, und der Bogen verharrte im rechten Winkel. Wenn das Seil aber riss, schnellte die nicht mehr belastete Feder in die C-Form und drückte blitzartig gegen das Scharnier des Bügels, dessen Bolzen sich in den Führungsschienen vergriffen und den Aufzug stoppten.

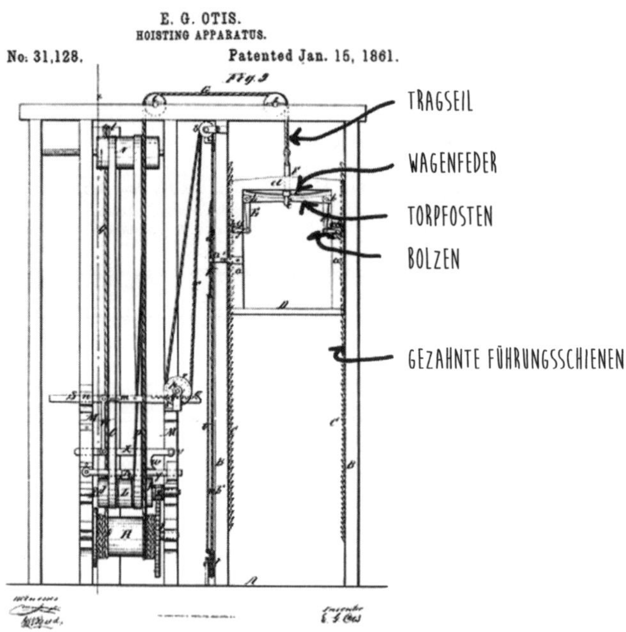

Diese Zeichnung ist Teil der Patentunterlagen für Otis' Aufzug – den »Hebeapparat«.

Um die Aufmerksamkeit der Öffentlichkeit zu gewinnen und allen zu demonstrieren, dass seine Erfindung wirklich funktionierte, benötigte Otis eine große Bühne. Die fand er bei der Weltausstellung von 1853 in New York. Die »Exhibition of the Industry of All Nations« sollte Amerikas technische Vorreiterrolle demonstrieren und industrielle Erfindungen aus aller Welt vorstellen. In der riesigen Ausstellungshalle baute Otis seinen Aufzug mit Zahnschienen, Bolzen, Feder, Plattform und Hebeapparatur auf und belud ihn mit Lasten. Als sich genug Zuschauer versammelt hatten, stieg zuletzt auch er selbst auf die Plattform und ließ sich bis ganz nach oben ziehen. Vor den Augen der Leute schwang sein Assistent die Axt und kappte das Zugseil!

Ein Raunen ging durch Menge, als die Plattform nach unten rutschte. Doch genauso schnell blieb sie stehen. Nur ein paar Zentimeter war der Aufzug nach unten gerückt. Von oben rief Otis: »All safe, gentlemen.« Alles sicher.

Vier Jahre später baute Otis seinen ersten dampfbetriebenen Sicherheitsaufzug in das fünfstöckige New Yorker Kaufhaus E. V. Haughwout & Co. am Broadway, Ecke Broome Street ein. Die Firma Otis hat seitdem alle möglichen Gebäude überall auf der Welt mit Aufzügen und Rolltreppen ausgestattet – vom Eiffelturm über das Empire State Building bis zu den Petronas Towers in Malaysia. Ohne Otis' Erfindung wären derartige Bauwerke kaum denkbar. Vor der Erfindung der Aufzugssicherung war die Höhe eines Gebäudes dadurch beschränkt, wie viele Treppen man seinen Benutzern zumuten konnte. Der Aufzug durchbrach diese Grenze und Ingenieure konnten nun echte Hochhäuser ins Auge fassen.

Seitdem geht es immer höher hinaus. Nun stoßen Ingenieure auf ein anderes Problem: Es lassen sich keine Aufzüge einbauen, die mehr als 500 Meter überwinden, da die Stahlkabel für eine so große Anlage zu schwer werden, um reibungsfrei zu laufen. In einem sehr hohen Gebäude fährt der Aufzug deshalb nicht bis ganz oben, sondern man muss umsteigen. Aber Ingenieure arbeiten bereits an einer Lösung für das Problem, indem sie mit verschiedenen Materialien experimentieren. Zum Beispiel könnte man die Stahlseile durch Kohlefaser-Kabel ersetzen, die leichter und kräftiger sind, doch müsste dazu erst das Brandverhalten von Kohlefasern verbessert werden. Unsere Türme wachsen jedenfalls weiter in die Höhe, kluge Innovationen sind gefragt.

Eine weitere Schwierigkeit bei superhohen Türmen ist ihr Schwanken. Im ersten Kapitel habe ich geschildert, wie Gebäudebewegungen kontrolliert werden, um ein Unwohlsein der Benutzer zu vermeiden. Doch es gibt noch einen anderen Grund, warum man dem Schaukeln entgegenwirken will. Aufzüge fahren auf geraden Führungsschienen, und wenn nun ein Hochhaus zu schwanken beginnt, verbiegen sich die Aufzugschächte und die an ihnen befestigten Schienen. Dabei ist eine leichte Krümmung gar kein Problem, denn die Zahnstangen und Ritzel haben etwas Spiel – doch bei zu großen Bewegungen wird die Kabine eingeklemmt und bleibt stecken. Je höher ein Gebäude, desto mehr schwankt es, desto stärker neigt sich der Aufzugschacht. Es gibt bereits verschiedene Lösungsansätze für das Problem – so erlaubt man etwa mehr Spiel oder nimmt die Aufzüge außer Betrieb, wenn ein Sturm droht. Irgendwann wird ein moderner Otis eine geniale Lösung finden, da bin ich mir sicher. Etwas anderes ist gar nicht denkbar, da Aufzüge inzwischen ganz wesentlich zu unserem Alltag gehören. Alle 72 Stunden wird eine so ungeheuer große Zahl wie die gesamte Weltbevölkerung von einer Etage zur anderen bewegt.

Ich musste an Elisha Otis denken, als ich den Burj Khalifa in Dubai besichtigte, denn auch für das mit 829,8 Metern höchste Gebäude der Welt hat seine Firma die Aufzüge gebaut. Eine Kabine brachte mich nun zur Aussichtsplattform auf der 124. von 163 Etagen. Es war eine ruhigere Auffahrt als in dem Käfig außen am höchsten Gebäude Westeuropas – trotzdem änderten sich die Stockwerknummern auf dem LCD-Display mit atemberaubender Geschwindigkeit. Immerhin stiegen wir mit 36 Stundenkilometern auf. (Elisha Otis' erster offizieller Aufzug im E. V. Haughwout Building fuhr mit nur 0,7 Stundenkilometern.) Eine Minute später empfing mich ein unvergleichlicher Ausblick. Auf der einen Seite endloser Sand, der sich ab der Bebauung bis zum Horizont erstreckte. Auf der anderen Seite das blaue Meer und ganz hinten links die künstlichen Inseln, die das berühmte Blättermuster der Palm Jumeirah bilden. Ich nahm all meinen Mut zusammen (obgleich ich mich durch die umgebenden Glasscheiben recht sicher fühlte), wagte mich näher an den Rand und blickte hinab. Unter mir sah ich winzige, futuristisch wirkende Gebäude, die an Modelle für einen Science-Fiction-Film

Der Burj Khalifa in Dubai, das höchste Gebäude der Welt (Stand: 2018), wurde auch durch die Entwicklungen der Aufzugtechnik möglich.

denken ließen. Dann kam mir die schockierende Erkenntnis, dass diese Bauwerke die meisten Hochhäuser in Europa und auch viele US-amerikanische Wolkenkratzer überragen. Der Burj Khalifa lässt alles um ihn herum zwergenhaft erscheinen, er bringt die Größenordnung durcheinander.

Mega-Wolkenkratzer wie ihn hat ein Mensch möglich gemacht, der im April 1929 in Dhaka in Bangladesch geboren wurde und sein Leben als aufgeweckter und frecher kleiner Junge begann. Althergebrachte Lehrmethoden waren nichts für Fazlur Khan: Seine neugierigen Fragen wurden immer wieder abgewiesen, und er beschloss daraufhin, es mit dem Lernen nicht so ernst zu nehmen. Doch sein geduldiger, fortschrittlicher Vater (ein Mathematiklehrer) erkannte, dass sein Sohn eine weitergehende Förderung benötigte. Er unterstützte vor allem seinen Wissensdurst, vermittelte ihm aber auch, wie wichtig Disziplin war. Zusätzlich zu den normalen Hausaufgaben gab er Fazlur Denkanstöße, die den Jungen Lösungsansätze erarbeiten ließen, die weit über die schulischen Anforderungen hinausgingen. Vater Khan ermunterte seinen Jungen, aus verschiedenen Richtungen an ein Problem heranzugehen. Als Fazlur irgendwann entscheiden musste, ob er besser Physik oder Ingenieurwissenschaft studierte, riet ihm sein Vater zu Letzterem, da es mehr Disziplin erforderte und er dann morgens wenigstens früh aus dem Bett müsste. (Ich kann allerdings bezeugen, dass auch ein Physikstudium frühes Aufstehen verlangt.) Khan legte 1951 an der Universität von Dhaka sein Diplom in Ingenieurwissenschaft ab – als Jahrgangsbester. 1952 ging er mit einem Fulbright-Stipendium in die USA. In den folgenden drei Jahren erlangte er zwei Masterabschlüsse und einen PhD, daneben lernte er noch Französisch und Deutsch.

Es war Khan, der auf die Idee kam, ein Gebäude von außen zu stabilisieren – eine brillante Neuerung, die seitdem an vielen bedeutenden Bauwerken überall auf der Welt angewendet wurde, vom Centre Pompidou und *The Gherkin* bis zu den Hearst und Tornado Towers. Indem er große diagonale Streben zu stabilen Dreiecken verband, schuf Khan ein äußeres Tragwerk, das die traditionelle Bauweise von Hochhäusern quasi umkrempelte. Man spricht von einem Röhrentragsystem bzw. von der *Tube*-Bauweise, da wie bei einer Röhre der äußere Mantel für die Stabilität sorgt (dieser Mantel muss jedoch nicht kreisförmig sein).

Statt durch den konventionellen Gebäudekern kann die Stabilität eines Gebäudes auch durch ein außen liegendes Tragwerk gewährleistet werden.

Der erste Auftrag, bei dem Khans neues Konzept zum Tragen kann, war das DeWitt-Chestnut-Apartmenthaus in Chicago. Angemessen demonstrieren konnte er seine Innovation aber mit der Vollendung des John Hancock Centers im Jahre 1968, ebenfalls in Chicago. Mit 344 Metern und 100 Etagen war es der zweitgrößte Wolkenkratzer der Welt nach dem Empire State Building. Die Seiten des rechteckigen Kubus laufen nach oben leicht zu, daher ist das Gebäude oben etwas schmaler als unten. An jeder Fassadenseite sieht man fünfmal übereinander ein riesiges »X« im Stahlfachwerk. Auch nach 50 Jahren ist das moderne und elegante Hochhausdesign ein angenehmer Blickfang.

Das außen liegende Gebäudeskelett war nur eine von Khans Ideen. Er kam außerdem darauf, mehrere Skelettbauten zu einem Verbund zu kombinieren. Das funktioniert ähnlich wie bei einer Handvoll Strohhalme: Eine einzelne dieser Röhren ist nur bis zu einem gewissen Grad stabil, wenn man aber mehrere zusammenfasst, entsteht eine viel steifere Struktur. Beim Burj Khalifa wurde

Das John Hancock Center in Chicago wird durch ein außen liegendes Tragwerk gestützt.

dieses Prinzip in abgewandelter Form angewendet. Wenn man sich den Querschnitt des Gebäudes ansieht, erkennt man eine dreigeteilte Form, die Blättern oder Blüten ähnelt. (Sie ist eine Art Logo für das Gebäude geworden: Wenn man im Aufzug steht, sieht man an den Wänden eine Lightshow, in der das Symbol in verschiedenen Formationen über die Wände tanzt.) Die Blütenblätter des Megaturms sind einzelne Röhren mit eigenem Tragwerk, die sich gegenseitig stützen. Der Verbund hält den Turm trotz seiner enormen Höhe stabil.

Höher hinaus kommt man beim Bauen vor allem dadurch, dass man Bauwerke eher von außen als von innen stützt. Ich weiß noch zu gut, wie ich den einzigen Skikurs meines Lebens absolvierte: Zuerst durften wir keine Stöcke benutzen und sollten uns nur über die Beine aufrecht halten. Irgendwann zählte ich meine Stürze und blauen Flecken nicht mehr, aber als ich mich dann – wenigstens für einen längeren Moment – auf den Skiern halten konnte, gab es die Stöcke zurück. Ein Riesenunterschied! Ich hielt die Stöcke mit ausgestreckten Armen und hatte sofort mehr Halt. Die Skistöcke waren zwar viel dünner und weniger fest als meine Beine, dennoch konnte ich mich mit ihnen prima stabilisieren, indem ich sie weiter auseinanderhielt, als meine Füße reichten.

Riesenhafte Türme mit einem stützenden Außenskelett funktionieren etwa auf dieselbe Weise: Indem die Kraft von einem kleinen, innen liegenden Bereich (meine Beine bzw. der Gebäudekern) nach außen (in die Stöcke bzw. das Außenskelett) verlegt wird, lassen sich sehr viel stabilere Bauwerke errichten. Indem man den Aufbau eines Hochhauses von innen nach außen kehrte, eröffneten sich ganz neue ingenieurtechnische Möglichkeiten: Wolkenkratzer mit 50 oder 60 Etagen, wie sie um die Jahrhundertwende entstanden, wären heute mit viel weniger Material realisierbar und daher deutlich günstiger. Und mit derselben Materialmenge wie für die alten Gebäude käme man heute viel höher hinaus. Ab den 1970er-Jahren schossen also Hochhäuser in Tube-Bauweise aus dem Boden – von der Bank of China in Hongkong über das World Trade Center in New York bis zu den Petronas Towers in Kuala Lumpur – und schufen die klassische moderne Skyline der Großstädte.

Es werden ständig neue Bauverfahren erfunden, es kommen innovative Tragwerke zum Einsatz, und die Leistung von Computern steigert sich mit jedem Jahr – es sind auf jeden Fall spannende Zeiten für Bauingenieure. So wie die Höhe von Bauwerken auf dem Wissen gewachsen ist, das wir von unseren Vorgängern übernommen haben, so hat auch die Breite unseres Könnens zugenommen. Wir können heute Bauwerke realisieren, bei denen brillante Denker wie Leonardo da Vinci nicht weiterkamen. In einhundert Jahren wird Ingenieuren leichtfallen, womit ich heute noch zu kämpfen habe. Meine Kollegen und ich können auf einem über Jahrtausende angewachsenen Wissen aufbauen, das uns Archimedes, Brunelleschi, Otis, Khan und zahllose andere weitergereicht haben.

Mit unserer heutigen Technologie ist der Gebäudehöhe wahrscheinlich keine Grenze mehr gesetzt. Wir haben in den vergangenen 4000 Jahren so viele physikalische und technische Hindernisse überwunden, dass wir mit stabilen Materialien, einem großen Gebäudesockel und festem Untergrund – und natürlich mit ausreichend Geld – im Grunde so hoch bauen können, wie wir wollen. Die eigentliche Frage ist aber doch: Wie hoch wollen wir hinaus? Ein extrabreiter Gebäudesockel bringt mit sich, dass in die Mitte der riesigen Etagen kaum noch Sonnenlicht fällt. Dicke Stützen und Träger engen den Wohn- und Arbeitsraum ein. Und wie ist es mit der Sicherheit und Praktikabilität? Wie lange möchten die Bewohner eines Mammutturms auf den Aufzug warten? Wie soll man Tausende Menschen aus unzähligen Etagen retten?

Irgendwann wird die Technik weit genug fortgeschritten sein. Heute schon werden superfeste Materialien wie Graphen in Laboren synthetisiert. Kräne werden immer größer und neue Methoden wie der simultane Hoch- und Tiefbau werden innovativ eingesetzt. Wissenschaft und Technik ebnen den Weg für Mega-Wolkenkratzer: das Wuhan Greenland Centre in Wuhan (636 Meter), den Merdeka Tower in Kuala Lumpur (682 Meter) und den pfeilartigen Jeddah Tower in Saudi-Arabien, der sich als erstes Gebäude der 1-Kilometer-Marke nähert, und das in nie da gewesenem Tempo.

Wo aber soll das alles enden?

Ich habe einmal im 10. Stock gewohnt, das war bisher das höchste. Mir gefiel der Blick, diese ganz andere Perspektive auf die Stadt. Ich frage mich aber, wie ich es auf einer noch höheren Etage fände. In Städten wie Hongkong und Shanghai ist es für Tausende Menschen ganz normal, auf dem 40. Stock zu wohnen, sie sind es nicht anders gewohnt. Irgendwann wird das vielleicht für uns alle ganz normal sein. Die Menschen ziehen in Massen in die Stadt, und der

Hochhausbau ist eine gute Möglichkeit, viele Bewohner auf immer stärker begrenztem Raum unterzubringen.

Die rasche Zunahme der Gebäudehöhe im Laufe des letzten Jahrhunderts hat uns kaum innehalten lassen, um einmal zu überlegen, ob das Wohnen in so großer Höhe uns überhaupt angenehm erscheint. Inzwischen aber wollen wir unsere Wünsche stärker berücksichtigt sehen. Es geht darum, was wir bauen *wollen*, nicht darum, was wir bauen *können*. Nach einer Wolkenkratzer-Welle, die von den 1960er- bis in die 1980er-Jahre andauerte, fragen sich heutige Architekten, welche Gebäude für Menschen und Umwelt am ehesten geeignet sind. Hierbei spielen auch kulturelle Faktoren eine Rolle: Die Länder der Erde stehen in ihrer städtischen Entwicklung auf verschiedenen Stufen und haben wahrscheinlich ganz andere Ansichten dazu, ob ein »immer weiter, immer höher« der beste Ansatz ist. Ich glaube, dass es einen Zeitpunkt geben wird, an dem sich die Gebäudehöhe einpendelt. Sicher wird man weiter markante Megatürme bauen, die alle Rekorde brechen. Doch letzten Endes wird uns unser Menschsein davon abhalten, in unermessliche Höhen zu streben. Denn wir möchten Sonnenlicht und frische Luft in unsere Wohnungen lassen, wir brauchen die Verbindung zur Erde. Wir schauen vielleicht gern bewundernd zu einem Bauwerk auf, aber wir brauchen auch den Boden unter den Füßen.

ERDE

Mexiko-Stadt wurde auf einem See errichtet.

Es begann als kleine Insel, weitete sich dann aber immer mehr aus. Die Stadtgrenzen sind längst über die ursprüngliche Siedlung hinausgewachsen, aber das Zentrum mit seinen aztekischen und spanischen Bauwerken befindet sich immer noch über diesem See. In 28 Meter Tiefe ist der Untergrund fest, darüber aber liegt nichts als loser Boden, der nachträglich hinzugefügt wurde. Das Ergebnis ist ein sehr weicher, sehr nasser und sehr nachgiebiger Grund. Man beschrieb ihn mir als »eine Schüssel Pudding mit Häusern drauf«.

Mexiko-Stadt wurde auf einem See erbaut.

So kommt es, dass sich das historische Zentrum von Mexiko-Stadt absenkt. Und zwar ziemlich rasch. In den vergangenen 150 Jahren ist es um zehn Meter gesunken – das ist etwa die Höhe eines dreistöckigen Gebäudes.

Als ich nach Mexiko eingeladen wurde, um dort über meine Ingenieurslaufbahn und die Planung von Hochhäusern zu sprechen, ergriff ich die Chance sofort – auch weil es dort so viel gab, was ich mir ansehen wollte: das Nationalmuseum für Anthropologie, der Bosque de Chapultepec, die Pyramiden von Teotihuacán und natürlich die Torre Latinoamericana, einen der höchsten Wolkenkratzer in Mexiko-Stadt und immer noch einer der besten Orte, um die Riesenhaftigkeit der Metropole zu erleben. Natürlich war ich auch gespannt darauf, den besonderen Untergrund der Altstadt und seine seltsamen Auswirkungen auf die dortigen Gebäude zu erforschen.

Beim Bauen ist das, was unterhalb der Oberfläche liegt, genauso wichtig wie das, was wir über ihr sehen können. Eine noch so genial geplante Hochbaukonstruktion (oberhalb des Geländes) ist nur stabil, wenn sie von einem gut durchdachten Tiefbau (unterhalb des Geländes) begleitet wird. Dazu müssen Ingenieure die Beschaffenheit der verschiedenen Erdschichten beachten und die Planung dementsprechend anpassen. Sonst könnte es gehen wie beim Schiefen Turm von Pisa. (Ich lege keinen Wert darauf, dass Touristen in Scharen zu meinen Bauwerken ziehen, um deren Mängel zu besichtigen.) Mexiko-Stadt hat ungefähr den schwierigsten Baugrund weltweit, zu dem sich auch noch ein Erdbebenrisiko gesellt – ich sah daher in meiner Reise die perfekte Möglichkeit, aus erster Hand zu erfahren, wie die Stadt vor dem Einsturz bewahrt wird.

Der Platz für die Stadtgründung wurde von einer Vision bestimmt. Denn ihr Kriegs- und Sonnengott Huitzilopochtli teilte den Azteken mit, dass sie ihre Hochebene verlassen und die neue Hauptstadt dort gründen sollten, wo ein Adler mit einer Schlange im Schnabel auf einem Feigenkaktus säße (genau dieser Adler ist heute das Emblem auf der Nationalflagge). Die Azteken machten sich also auf den Weg und suchten 250 Jahre, bis sie den Adler der Weissagung fanden. Dass sich der Raubvogel auf einer kleinen Insel mitten im Texcoco-See befand, schien sie nicht weiter zu stören (obwohl ich mir gut vorstellen kann, dass die aztekischen Ingenieure leise vor sich hin fluchten, als sie den nassen Bauplatz erblickten).

Tenochtitlan – die »Stadt des Tenoch« – wurde 1325 gegründet. In ihrer Blütezeit gab es hier fruchtbare Gärten, Kanäle und imposante Tempel, und ihre Herrscher verfügten über riesige Gebiete. Um die Insel mit dem Festland zu verbinden, errichteten die Azteken drei große Dämme, für die sie Holzbohlen in den See rammten und darüber Wege aus Erde und Ton anlegten. Diese Dämme sind die heutigen Hauptstraßen im historischen Zentrum der modernen Großstadt.

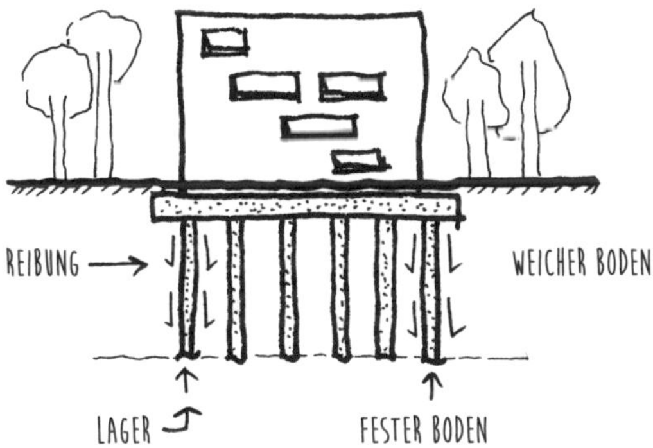

Pfähle stabilisieren Bauwerke auf weichem Grund.

Diese Holzbohlen sind Pfähle. Pfähle haben ganz unterschiedliche Formen und Größen, unterliegen aber einem gemeinsamen Prinzip: Es sind Stützen, die tief in den Boden gerammt oder gebohrt werden, um das Bauwerk darüber zu stabilisieren. Wenn das Erdreich zu weich ist, um das Gewicht des Bauwerks zu halten, tragen die Pfähle das Gewicht ab, damit der Baugrund nicht überfordert wird. Unsere Vorfahren haben Baumstämme verwendet, moderne Pfähle zur Gründung großer Bauwerke sind meist aus Beton und zylindrisch geformt, oder es sind Stahlpfähle in Form von Rohren oder Doppel-T-Trägern. Das Fundament wird auf den Pfählen errichtet und durch Stahlanker mit ihm verbunden.

Dabei leiten Pfähle die Lasten auf zwei Arten in den Boden ab: Reibungspfähle tun dies durch die Reibung zwischen Pfostenmantel und Erdreich; Spitzenpfähle durch das Abtragen in einen festen

Untergrund. Je nach Gewicht und Typ des Bauwerks kommen verschiedene Pfähle zum Einsatz, die abgestimmt auf die Traglasten und die Bodenbeschaffenheit unterschiedlich lang sein können.

Reibungspfähle nutzen die Reibung zwischen der Pfahloberfläche und dem Baugrund, um die Lasten des Bauwerks abzutragen. Je mehr Pfähle gesetzt werden, desto mehr Fläche ist in Kontakt mit dem Boden, desto mehr Reibung ist vorhanden. Die Reibungskräfte arbeiten den Lastenkräften entgegen – nach Newtons Wechselwirkungsprinzip steht die nach oben gerichtete Reaktion der Pfähle der nach unten gerichteten Aktion des Überbaus gegenüber.

Manchmal ist der Baugrund zu lose, als dass Reibung entstehen würde. In diesem Fall kommen Spitzenpfähle zum Einsatz, die so lang sind, dass sie auf härteren Bodenschichten aufsetzen. Die Lasten fließen in die Enden der Pfähle und verteilen sich im Untergrund.

Man hat es in der Praxis aber nicht zwingend entweder mit Reibungspfählen oder mit Spitzenpfählen zu tun: Es können auch beide Prinzipien zugleich wirken. Manche Böden, beispielsweise Lehm, haben gute Reibungseigenschaften, da sie den Pfahl umschließen. Wenn die Last aber sehr groß und der zur Verfügung stehende Raum begrenzt ist, reichen die Reibungskräfte oftmals nicht aus. Dann werden lange Pfähle eingesetzt, die in festere Bodenschichten hinabreichen. In London stößt man in etwa 50 Meter Tiefe auf eine kompakte Sandschicht – zur Gründung größerer Bauwerke bohren wir bis dort hinab.

Ingenieure haben die wichtige Aufgabe zu entscheiden, wie viele Pfähle in welcher Größe gesetzt werden müssen. Ausgangspunkt für unsere Überlegungen ist das Baugrund- und Gründungsgutachten, dem zu entnehmen ist, mit welchen Bodenschichten wir es zu tun haben und wie dick und wie fest diese sind. Wenn man zu der Einsicht gelangt, dass eine einfache Bodenplatte nicht ausreicht, kommen Pfähle zum Einsatz. Durch die Informationen im Bodengutachten und den Rat geotechnischer Ingenieure kann ich berechnen, wie lang ein Pfahl sein muss, um auf eine feste Schicht zu treffen und welche Reibungseigenschaften die verschiedenen Bodenschichten haben.

Anschließend muss ich die Dicke der Pfähle ermitteln. Ein Pfahl mit einem kleinen Durchmesser ist kostensparend und leicht einzubauen, könnte aber nicht stark genug sein. Ein Pfahl mit einem großen Durchmesser hat eine größere Oberfläche, wodurch auch die Reibung zunimmt, außerdem ist die Standfläche größer und er steht stabiler. Bei den statischen Berechnungen geht es immer darum, einen geeigneten Kompromiss zu finden. Ich entscheide mich für einen Durchmesser und berechne, wie viel Last ein einzelner Pfahl bei einer bestimmten Länge tragen kann, dann teile ich das Gesamtgewicht des Bauwerks durch die Tragfähigkeit eines Pfahls, um herauszubekommen, wie viele Pfähle ich benötige. Wenn die Anzahl der Pfähle unter dem Bauwerk Platz hat, kann es losgehen. Wenn nicht, wiederhole ich die Rechnung mit einem größeren Durchmesser. Für ein 40-stöckiges Hochhaus, das wir nahe der Old Street in London gebaut haben, sind wir auf 40 Pfähle mit einem Durchmesser von 0,6 bis 0,9 Meter gekommen, die dort, wo die Lasten am größten waren, mehr als 50 Meter lang sein mussten. Viele moderne Hochhäuser werden durch Pfahlgründungen gehalten, die allein durch Reibung tragen (dazu muss der Baugrund natürlich so gut beschaffen sein, dass die Pfähle die erforderlichen Lasten abtragen können). Die Pfähle für unser Hochhaus waren zugleich Reibungs- und Standpfähle, da der lehmige Londoner Boden bis zu einer gewissen Tiefe recht nachgiebig ist.

Das Setzen von Pfählen ist eine große bautechnische Herausforderung. Erst, seitdem moderne Baumaschinen zur Verfügung stehen, können wir die riesigen heute üblichen Pfähle ins Erdreich bekommen. Inzwischen wird dazu eine Art riesiger Schraubenzieher benutzt, der sich tief in die Erde gräbt und sich dann rückwärts wieder herausbewegt und den Boden mitnimmt. Das so entstandene Loch wird mit Beton verfüllt. In den noch feuchten Beton wird eine Bewehrung eingelassen. Jahrhundertelang aber wurden die Pfähle einfach in den Grund geschlagen – so auch von den Azteken im

Texcoco-See. Aus ingenieurtechnischer Sicht erwies sich ihre Konstruktionsweise als erfolgreich: Die Bauwerke hielten die nächsten zwei Jahrhunderte stand.

Aber dann kamen die fremden Eroberer.

Die Spanier kamen 1521 nach Tenochtitlan, machten alles dem Erdboden gleich und erbauten ihre neue Stadt auf den Fundamenten der aztekischen Stufentempel. Sie fällten die Bäume rund um den See und verursachten so Lehmrutsche und Erosionen, die den Gewässergrund seichter werden ließen. Der Wasserstand stieg und die Stadt wurde im 17. und 18. Jahrhundert mehrmals geflutet, was für Chaos und Zerstörung sorgte (nach der Flut im Jahre 1629 stand die Stadt fünf Jahre unter Wasser). Schließlich wurde der See zugeschüttet, damit die Stadt sich ausweiten konnte. Dennoch kam es wegen des hohen Wassergehalts im Boden regelmäßig zu Überschwemmungen.

Im Erdreich gibt es eine Schicht, unter der Grundwasser fließt und den Boden sättigt. Wenn man an einer Stelle, wo dieser Grundwasserspiegel recht hoch liegt, ein Loch gräbt, wird es sich schnell mit Wasser füllen. So war es im Texcoco-See. Selbst wenn man das Loch mit Erde füllt – oder den See zuschüttet –, muss man nur ein wenig Wasser darübergießen und es werden sich rasch Pfützen bilden. (Dasselbe lässt sich im eigenen Garten beobachten, wenn das Erdreich bei Starkregen kein Wasser mehr aufnimmt, da es bereits gesättigt ist.) Genau so geschah es auch in Mexiko-Stadt. Der See wurde mit Boden gefüllt, das Wasser konnte jedoch nicht abfließen. Wenn es regnete, addierte sich das Regenwasser zum Grundwasser hinzu und blieb in den Straßen der Stadt stehen. Erst im 20. Jahrhundert konnte man die Überschwemmungen in den Griff bekommen, indem man ein enormes Tunnelnetz schuf und das Wasser ableitete. Dennoch, die Nachwirkungen des Bauens auf derart unberechenbarem Grund sind auch in der modernen Großstadt zu spüren.

Ich stand also vor der sehr großen und sehr grauen Kathedrale von Mexiko-Stadt und suchte die Menge nach einem Mann namens Dr. Efraín Ovando-Shelley ab, einem geotechnischen Ingenieur, der laut Foto Sonnenbrille und Cargoshorts trug, die ihn in die Nähe von Indiana Jones rückten. Die starken und strengen Säulen der Kirche standen in scharfem Kontrast zu den Schnitzereien dazwischen – doch eigentlich wurde mein Ingenieurinnenblick von den Rissen im Bauwerk gefangen genommen. Ich sah, an welchen Stellen schwarze Lücken im Mauerwerk klafften, außerdem erschienen mir die beiden großen Glockentürme links und rechts des Haupteingangs nicht mehr ganz lotrecht. Doch dann wurden meine Überlegungen unterbrochen, als genau zur verabredeten Zeit Dr. Ovando-Shelley mit seiner Sonnenbrille auftauchte, mir die Hand gab, ein von ihm verfasstes Buch überreichte und mich zu einer äußerst ungewöhnlichen Besichtigung in die Kathedrale führte.

Als wir den Eingang hinter uns gelassen hatten (bei Punkt A auf der Skizze), kam ich erst einmal ins Stutzen. Touristenschwärme bestaunten die Großartigkeit des Ortes, Gläubige saßen demütig in den blank polierten Holzbänken. Ich aber richtete den Blick zu Boden. Denn auf dem Weg durch den Kirchenraum registrierte ich einen deutlichen Anstieg. Und tatsächlich: Da der Boden unter der Kathedrale sich ungleichmäßig absenkt, hat er ein spürbares Gefälle.

Mit dem Bau der Kathedrale wurde 1573 begonnen, und zwar auf den Fundamenten einer aztekischen Pyramide. Der Architekt Claudio de Arciniega wusste von den Schwierigkeiten des Baugrunds und ersann daher eine ausgeklügelte Gründung für den monumentalen Kirchenbau. Alles begann damit, dass man über 22 000 Holzpfosten von drei bis vier Meter Länge in den Boden rammte, um das Erdreich zusammenzuhalten. Etwa wie bei einem Karton mit Sand, in den man gitterförmig Schaschlikspieße steckt. Wenn man den Karton nun zur einen oder anderen Seite neigt, bewegt sich der Sand nicht so stark wie ohne Spieße. Die Pfähle dienen dabei nicht zum Abtragen der Bauwerkslast, sondern zur Festigung des Bodens.

Oben: Die Kathedrale von Mexiko-Stadt.
Unten: Skizze der Kathedrale.

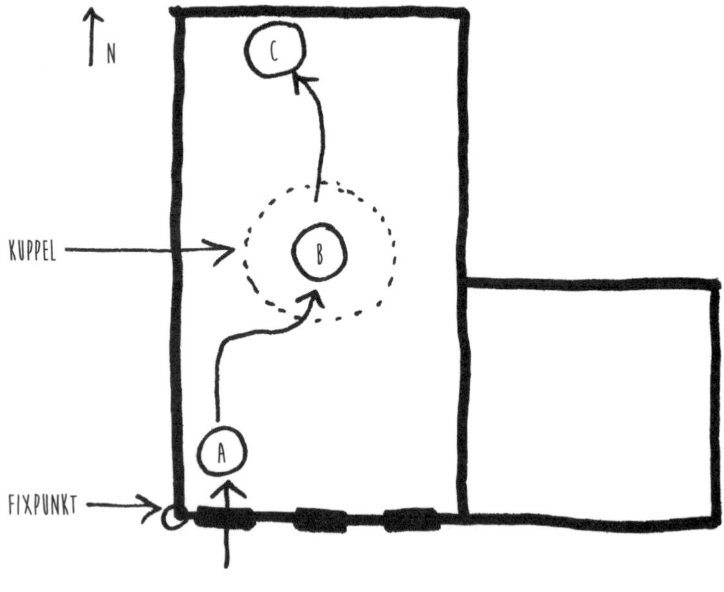

Anschließend errichteten die Arbeiter eine riesige gemauerte Platte auf den Pfählen. Sie misst 140 Meter mal 70 Meter, das ist etwa so groß wie ein Fußballfeld, nur eineinhalbmal länger, bei einer Dicke von 900 Millimetern. Auf diese Platte wurde ein Gitter aus Balken gelegt, bis sich eine Art Waffelmuster ergab. Die Säulen und Wände der Kathedrale setzen auf diesen Balken auf. Die Oberseite der Balken bildete schließlich den Fußboden der Kathedrale, wobei die Last der Säulen auf die gemauerte Grundplatte übertragen wird, die sie wiederum ins Erdreich verteilt. Ein Fundament dieser Art (ob mit oder ohne Balkengitter) nennt man Plattengründung.

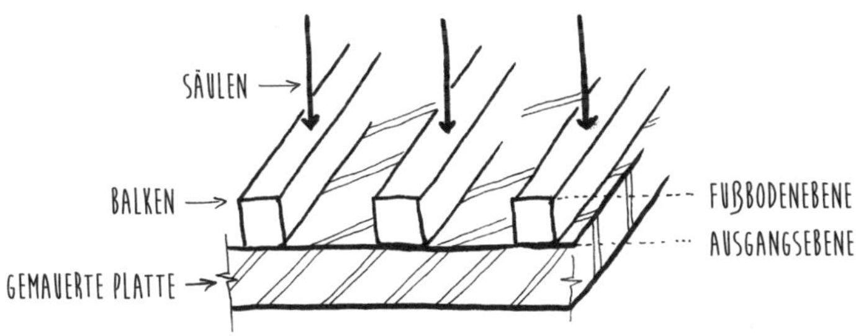

Diese Schichten bilden die Plattengründung der Kathedrale.

Das Plattenfundament schwimmt quasi auf dem Erdreich. Bei weichem Baugrund gilt es, keine großen, konzentrierten Lasten zu setzen. Sonst geht es einem wie auf Pfennigabsätzen im Matsch. Ein punktförmiger, hoher Absatz drückt sich in den Boden, da der Druck (Last geteilt durch Auftrittsfläche) sehr hoch ist. Bei flachen Schuhen verteilt sich dieselbe Last auf eine viel größere Fläche, deshalb sinkt man – wie mit einem Schneeschuh – nicht so schnell ein. Die Plattengründung der Kathedrale funktioniert also wie ein flacher Schuh auf weichem Grund: Sie verteilt die Lasten des Bauwerks auf eine große Fläche. Das Problem dabei ist jedoch, dass das Erdreich stellenweise so weich ist, dass es nicht ausreicht, die Lasten zu verteilen und punktuellen Druck zu vermeiden.

Wohlgemerkt wurden keine Reibungs- oder Stützpfähle zum Abtragen der Bauwerkslast eingesetzt. Dies geschah möglicherweise wegen der Pyramidenfundamente oder aber auch, weil die damaligen Ingenieure wussten, dass in einer festen Erdschicht verankerte Pfähle zum umgekehrten Problem führen würden, indem die Kathedrale sich hebt. Die 1910 in Mexiko-Stadt errichtete Siegessäule mit dem Engel der Unabhängigkeit steht nämlich tatsächlich auf tragenden Pfeilern, und in den einhundert Jahren seit ihrer Entstehung wurden an ihrem Sockel ganze 14 Treppenstufen hinzugefügt, da sich das Denkmal aus seiner Umgebung heraushebt. Die Ingenieure in Mexiko-Stadt sind sich inzwischen einig, dass es am besten ist, wenn man die Bauwerke der Metropole langsam, gleichmäßig und geordnet absinken lässt.

Beim Bau der Kathedrale war die gemauerte Platte ebenerdig mit dem Gelände. Doch darüber kamen ja noch die dreieinhalb Meter dicke Balkenschicht und der eigentliche Fußboden des Kirchenraums. Der Fußboden wurde also dreieinhalb Meter über dem Geländeniveau errichtet, denn die Konstrukteure wussten, dass sich das Bauwerk absenken würde. Bei Abschluss der Bauarbeiten sollte dann der Fußboden der Kirche mit dem umgebenden Gelände eben sein. Man hoffte, dass sich die Kathedrale gleichmäßig absenken und kein größerer Schaden am Mauerwerk entstehen würde. Doch trotz aller Bemühungen senkte sich de Arciniegas Kathedrale beim Setzen der schweren Steine ungleichmäßig ab. Die Südwestseite des Bauwerks (die untere linke Ecke auf meiner Skizze) sackte tiefer ein als die Nordostseite. Um diese risikoreiche Entwicklung zu stoppen, verstärkten die Arbeiter die 900 Millimeter dicke Mauerwerksplatte an der Südseite.

Die eigentliche Ursache für das ungleichmäßige Absinken der Plattengründung ist die Prägung des Bodens. Denn es genügt nicht, dem Baugrund einmal Hallo zu sagen, ihn nach seinem Befinden zu fragen und dann gleich loszulegen. Der Baugrund ist durch vergangene Ereignisse geprägt, die sein Verhalten beeinflussen. Er hat eine Geschichte und ein Muster, die der Ingenieur offenlegen muss. Die Azteken errichteten ihre Pyramide genau dort, wo später die Kathedrale stehen sollte. Im Laufe der Zeit fügten sie dem

Bauwerk – teils aus religiösen Gründen, teils als Reparaturmaßnahme – Schichten hinzu. So veränderte sich der physische Zustand des Bodens, denn manche Bereiche wurden durch die Baulast komprimiert, während andere, die weniger Druck ausgesetzt waren, weniger kompakt blieben. An den Stellen, wo das neue Fundament auf verdichteten Boden traf, sank es kaum ein, aber der auf lockerem Grund errichtete Teil bewegte sich umso mehr.

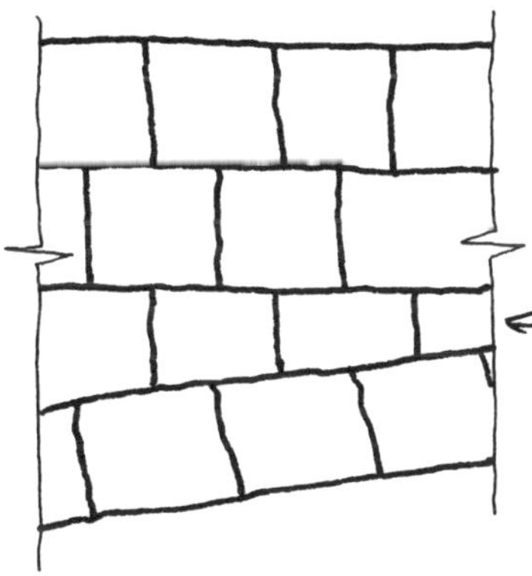

Ein Begradigungsversuch.

Auch nachdem die spanischen Erbauer das Fundament fertiggestellt hatten, senkte sich das Bauwerk ungleichmäßig ab. Dies versuchte man durch spitz zulaufende Mauerwerkreihen auszugleichen. Dr. Ovando-Shelley zeigte mir mehrere Stellen, an denen die normalerweise geraden Lagen angeschrägt wurden. Auf diese Weise konnten die Maurer wieder in die Waagrechte gelangen, nachdem die darunterliegenden Steinreihen ins Wanken geraten waren. Doch es gab noch andere Maßnahmen gegen die fortdauernde Absenkung des Bauwerks: So ist etwa eine Säule an der Südseite der Kirche beinahe einen Meter höher als die Säulen an der Nordseite. Die Kathedrale wurde erst nach 240 Jahren vollendet – während der ganzen Zeit setzte sie ihre unberechenbaren Bewegungen fort.

Dr. Ovando-Shelley und ich liefen durch einen Seitengang (siehe Skizze auf S. 140, Punkt B) und blieben direkt unter der mittigen

Kuppel stehen. Dort hängt ein gigantisches, raketenförmiges Pendel (ein Schnurlot) aus blitzendem Messing und Stahl, das anzeigt, wie sehr sich der Kirchenbau schon verschoben hat. Ein solches Pendel lässt sich mit einer Schnur, einem kleinen Gewicht und einer durchsichtigen Kunststoffschachtel nachbauen: Wenn man das Gewicht an die Schnur bindet und es mittig an den Deckel der Schachtel hängt, wird es auf waagrechtem Untergrund genau über der Mitte des Bodens hängen. Wenn man das Behältnis aber leicht neigt, bewegt sich das Pendel aus der Mitte. Bei einer Neigung von 45 Grad hängt es über der Kante. Das Schnurlot der Kathedrale funktioniert auf dieselbe Weise: Das Fundament neigt sich, das Pendel aber steht senkrecht. Indem man notiert, auf welchen Punkt am Boden das Pendel zu einem bestimmten Zeitpunkt zeigte, lässt sich die Neigung des Bauwerks überwachen.

1910 wurden Messungen unternommen, um die Höhe der am weitesten voneinander entfernten Gebäudeecken zu vergleichen. Dabei stellten die Ingenieure fest, dass der Fußboden sich seit 1573 so stark bewegt hatte, dass eine Seite erschreckende 2,40 Meter höher lag als die andere. Man kann sich nur schwer vorstellen, dass ein Bauwerk solche Schwankungen mitmacht – erwartungsgemäß nahm die Kathedrale Schaden. In den 1990er-Jahren hatten die Glockentürme eine derart dramatische Neigung erreicht, dass sie einzustürzen drohten.

1993 begann eine umfassende Sanierung. Dr. Ovando-Shelley gehörte zu dem großen Ingenieurteam, das man mit dieser Aufgabe betraute. Die Experten kamen zu der Einsicht, dass man das Absinken des Kirchenbaus nicht aufhalten könne – wenn man aber für ein gleichmäßiges Absinken sorgte, würde weniger Schaden entstehen. Dazu musste das gesamte Bauwerk aber erst einmal auf ein annähernd gleiches Niveau gebracht werden.

Wir führten unseren Rundgang fort und gelangten nun in den hinteren Teil der Kirche (siehe Skizze auf S. 140, Punkt C). An dieser Stelle erstreckt sich der barocke Glanz des Königsaltars bis zur Decke. Die gesamte Fläche wird von feinen, handgeschnitzten Figuren eingenommen. Eine opulente Wand der Anbetung, die alle Sinne gefangen nehmen und Ehrfurcht hervorrufen soll und den Betrachter beeindruckt schweigen lässt.

Mich faszinierte aber vor allem ein Metallstift, der in einer Säule links vom Altar steckte. Denn mit ihm hatte das Restaurationsteam den Punkt markiert, ab dem man die verschiedenen Bodenhöhen verglich, um herauszufinden, wie stark man die Gebäudeteile angleichen müsste. Der Fixpunkt – also der Punkt, unter den das Bauwerk nicht sinken sollte – befand sich an der Südwestseite. Dort hatte sich der Bau im Laufe der Zeit am stärksten nach unten bewegt. Der Metallstift befand sich an der Nordseite der Kathedrale, die um mehrere Meter nach unten bewegt werden sollte. Allein bei der Vorstellung wurde mir schwindlig. Und das besserte sich nicht gerade, als Dr. Ovando-Shelley mir erläuterte, welche Technik sie hierfür einsetzten. Der Plan war ähnlich unglaublich wie der in *Armageddon*, als Bruce Willis und sein Team ein Loch in einen Asteroiden bohren und diesen mit Sprengstoff füllen sollen, um einen Zusammenprall mit der Erde zu verhindern. Um das Erdreich zu ebnen, wollten die Ingenieure unter der Kathedrale graben. Die Idee, Boden unter einem Bauwerk zu entfernen, um dieses zu stabilisieren, erscheint auf den ersten Blick widersinnig. Aber für diese besonderen Bodenverhältnisse waren eben besondere ingenieur technische Maßnahmen erforderlich.

Wie gesagt: Boden ist nicht gleich Boden. Man muss die Vergangenheit des Baugrunds kennen, um sein zukünftiges Verhalten einschätzen zu können. Zusammen mit seinen Kollegen entnahm Dr. Ovando-Shelley an verschiedenen Stellen Bodenproben, um herauszufinden, wie fest oder lose das Erdreich war und wo es wie stark komprimiert wurde. Mit diesen Informationen speiste man dann ein Computermodell und entwarf eine dreidimensionale Karte mit unterschiedlich farbigen Schichten, die je nach Bodentyp und Bodenstärke in Wellen verliefen oder auch überlappten. In dem Modell wurden außerdem die historischen Ereignisse nachgebildet, die das Erdreich geprägt haben: der Bau des aztekischen Tempels, die

Errichtung der spanischen Kathedrale, die Schwankungen des Grundwasserspiegels und ähnliche Einflüsse. So entstand ein genaues Profil des Baugrunds.

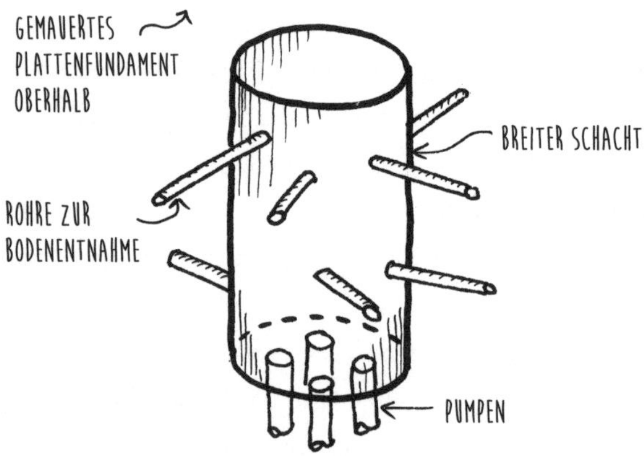

Die Rohre zur Bodenentnahme gehen vom großen Schacht ab.

Das Ingenieurteam bohrte daraufhin 32 zylindrische Schächte von 3,40 Meter Durchmesser und 14–25 Meter Tiefe durch das gemauerte Plattenfundament bis ins Erdreich. Die Schächte wurden per Hand ausgehoben, denn das Graben mit Baggern wäre zu schwierig und zu gefährlich gewesen. In regelmäßigen Abständen wurden die Ränder der absteigenden Röhre mit Beton stabilisiert. Sobald der Schacht die gewünschte Tiefe erreicht hatte, kam eine zweite Schicht Beton hinzu, um ein Einbrechen zu verhindern. Am Boden pumpten vier Brunnen das Grundwasser ab, das die Schächte sonst überflutet hätte.

Doch mit den Schächten allein ließ sich die Kathedrale noch nicht retten. Sie schufen nur die Möglichkeit zum Bohren von etwa 1500 leicht schräg verlaufenden 6–22 Meter langen und etwa faustdicken Löchern, aus denen man das Erdreich entfernte. Man rechnete damit, dass sich die schmalen Tunnel mit der Zeit wieder schlossen und sich das Fundament der Kathedrale dadurch kontrolliert setzen würde.

Da die Nordseite der Kirche am höchsten lag und am stärksten abgesenkt werden musste, wurde dort am meisten Boden entnommen. An der Südwestseite war es bedeutend weniger. Aus einem nordöstlich gelegenen Schacht holte man mehr als 300 Kubikmeter Erde, an der Südwestseite waren es dagegen nur elf Kubikmeter. Insgesamt entnahm man über das ausgedehnte Tunnelsystem tief unter der Kathedrale in beinahe eineinhalb Millionen Einzelaktionen 4220 Kubikmeter Erde – mit dieser Menge ließen sich anderthalb olympische Schwimmbecken füllen.

Die Bodenentnahme geschah äußerst sorgsam und vorsichtig, man ging schrittweise über einen Zeitraum von viereinhalb Jahren vor. Während der ganzen Zeit wurden die Bodenhöhen in der Kathedrale streng überwacht, um sicherzustellen, dass die Bewegungen innerhalb der vorgesehenen Spanne blieben. Die Säulen und Bögen des Kirchenraums wurden mit Stahlträgern und Stützen verstärkt, um Beschädigungen durch plötzliche oder unerwartet große Bewegungen zu vermeiden. Immer wieder entnahm man Bodenproben, um die Steifigkeit und den Wassergehalt zu überprüfen und mit den Werten im Computermodell zu vergleichen. So ging man sicher, dass Planung und Realität sich nicht widersprachen.

Die Differenz der Bodenhöhen im Nordostteil und im Südwestteil der Kathedrale hatte anfangs mehr als zwei Meter betragen – als sich die Nordseite 1998 schließlich um gut einen Meter abgesenkt hatte, setzte man die Maßnahmen aus. Das Fundament blieb damit leicht schräg, doch hatten die Ingenieure zu große Sorge, das Bauwerk zu beschädigen. Die Neigung der beiden Türme hatte zu einem Maß zurückgefunden, das man als ungefährlich befand. Die Arbeiten wurden vorerst gestoppt.

Die großen Schächte bleiben zugänglich. Derzeit sind sie mit Grundwasser geflutet, doch wenn man sie in Zukunft benötigt – falls die Kathedrale wieder in eine bedrohliche Schieflage gerät –, kann das Wasser herausgepumpt und erneut Erdreich entnommen werden. Bis dahin wird die Kathedrale dem Willen des Baugrunds überlassen – jedoch unter strenger Beobachtung.

An strategischen Punkten im Kirchenraum befinden sich vier

Pendel in Glaskästen, die ihre Daten an ein Büro in Italien senden. Dort sitzen Ingenieure und bewerten die Bewegungen des Bauwerks. Drucksensoren an den Säulen kontrollieren, ob die Belastung zunimmt. Eine Veränderung der Drucklast würde bedeuten, dass sich das Bauwerk erneut schräg stellt – in diesem Fall würden manche Säulen stärker komprimiert als andere. Dr. Ovando-Shelley beschrieb mir die Kathedrale wie ein Versuchslabor, in dem man nun seit fast 20 Jahren Daten sammelt. Die Kirche ist heute nicht mehr nur ein Ort des Glaubens, sondern auch ein Ort des Forschens.

Seit den 1990ern senkt sich die Kathedrale um 60 bis 80 Millimeter jährlich – verglichen mit früher ist das eine langsame und vor allem gleichmäßige Bewegung. Sie wird sich auch in Zukunft fortsetzen, könnte sich aber im Laufe der Zeit verlangsamen. Der Indiana Jones des Ingenieurwesens hat das Relikt gerettet und seine Mission erfüllt. Für die Kathedrale von Mexiko-Stadt gibt es kein Armageddon.

Die erstaunliche Arbeit des Ingenieurteams ist überall auf der Welt zum Thema von Studien geworden. Im Jahre 1999 taten sich die Kathedralen-Experten mit Ingenieuren in Italien zusammen und übertrugen ihre Methoden auf den Schiefen Turm von Pisa. In Mexiko-Stadt hatte man es mit einer Extremsituation zu tun, zu der ein extrem schwieriger und unberechenbarer Baugrund und ein monumentales Bauwerk gehörten. Doch die Bewältigung dieser riskanten und anspruchsvollen Aufgabe hat einen Wissensschatz hervorgebracht, den Ingenieure in Zukunft nutzen können, wenn sie unser bauliches Erbe erhalten möchten oder neue Bauwerke unter immer schwierigeren Bedingungen errichten sollen, da Bevölkerungswachstum und Klimawandel nicht aufzuhalten sind.

Am Ende der technischen Kirchenführung machten Dr. Ovando-Shelley und ich uns auf die Suche nach einem Restaurant. Wir überquerten den Zócalo: Der Platz ist umgeben von architektonisch herausragenden, reich geschmückten Gebäuden, die sich ebenfalls unregelmäßig gesetzt haben. Mein Begleiter wartete geduldig, während ich Fotos von Türrahmen machte, die sich zu Parallelogrammen verschoben hatten.

Auf einer Terrasse mit Blick auf den Zócalo servierte uns ein Kellner zwei Frozen Margarita. »So ein Erdboden ist eben wankelmütig, auf den kann man sich nicht verlassen. Genauso wenig wie auf einen Geotechniker«, sagte Dr. Ovando-Shelley. Er prostete mir zu und lachte. Ich fand in diesem Moment nichts verlässlicher und ehrenhafter als diesen Ingenieur, der mit seinem Team die größte Kirche des amerikanischen Doppelkontinents vor dem Einsturz bewahrt hatte.

HOHLRAUM

Normalerweise sind unsere Behausungen eine Ansammlung von Material – wir tragen Dinge zusammen und verbinden sie zu etwas. Wir schaffen etwas, wo vorher nichts war. Es gibt jedoch einen Ort in der endlosen, kargen Steppe, wo Unterkünfte genau andersherum entstanden sind, nämlich durch Wegnahme von Material. Hier schuf man ein Nichts, wo etwas war.

Ich wollte diesen Ort unbedingt einmal besichtigen, deshalb stand ich eines Tages gebückt im Finstern, reckte den Kopf und versuchte angestrengt, irgendetwas zu erkennen. Ich wusste, dass ich mich tief unter der Erde befand. Schließlich war ich Hunderte Stufen über eine steile, gewundene Treppe nach unten gestiegen, vorbei an uralten Wohnräumen, Küchen und Todesfallen.

Ich stand gebückt in einem engen, sargförmigen Gang – oben gerade schulterbreit und unten knapp hüftbreit. Ich war mir nicht einmal sicher, ob ich genug Platz hätte, um mich umzudrehen und zurück zum Eingang zu finden. Vor mir erkannte ich feuchten, sandfarbenen Fels, aber der Lichtstrahl aus meinem Mobiltelefon konnte die Dunkelheit kaum durchbrechen. Ich tastete mich den Gang entlang und versuchte, mir dabei nicht den Kopf zu stoßen. Nach einer gefühlten Ewigkeit (die auch nur ein paar Minuten gedauert haben kann) trat ich in eine kleine, beleuchtete Höhle und atmete erleichtert auf – bis ich die länglichen rechteckigen Vertiefungen im Boden entdeckte, in denen einst jene landeten, die hier nicht mehr hinausfanden.

Ich war in Derinkuyu, in einer der tiefsten und größten der antiken unterirdischen Städte inmitten Anatoliens. Möglich wurden diese rätselhaften labyrinthischen Orte durch den gewaltigen Ausbruch der drei Vulkane Erciyes, Hasan und Melendiz vor etwa 30 Millionen Jahren. Sie verteilten eine zehn Meter hohe Ascheschicht in der Region, über die sich anschließend Lava ergoss. Diese Lava verdichtete und härtete die Asche, bis sie sich in Tuffstein verwandelte. Da es in der Gegend häufig starken Regen und abrupte Temperaturstürze gibt, erodierte der weiche Tuff, und es blieben nur einzelne Säulen stehen. Die harte Lavaschicht über dem Tuff zerfiel langsamer: So kommt es, dass heute große Lavabrocken auf schlanken Tuffsäulen liegen. Die wackeligen Gebilde muten an wie surreale Pilze und werden von den Einheimischen »Elfenschornsteine« genannt.

»Elfenschornsteine«, wie sie in der Gegend genannt werden, sind dünne Aschesäulen, auf deren Spitzen die härteren Lavaplatten aufliegen.

Die merkwürdige Landschaft ist ein Vorgeschmack auf noch seltsamere Dinge, die sich unter der Oberfläche abspielen.

Geografisch liegt Anatolien auf dem Schnittpunkt von östlicher und westlicher Welt und ist im Laufe seiner unruhigen Geschichte oftmals Schauplatz von Völkerkriegen gewesen. Um 1600 v. Chr.

lebte hier das Volk der Hethiter, danach kamen die Römer, die Byzantiner und die Ottomanen. Die ständigen Auseinandersetzungen bedeuteten eine unablässige Bedrohung für die Bewohner der Gegend. Die Hethiter bemerkten, dass die dicke Schicht komprimierter Asche unter ihren Füßen relativ weich war – so weich, dass man sie mit Hammer und Meißel bearbeiten konnte. Also begannen sie, Höhlen und Tunnel zu bauen, in die sie sich zurückziehen konnten, wenn über ihnen Kämpfe tobten. Und jedes Volk, das auf die Hethiter folgte, vergrößerte das unterirdische System. So entstanden ganze Städte, in denen bis zu 4000 Menschen über mehrere Monate überleben konnten. Über einen Zeitraum von 3000 Jahren wurden in der Region Hunderte unterirdische Städte gebaut. Die meisten waren relativ klein, doch manche hatten gar zwei bis drei Etagen.

In Derinkuyu konnte ich sehen, dass das Höhlensystem der unterirdischen Städte wie ein Ameisenhaufen aufgebaut ist: Die Räume liegen nicht übereinander wie in unseren Gebäuden, da die Ascheschicht dann nachgeben und einbrechen würde. Stattdessen meißelte man die Räume auf einer weiten Fläche in beliebiger Anordnung in den Untergrund. Die gebogenen Decken haben die geeignete Form, um den Tuffstein unter Druck und damit stabil zu halten. Lüftungsschächte, die bis zu 80 Meter in den Boden reichen, brachten frische Atemluft nach unten. Die Städte besaßen Vorrichtungen, die ein feindliches Eindringen verhindern sollten. So ließen sich riesige Steine vor die Eingänge rollen, es gab tiefe Fallgruben und Hohlräume hinter Türen, in denen die Bewohner ihren Feinden auflauern konnten. Sogar bis zu acht Kilometer lange Tunnel wurden gegraben, um benachbarte unterirdische Orte zu verbinden – wenn es die Angreifer doch einmal hinter die sorgfältig ausgelegten Fallen schaffen sollten.

Ich bin ziemlich froh, dass ich nicht monatelang in Derinkuyu ausharren und um mein Leben bangen musste. Doch wenn ich einmal darüber nachdenke, verbringe ich doch ungeheuer viel Zeit »unter Tage«. Seit dem Beginn meines Arbeitslebens habe ich insgesamt über fünf Monate in Londons lehmigem Untergrund verbracht, denn ich fahre mit der U-Bahn zum Büro. So wie Millionen Pendler, die sich tagtäglich wie die Sardinen in die Waggons quetschen und auf unangenehme Art daran erinnert werden, dass Platz in dieser Stadt ein Luxus ist. Es kann nun mal nicht alles – Häuser, Büros, Bürgersteige, Züge, Straßenbahnen, Autos und Fahrräder – von den Straßen aufgenommen werden, schließlich kommen noch Abwasserkanäle, Frischwasserleitungen und Strom- und Internetkabel hinzu. Warum auch? Schließlich leben wir in drei Dimensionen, die wir auch alle nutzen sollten, indem wir in die Höhe und in die Tiefe gehen, anstatt uns nur breitzumachen. Unsere moderne unterirdische Stadt steckt voller Ingenieurtechnik, doch diese versteckten Arterien wurden erst durch Tunnel möglich. In Derinkuyu gab es reichlich Platz und Tunnel sorgten für Sicherheit. In London und vielen anderen Metropolen ist Raum knapp und Tunnel bieten eine Ausweichmöglichkeit.

Anfang des 19. Jahrhunderts war die einzige Brücke, die über die Themse führte, die London Bridge – eine extrem unbefriedigende Situation für eine Großstadt, die sich auf beiden Seiten des Flusses in rasantem Tempo ausbreitete. Die Zeit, die man für das Durchqueren der vollen Stadt brauchte, das Warten auf die riskante und ungemein langsame Überquerung der verstopften Brücke und dazu noch die Mautgebühren sorgten für allgemeine Verärgerung. 1805 wurde daher eine Gesellschaft gegründet, die für eine Lösung des Verkehrsproblems sorgen sollte, indem man eine direkte Verbindung zwischen den Docks in Wapping und den Fabriken in Rotherhithe schuf.

Die beiden Orte links und rechts der Themse lagen 365 Meter voneinander entfernt. So verlockend diese Nähe auch schien, war doch ein Brückenbau keine praktikable Lösung. Personen und Güter mussten einen 6,5 Kilometer langen Umweg über die London Bridge machen. Eine Brücke zwischen den Hafenanlagen und den Fabriken hätte zudem die Durchfahrt größerer Schiffe behindert und London als blühender Handelsmetropole geschadet. Damit blieb eigentlich nur noch die Möglichkeit, sich unter dem Fluss durchzugraben. Doch Kanalbauer, Bergbauexperten wie Richard Trevithick und verschiedene Erfinder hatten bereits vergeblich versucht, Tunnelstrecken zu errichten. Auch die Pläne der neu gegründeten Gesellschaft blieben erfolglos. Doch dann hatte ein Ingenieur eine Lösung, die er sich beim Pfahlwurm abgeschaut hatte.

Marc Brunel kam 1769 in der Normandie zur Welt. Von dem zweitgeborenen Sohn erwartete man eigentlich, dass er Priester würde, doch er zeigte mehr Interesse am Zeichnen und an der Mathematik und trat schließlich in die Marine ein. 1793 floh er während der Französischen Revolution aus seiner Heimat und ging nach Amerika, wo er gar Chefplaner der Stadt New York wurde. 1799 zog er jedoch nach London und versuchte dort, die Admiralität zum Kauf seines Systems zur Fertigung von Schiffsblöcken zu überreden. Er arbeitete dann an verschiedenen Projekten für das Militär und entwickelte etwa eine Apparatur zur Massenproduktion von Soldatenstiefeln und ein Sägewerk für die Werften in Chatham und Woolwich. Die Aufmerksamkeit der Thames Tunnel Company weckte er schließlich durch die Erfindung einer Tunnelbohrmaschine.

Brunel trug stets eine Lupe bei sich. Während seiner Tätigkeit für die Werft in Chatham kam es, dass er eine zerbrochene Planke aufhob, die vom Rumpf eines Kriegsschiffes entfernt worden war. Brunel besah sich die Löcher, die ein *Teredo navalis* in das Holz gebohrt hatte. Dieser Schiffsbohrwurm (eigentlich eine Muschel) trägt zwei rasiermesserscharfe Raspeln (die zurückgebildeten Schalen) am Kopf, mit denen er sich durch das Holz bohrt. Die zermahlenen Späne frisst er einfach auf und schafft sich so Platz zum Weiterkommen. Das Holzmehl wandert durch den Verdauungsapparat der Muschel und wird mit Enzymen und chemischen Stoffen versetzt. Scheidet der Wurm diese Mischung aus, legt sie sich wie eine dünne Paste auf die hinter ihm liegenden Tunnelwände. Durch den Kontakt mit Sauerstoff härtet die Masse und stützt den Tunnel. Langsam, aber sicher arbeitet sich der Wurm vorwärts und stellt hinter sich einen stabilen Gang her.

Brunel wusste von den bisherigen Versuchen, einen Tunnel unter der Themse zu bauen. Jetzt war sein Erfindergeist an der Reihe, mit einer unerhörten Idee. Sie würde dort zum Erfolg führen, wo alle anderen gescheitert waren – und zwar ganz einfach, indem er sich den Wurm zum Vorbild nahm. Er würde einen mechanischen Bohrwurm bauen, der vorne gräbt und die Röhre hinter sich auskleidet. Und dieser eiserne Wurm sollte ein wahrer Koloss werden.

Brunel erdachte eine Maschine mit zwei Messern ähnlich den Raspeln des *Teredo navalis*. Diese gut drei Meter langen Messer sitzen ähnlich wie ein Riesenpropeller an der Spitze eines eisernen, waagrecht liegenden Zylinders. Arbeiter drehen die Rotorblätter, damit sie sich ins Erdreich fressen, hydraulische Pressen schieben den Zylinder vorwärts. Das weggefräste Erdreich wird auf Schubkarren fortgetragen – so wie das Holzmehl durch den Verdauungstrakt des Wurms wandert. Der Zylinder bewegt sich weiter und hinterlässt einen kreisförmigen Ausschnitt. Dieser wird ausgesteift, indem Arbeiter ein ringförmiges Mauerwerk legen, das sichernd wirkt wie die Auskleidung aus Wurmsekret. Das Verfahren – Messer drehen, Erdreich wegtragen, Steine legen – wird immer weiter wiederholt, sodass ein stabiler, runder Tunnel wächst.

Brunels Bohrwurm.

Nachdem er nun seinen Wurm konzipiert hatte, musste Brunel noch den passenden Bohrgrund finden. Denn natürlich eignen sich bestimmte Böden besser zum Graben als andere. Nimmt man zum Beispiel trockenen Sand, füllt damit eine leere Keksdose und versucht nun, die Hälfte herauszulöffeln, um einen Halbkreis entstehen zu lassen, wird dies kaum gelingen. Die Sandkörner rieseln immer wieder in den freigeschaufelten Raum. Wenn man dasselbe mit sehr nassem Sand versucht, fließt dieser ebenso schnell nach. London steht auf 50 Millionen Jahre altem Lehm. Wenn dieser Lehm unter der Last des Erdreichs zusammengedrückt wird und nicht zu nass ist, bildet er eine recht stabile Schicht. Für einen Ingenieur ist dieser Lehm ein guter Boden, denn man kann ihn relativ leicht durchschneiden, und er gibt nicht nach. Füllt man guten – ausreichend komprimierten und nicht zu feuchten – Lehm in eine Keksdose und entnimmt eine Hälfte, bleibt ein perfekter Halbkreis stehen. Doch der Lehm unter London kann sehr verschiedenartig sein: er kann sandig, weich, wässrig oder durchsetzt sein. Damit Brunels Wurm graben konnte, brauchte er guten Lehm.

Also engagierte der Erfinder zwei Bauingenieure, die den Erdboden ganz genau untersuchten. Die beiden paddelten über die Themse und versenkten immer wieder ein Eisenrohr mit 50 Millimeter Durchmesser im Flussbett, um Bodenproben zu entnehmen. Anschließend hielten sie fest, welche Bodenschichten in welcher Dicke vorhanden waren. Nach monatelangen Untersuchungen überreichten sie Brunel ihre Ergebnisse, und er entschied, der Boden sei geeignet, und er könne sein Projekt ohne größere Probleme durchführen. Doch bevor man den Tunnelwurm losließ, musste erst einmal in die Tiefe gegraben werden.

Am 2. März 1825 läuteten die Glocken der St Mary's Church in Rotherhithe, und ganze Menschenmassen machten sich auf nach Cow Court, um sich etwas wirklich Ungewöhnliches anzusehen. Auf dem Viehhandelsplatz lag ein großer eiserner Ring von 15 Meter Durchmesser und einem Gewicht von 25 Tonnen. Eine Kapelle spielte, und es tauchten elegant gekleidete Damen und Herren auf, die in dem ländlich geprägten Stadtteil ziemlich fehl am Platz wirkten. Unter dem Jubel der Leute trat nun Marc Brunel samt Familie auf. Man reichte ihm eine silberne Kelle, mit der er den ersten Stein auf den Eisenring legte. Sein Sohn Isambard übernahm den zweiten. Es folgten Ansprachen, man erhob die Gläser zu Ehren von Wissenschaft und Technik und feierte den Baubeginn des Themsetunnels. Die fröhliche Menge hatte keine Ahnung, wie sehr Wissenschaft und Technik in den kommenden Monaten herausgefordert werden würden.

Der von der Menge bestaunte Eisenring ähnelte einem riesigen Plätzchenausstecher. Auf diesen Eisenring mauerte man einen doppelwandigen Ring, dessen Zwischenraum mit Zement und Schutt gefüllt wurde. So entstand ein runder Turm von knapp 13 Meter Höhe. Auf diesen legte man dann einen zweiten Eisenring und verband ihn über Eisenstangen, die man zwischen die beiden gemauerten Ringe gesteckt hatte, mit dem unteren Ring. Mithilfe einer Dampfmaschine oben auf der 1000 Tonnen schweren Konstruktion wurde Wasser abgepumpt und Erdreich abgetragen.

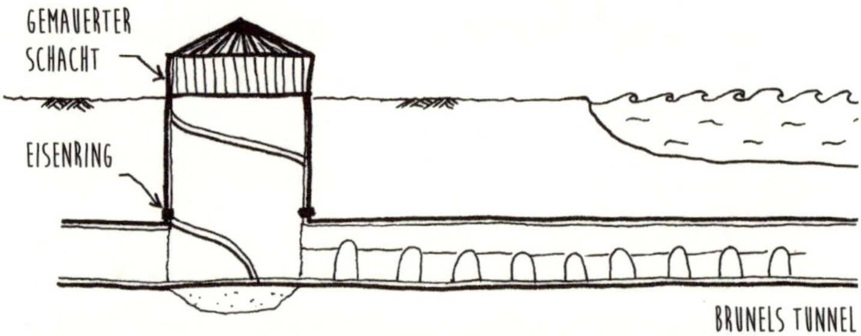

Tunnelarbeiten unter der Londoner Themse.

Zum Plätzchenausstechen setzen wir die Muskelkraft unserer Arme ein und drücken die Form in den Teig. Brunels gemauerter Riesenausstecher sollte allein durch sein Gewicht in den Untergrund einsinken und sich durch den weichen Boden bohren. Und tatsächlich, langsam, aber sicher sank der Schacht um ein paar Zentimeter pro Tag. Währenddessen hoben Arbeiter das Erdreich in der Mitte des Zylinders aus – so wie man auch den Plätzchenteig aus der Form hebt.

Einmal blieb die gewaltige Apparatur stecken, doch am Ende erreichte der vorgemauerte Schacht sein Ziel. Um ein Fundament zu schaffen, gruben die Arbeiter noch weitere sechs Meter in die Tiefe. Der Hohlraum wurde unten und an drei Seiten mit Mauerwerk ausgekleidet – eine Seite blieb frei. Hier würde Brunels Tunnelwurm ansetzen, um sich waagrecht durchs Erdreich zu bohren.

Während all dies geschah, wurde Brunel klar, dass die Muskelkraft der Arbeiter nicht ausreichen würde, um die großen Rotoren der Tunnelbohrmaschine zu drehen. Ihm fiel aber auch nicht ein, wie er eine Dampfmaschine ankoppeln könnte, also musste er noch einmal umdenken. Er teilte das Blatt schließlich in 36 kleinere Schneiden auf, an denen jeweils eine Person arbeiten sollte. Seine Maschine nannte er »The Shield« – der sogenannte Schildvortrieb nach dem Prinzip »vorne graben, hinten sichern« ist Brunels Erfindung.

Arbeiten mit »The Shield« – einer enormen Maschine, die Brunel zum unterirdischen Graben einsetzte.

Die Maschine hatte zwölf eiserne Rahmen von 6,5 Meter Höhe, 910 Millimeter Breite und 1,8 Meter Tiefe. Jeder dieser Rahmen war in drei übereinanderliegende »Zellen« unterteilt. Die zwölf Rahmen bildeten so ein Gitter aus 36 Zellen, in denen jeweils ein Arbeiter stand – alle Arbeiter zusammen bewegten das Bohrschild. Dazu betätigten sie lange Stäbe, die in regelmäßigen Abständen vom Boden bis zur Decke ihrer Zelle reichten. Diese Stäbe hielten Holzbretter, die übereinanderliegend das Erdreich vor dem Schild abstützten.

Nun arbeiteten die Zellen immer im Wechsel (einmal die ungeraden, dann die geraden Nummern): Ein Holzbrett wurde entfernt, indem man den sichernden Stab zog, dann wurden gut zehn Zentimeter Erdreich entfernt und das Brett in den nun etwas größeren Spalt zurückgeschoben. Anschließend ging es mit dem nächsten Brett weiter, bis sich alle Bretter in allen 18 Zellen vorgearbeitet hatten. Die Zellen, vor denen ein Stück Boden entfernt worden war, rückten anschließend hydraulisch angetrieben um zehn Zentimeter vor.

In dieser Phase standen die ungeraden Zellen also zehn Zentimeter vor den geraden Zellen. Also durchliefen die Arbeiter dort den gleichen Prozess: Brett herausnehmen, Erdreich abtragen, Brett zurückschieben. Erst dann wurden auch die geraden Zellen weitergeschoben. Das gesamte Bohrschild war nun zehn Zentimeter vorgerückt und es konnte wieder eine Reihe Tunnelwand gemauert werden.

Denn auch hinter der Maschine herrschte rege Betriebsamkeit. Arbeiter brachten das Erdreich in Schubkarren fort, Maurer auf Holzgerüsten legten Steine in die frisch entstandenen Lücken. Dazu verwendeten sie reinen römischen Zement, der sehr schnell trocknet und extrem stabil ist. So stabil, dass Brunel zur Demonstration einige Ziegel damit zusammenklebte und aus großer Höhe fallen ließ, ohne dass der Zement brach. Auch mit Hammer und Schaufel war dem Verbund nicht beizukommen: Als Brunel seine Männer zum Test auf das Mauerstück einschlagen ließ, brachen irgendwann die Ziegel, der Zement aber blieb unbeschadet. Brunel entschied, die Wundermasse für den gesamten Tunnel zu verwenden, obgleich dies mit hohen Kosten einherging (die Herstellung reinen Zements erfordert enorm viel Energie).

Ich versuche mir vorzustellen, wie das Arbeiten im Themsetunnel wohl vor sich ging. Bevor ich eine Baustelle betreten darf, muss ich Prüfungen bestehen, eine Sicherheitsschulung absolvieren und Schutzkleidung anlegen. Ich gehe meiner Arbeit nach, ohne Angst um mein Leben haben zu müssen. Die Bedingungen im damaligen Tunnel waren da ganz andere: Schweißgeruch, Lampenrauch und Gasentwicklungen erschwerten das Atmen. Die Arbeiter kamen mit schwarz geränderten Nasenlöchern aus der Grube. Im Erdreich eingeschlossene brennbare Gase wurden plötzlich freigesetzt, und wenn eine Lampe in der Nähe war, geriet diese in Brand und explodierte. Die Luft war feucht, die Temperatur schwankte – manchmal innerhalb weniger Stunden – um dreißig Grad. Dazu herrschte unbeschreiblicher Lärm: Maurer verlangten brüllend nach Ziegeln, Eisenstangen donnerten gegeneinander, Bretter schlugen auf, und Nagelschuhe hämmerten durch den Tunnel. Brunel selbst war am Rande der Erschöpfung und erkrankte schwer: Zur Therapie wurden ihm Blutegel auf die Stirn gesetzt.

Brunels Sohn Isambard, damals gerade Anfang 20, wurde als Bauleiter vor Ort bald unentbehrlich. (Brunels Tochter Sophia bekam übrigens von dem Industriellen Lord Armstrong den Titel »Brunel im Rock«, da ihr Vater ihr das Ingenieurwesen nahebrachte. Als Kind zeigte Sophia mehr Talent für mathematische und technische Dinge als ihre Brüder, doch leider wurde sie zu einer Zeit geboren, da Frauen der Ingenieurberuf nicht offenstand. So bleibt sie die verhinderte Baumeisterin.) Doch ähnlich wie sein Vater war Isambard oft krank. Es kam noch schlimmer, als die Bodenqualität unerwartet abnahm und die Gelder schwanden. Schließlich wurden die Arbeiten gestoppt und der Tunnel mit »The Shield« darin zugemauert. Die Brunels brauchten sechs Jahre, um das Finanzministerium zu überzeugen, nochmals in das Projekt zu investieren. Die Chefs der Tunnelbaugesellschaft pfuschten Brunel ins Handwerk und weigerten sich etwa, für eine bessere Sicherung der Baustelle zu sorgen. Stattdessen verlangten sie, dass die Arbeiten trotz der Risiken schneller vorangehen sollten. Das größte Problem aber waren die Wassereinbrüche. Denn der »gute« Lehm, durch den sich Marc Brunel graben wollte, war nicht durchgängig und an manchen

Stellen gar nicht vorhanden – besonders in dem Bereich direkt unter dem Fluss.

Die Themse war damals im Grunde eine große Kloake. Sämtlicher Abfall der Stadt landete im Fluss. Der Boden im Flussbett war nass und von extrem schlechter Qualität, der Tunnel aber sollte nur knapp unter dem Wasser vorbeiführen. Als sich nun Brunels Tunnelbohrmaschine weiter durch den Untergrund fraß, wurde oftmals mehr Boden bewegt als gewollt. Außerdem gab es eine Schwachstelle zwischen der Maschine und dem gemauerten Tunnel, der Boden gab nach, und Flusswasser drang ein.

Beim ersten Wassereinbruch lieh sich Isambard Brunel von der Ostindien-Kompagnie eine Tauchglocke, in der er sich zum Flussgrund absenken ließ. Er fand das Leck, legte ein Eisengitter über die Öffnung und dichtete sie mit Sandsäcken ab. Nachdem man das Wasser abgepumpt hatte, konnten die Grabungen fortgesetzt werden.

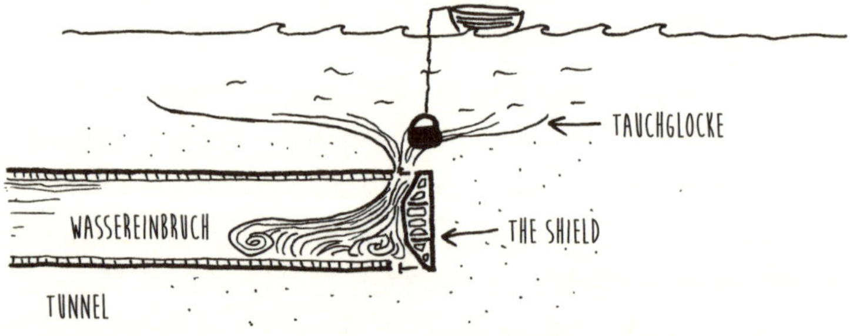

Das Leck im Tunnel wurde mithilfe einer Tauchglocke von außen abgedichtet.

Doch dies war nur einer von vier großen Wassereinbrüchen, bei denen viele Arbeiter ums Leben kamen. Isambard selbst entging nur knapp dem Ertrinkungstod und erlitt in der Folge einen Schlaganfall (auf den noch mehrere folgen sollten). Er musste der Baustelle mehrere Monate fernbleiben.

1843 aber, nach 19 Jahren Bauzeit, wurde der Tunnel trotz der schweren Rückfälle eingeweiht. Für einen Penny konnten Fußgänger über die Wendeltreppe im Schacht in den Tunnel hinabsteigen, der in seiner endgültigen Form absolut beeindruckend war: Eine Säulenreihe entlang der Tunnelmitte stützte weite Mauerbögen. Der Gang wurde durch Gaslaternen erhellt, eine dampfbetriebene Orgel spielte Musik. Aus kleinen Nischen in den gemauerten Wänden verkauften Händler Erfrischungen und Souvenirs. 1852 wurde der erste Tunneljahrmarkt abgehalten: Auf der *Thames Tunnel Fancy Fair* traten Artisten und Feuerschlucker auf, es gab indische Tänze und chinesische Gesänge.

Doch nur ein Jahrzehnt später hatte die Eisenbahn den Alltag der Menschen erobert und der Tunnel wurde nur noch wenig beachtet. Man wollte nicht mehr durch einen feuchten unterirdischen Gang laufen, sondern lieber in einem blinkenden neuen Zug sitzen. Der Tunnel verkam immer mehr, nur noch Betrunkene hielten sich in ihm auf. 1865 dann wurde er der East London Railway Company übergeben, 1869 waren die Gleise fertig eingebaut, und Dampfloks tuckerten hindurch. Heute wird der Tunnel von der London Overground genutzt. Der Schacht in Rotherhithe, den Marc Brunel auf so einfallsreiche Weise konstruierte, wurde kürzlich für die Öffentlichkeit zugänglich gemacht und ist schnell zu einem Touristenmagnet geworden. Man betritt den gedrungenen runden Turm und steht dann in einem höhlenartigen unterirdischen Saal mit Resten einer Wendeltreppe und verwitterten Wänden, aus denen seltsame Rohre lugen. Der Schacht bietet eine ungeheuer stimmungsvolle Kulisse für Theatervorstellungen und Konzerte.

Es dauerte beinahe 20 Jahre, bis der Themsetunnel fertiggestellt war, und gut 20 Jahre darauf war er schon überflüssig. Das klingt nicht nach einer Erfolgsstory. Doch ist es Marc Brunels technischem Erfindergeist zu verdanken, dass wir Zugang zu den unterirdischen Teilen unserer Städte haben. Die Londoner U-Bahn – das erste unterirdische Zugnetz weltweit – wurde nur durch die Vorarbeit von Marc und Isambard Brunel möglich, denn die beiden Ingenieure haben uns gezeigt, wie man auch in wenig stichfesten Böden graben kann.

Zum Graben ihrer Tunnel verwenden die Ingenieure von Crossrail – das allerneueste Verkehrsprojekt für den Großraum London – eine moderne Version von Marc Brunels ursprünglicher Erfindung, nämlich eine Tunnelbohrmaschine mit nur einem »Rotor«. Brunel verfügte ja über keine Energiequelle, um einen einzigen großen Bohrkopf anzutreiben, uns macht es die Elektrizität einfach. Statt einer manuell betriebenen, unterteilten Apparatur verwenden wir leistungsstarke Vollschnittmaschinen.

Die Tunnelbohrmaschinen (TBM) von Crossrail sind riesige Untergrundfabriken auf Rädern und etwa so lang wie 14 aneinandergereihte Busse. Am vorderen Ende befindet sich der große runde Bohrkopf, der sich durch den Grund fräst und Erdboden schluckt. Hydraulische Pressen schieben die Maschine vorwärts, Fließbänder transportieren den Aushub nach hinten. Ein Laserleitsystem sorgt dafür, dass der Tunnelbau auf Kurs bleibt. Hinter der TBM drückt ein kreisförmiger Stempel, der »Erektor«, Beton- oder auch Stahlringe an die Tunnelwände.

Unter Tunnelbauern existiert die sympathische Tradition, Tunnelbohrmaschinen einen – weiblichen – Namen zu geben, bevor sie zum Einsatz kommen. In einem Preisausschreiben bat Crossrail um Vorschläge für TBM-Namenspaare, da immer zwei Maschinen in entgegengesetzter Richtung unterwegs sind. Ein Paar heißt nun nach den Königinnen der großen Eisenbahnepochen: Victoria und Elizabeth. Ein anderes nach den Olympiasiegerinnen Jessica und Ellie. Und eines nach zwei Frauen, von denen die eine das erste Computerprogramm schrieb und die andere den beliebten Londoner A–Z-Straßenatlas erfand: Ada und Phyllis. Am passendsten aber erscheinen die Namen der beiden letzten TBM: Sie heißen Mary und Sophia nach den Ehefrauen der großen Tunnelbauer Isambard und Marc Brunel.

WASSER

Ich freue mich immer, wenn ich sehe, wie Touristen Fotos von Gebäuden machen, denn das bedeutet ja, dass ihnen etwas am Ingenieurhandwerk liegt – auch wenn ihnen das vielleicht nicht so bewusst ist. Sie bewundern ein Bauwerk und wissen zu schätzen, welcher Elan und welche Erfindungsgabe in den Entwurf gegangen sind. So werden geschwungene Dächer, hoch aufragende Türme und auffällige Fassaden zum dramatischen Hintergrund von Handyaufnahmen per Selfiesticks. Solch überwältigende Architektonik gehört zur romantischen Seite des Ingenieurwesens und hat sicher ihre Berechtigung. Doch letzten Endes ist die Tätigkeit des Ingenieurs doch die Antwort auf eher grundlegende Überlegungen, und oftmals dreht sich alles um wenig aufregende Dinge wie Baugrund, Material und Vorschriften. Ein Gebäude oder eine Brücke kann ein toller Anblick sein – doch vieles, das zum Entstehen eines Bauwerks beigetragen hat, ist absolut unästhetisch.

Eine wichtige Überlegung gilt auf jeden Fall dem Wasser, das ja elementar für uns Menschen ist – ohne Wasser würden wir kaum länger als drei Tage überleben. Die von mir geplanten Gebäude sind Skelette: Bevor sie nicht an die Wasserversorgung angeschlossen sind, sind sie unbewohnbare leere Hüllen. Zusammen mit Ingenieuren anderer Fachbereiche (Maschinenbau, Elektrotechnik, Versorgung) treffe ich Vorkehrungen, damit im Rohbau Leitungen verlegt werden können: Wir schaffen die nötigen Pfade und sorgen dafür, dass Fundament, Mauern und Decken stark genug sind, um das

Gewicht von Pumpen und Rohren zu tragen. Erst, wenn durch die Gebäudeadern Wasser läuft, ist das Haus ein Ort zum Leben.

Die Erde heißt zwar »blauer Planet«, weil sie von Wassermassen bedeckt ist, doch leider ist die glitzernde, salzige Überfülle nicht trinkbar. Zum Überleben benötigen wir Menschen möglichst einfachen Zugang zu Frischwasser. Das Problem ist aber, dass davon nicht sehr viel vorhanden ist. Wenn alles Wasser auf der Erde die Größe eines Fußballplatzes hätte, dann wären sämtliche Trinkwasserseen zusammen etwa so groß wie das Kissen auf meinem Sofa, und die Oberfläche der Flüsse entspräche dem Untersetzer für meine Teetasse.

Die Suche nach Wasser ist schwer genug – daher wurden die meisten alten Städte an den Ufern eines Flusses gegründet. Als die Städte immer weiter wuchsen, als große Anbauflächen entstanden und wir uns in immer größerer Entfernung von Wasserquellen ansiedelten, wurde der *Transport* von Wasser zur größten Herausforderung. Daher verwundert es nicht, dass schon in der Antike ausgeklügelte Systeme zum Auffinden und Weiterleiten von Wasser erdacht wurden. Auch heute beschäftigen sich Ingenieure mit dieser technisch anspruchsvollen Aufgabe. Eine gelungene Wasserversorgung stellt in einigen Teilen der Welt immer noch eine große Hürde dar, die es zu überwinden gilt.

Wie viele andere Völker der Zeit hatten auch die alten Perser Schwierigkeiten, an Trinkwasser zu gelangen. Die Geografie des Iran prägt eine große, trockene Hochebene, auf die jährlich etwa nur 300 Millimeter Regen fällt. Überfliegt man das Land, sieht man eine von der unablässig niederbrennenden Sonne gebleichte Wüste. Doch ab und an erkennt man in der Nähe der Dörfer und Städte und manchmal sogar auf scheinbar unbewohnten Wüstenflecken eine Ansammlung von Löchern. Aus dem Himmel sehen sie aus wie diese kleinen Krabbenlöcher am Strand von Mumbai, wo ich aufgewachsen bin. (Ich harrte stundenlang davor aus und hoffte, eines der Krabbeltiere würde sich zeigen.) Doch diese Löcher sind in einer geraden Linie angeordnet und in Wahrheit viel größer. Sie wurden zum Glück nicht von einer Riesenkrabbe gegraben, sondern von Menschen, die damit schon vor 2700 Jahren begannen. Während all dieser Zeit haben sie das Überleben der Bewohner dieser Region ermöglicht.

Denn die Löcher gehören zu einem *Kariz* (im Arabischen *Qanat* genannt). Dabei handelt es sich um ein System, mit dem die alten Völker Persiens lebensnotwendiges Frischwasser aus dem Untergrund förderten.

Um ihre Bauweise zu verstehen, müssen wir uns in die Wüstenlandschaft vor zweieinhalb Jahrtausenden versetzen. Ein Brunnenbauer, *Moghanni* genannt, sucht einen Hang nach Anzeichen für ein Wasservorkommen ab – das können fächerförmige Sedimentablagerungen oder auch eine veränderte Vegetation sein. An einer vielversprechenden Stelle gräbt er einen zylindrischen Schacht von etwa einem halben Meter Durchmesser. Den Sand zieht er in einem ledernen Eimer über eine Winde nach oben. In der sengenden Hitze arbeitet er sich voran, immer in der Hoffnung, auf feuchten Grund zu stoßen – denn das wäre ein Hinweis, dass der Grundwasserspiegel bald erreicht ist. Manchmal gräbt der *Moghanni* so tief, wie es ihm seine Arbeitsmittel erlauben, und findet nichts. Dann wieder stößt er erst in 200 Meter Tiefe auf Wasser. Und manchmal, an einem richtig guten Tag, braucht er nur 20 Meter zu graben, bis der Sand feucht wird.

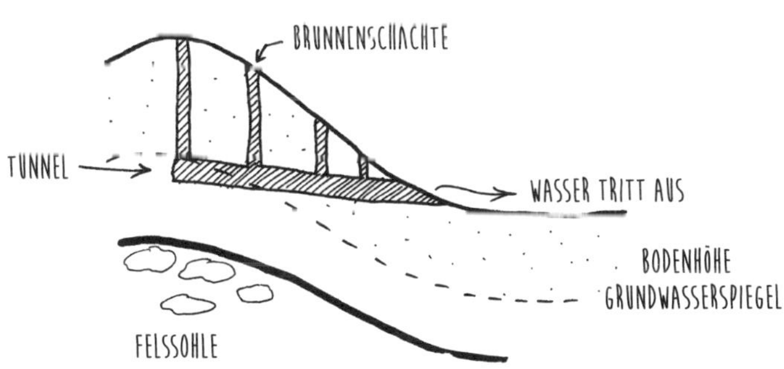

Der Kariz: ein genialer Brunnen.

Doch damit beginnt die eigentliche Arbeit erst: Es kann immer noch sein, dass der Brunnenbauer nur ein kleines Wasserreservoir gefunden hat, das schnell erschöpft ist. Er muss nun sichergehen, dass seine Entdeckung auch hält, was sie verspricht. Also lässt er seinen Eimer unten im Schacht und prüft dann über mehrere Tage, wie viel Wasser sich morgens darin angesammelt hat. Wenn er jeden Morgen mit einem Eimer voll überrascht wird, hat er Glück: Er ist auf einen Grundwasserleiter gestoßen, eine unterirdische Schicht porösen Gesteins, die Grundwasser enthält. Die Arbeiter graben anschließend einen Brunnenschacht nach dem anderen, in gerader Linie entlang des Gefälles.

Mit einem Bleilot als Messinstrument graben die *Moghanni* jeden Schacht etwas tiefer als den vorherigen. Eine solche Brunnenreihe mag seltsam anmuten, aber genau das ist das Geniale an der Konstruktion. In einem Dorf wohnen an die 20 000 Menschen, und es wäre sehr mühselig, das Wasser aus dem Brunnen zu hieven und ins Tal zu schleppen. Das wird natürlich an vielen Orten der Welt so gemacht, hier aber erlaubt das Terrain eine einfachere Lösung.

Wenn die Brunnenschächte gegraben sind, geht es mit einem horizontalen Tunnel weiter, der von Schachtsohle zu Schachtsohle verläuft. Es entsteht ein Gang von einem Meter Breite und 1,5 Meter Höhe, durch den sich die *Moghanni* in Richtung Berg weitergraben.

Der leicht abfallende Tunnel verbindet zum Schluss alle Brunnenböden und leitet so das Wasser aus dem Berg. Die Neigung spielt dabei eine große Rolle: Ist sie zu steil, strömt das Wasser zu stark und zu schnell, der Untergrund erodiert und bricht ein. Ist sie zu flach, kann das Wasser nicht gut fließen und bleibt stehen.

Die *Moghanni* stellen eine Öllampe in den Tunnelausgang, die sie beim Graben im Blick behalten, um auf einer Linie zu bleiben. Aus dem Erdreich können giftige Gase aufsteigen, an denen die Brunnenbauer ersticken würden, daher dient die Lampe nicht nur als Orientierung, sondern auch als Warnsignal. Denn wenn sie gleichmäßig und hell brennt, ist genug Sauerstoff vorhanden. Verändert sie aber ihre Farbe oder erlischt, haben sich bedrohliche Gase ausgebreitet. Und es gibt weitere Gefahren. Lockerer, krümeliger Boden birgt eine hohe Einsturzgefahr, daher schieben die *Moghanni* an Schwachstellen Ringe aus gebranntem Lehm in den Tunnel. Diese Ringe wirken wie zwei verbundene Bögen: Das Gewicht des Bodens drückt dagegen und staucht das Material. Lehm aber hat eine hohe Druckfestigkeit und so verstärken die Ringe die Tunnelwände.

Eine letzte Herausforderung stellt sich, wenn die Arbeiter den zuerst gegrabenen Tunnel erreichen, an dessen Grund der *Aquifer* liegt. Zu diesem müssen sie sehr vorsichtig durchbrechen, denn es kann sein, dass ihnen das Wasser in einem riesigen Schwall entgegenkommt und sie ertrinken. Ein sicherer, gelungener Brunnenbau steht und fällt mit der von Generation zu Generation weitergegebenen Erfahrung der *Moghanni*. Ein *Kariz* wird heute noch auf nahezu dieselbe Weise gebaut wie in der Antike.

Die Länge der Kanäle variiert beträchtlich und reicht von einem Kilometer bis zu 40 Kilometern. Manche Brunnen liefern ständig, manche nur jahreszeitlich Wasser. Zum Unterhalt des Systems nutzen die *Moghanni* die Brunnenlöcher. Schlamm und Geröll werden über die Eimerwinden entfernt. Bei regelmäßiger Inspektion ist die Anlage extrem langlebig.

Im Iran gibt es schätzungsweise 35 000 *Kariz* – das sind mehrere Hunderttausend von Hand gegrabene Kanäle, die noch heute wichtige Wasserquellen sind. Die Stadt Gonabad besitzt die älteste und größte Brunnenanlage im Land. Der 2700 Jahre alte *Kariz* mit seinem 45 Kilometer langen Kanalsystem versorgt 40 000 Menschen mit Wasser. Der Hauptbrunnen ist tiefer, als *The Shard* hoch ist.

Sich bis zu einem Grundwasserleiter durchzugraben, war aber nur eine Methode, mit der sich die Menschen der Antike mit Wasser versorgten. In den verschiedenen Kulturen und Epochen mit ihren verschiedenen Wasserquellen, Landschaften und Werkzeugen erfand man viele ausgeklügelte Systeme, von denen manche noch heute in Gebrauch sind. Zum Ende des 8. Jahrhunderts v. Chr. reichten die beiden Kanäle, die Assyriens Hauptstadt Ninive mit Wasser versorgten, nicht mehr aus, denn die Bevölkerung wuchs stetig. König Sanherib (der von 705–681 v. Chr. regierte) hatte seine bautechnischen Kenntnisse bereits dazu eingesetzt, Kanäle durch Babylon zu graben, um die Stadt zu fluten und zu zerstören. Jetzt ging es darum, eine zusätzliche Wasserquelle aufzutun und das kostbare Nass nach Ninive zu leiten. Die Arbeiten begannen in knapp 50 Kilometer Entfernung, an der Wasserscheide zum Fluss Atrush. Von dort ließ er einen Kanal zum Quellgewässer des Tebitu bauen, um die Wassermenge des Flusses zu vergrößern. Der Tebitu war bereits gestaut und bildete ein Reservoir, das einen Großteil von Ninives Wasserbedarf deckte. Das zusätzliche Wasser würde durch die beiden bereits vorhandenen Kanäle in die Stadt gelangen.

Doch es gab eine Schwierigkeit. Um vom Fluss zu den Kanälen nach Ninive zu gelangen, musste Sanheribs neue Verbindung ein kleines Tal durchqueren. Ohne Pumpe gab es keine Möglichkeit, Wasser einen Abhang hinaufzulenken. Der unbeirrbare Sanherib ersann eine Konstruktion, die ihm das Wasser über die Senke tragen würde: ein Aquädukt. Allgemein gelten ja die Römer als Erfinder der Wasserbrücke, doch das Bauwerk des assyrischen Königs geht den römischen Wasserleitungen mehrere Jahrhunderte voraus und gehört damit zu den ältesten Aquädukten der Welt. Seine Überreste sind heute nahe der Stadt Jerwan im Nordirak zu besichtigen.

Der Begriff Aquädukt bezeichnet streng genommen jegliche künstliche Anlage, mit der Wasser von einem Ort zum anderen transportiert wird. Dabei kann es sich um einen Kanal, eine Brücke, einen Tunnel oder ein Siphon (eine Druckleitung) handeln – oder aber um eine Kombination aus diesen Systemen. Das Aquädukt für Ninive war das größte unter Sanherib erschaffene Bauwerk. Der mächtige Bauherr prägte die städtische Architektur durch seinen riesigen, prunkvollen Palast, zu dessen Anlagen womöglich die berühmten Hängenden Gärten gehörten. In den Bau der Wasserbrücke gingen über zwei Millionen Steinquader, jeder etwa einen halben Meter breit. Das Ergebnis war 27 Meter lang und 15 Meter breit und bestand aus über neun Meter hohen Kragbögen (mit überlappenden Steinen). Oben auf der Brücke leitete ein Kanal das Wasser über das Tal. Die Leitung war mit einer Betonschicht ausgekleidet, damit das Wasser nicht durch die Mauern sickerte.

Ein Kragbogen.

Der neue Kanal und das Aquädukt wurden 690 v. Chr. nach unglaublichen 16 Monaten Bauzeit fertiggestellt. Als das Bauwerk kurz vor der Vollendung stand, entsandte Sanherib zwei Priester ans obere Ende des Kanals. Sie sollten dort religiöse Riten durchführen. Doch bevor die Zeremonie beginnen konnte, öffneten sich auf einmal die Schleusen, und das Flusswasser ergoss sich in den Kanal. Bauleute und Priester hatten entsetzliche Angst vor der Reaktion des Herrschers, da doch die Natur seine Pläne durchkreuzt hatte. Aber der König deutete den Zwischenfall als gutes Omen, da es die Götter offenbar nicht abwarten konnten, die Wasserleitung in Aktion zu sehen, und die Tore vorzeitig aufgehen ließen. Sanherib ging selbst noch einmal zum Kanal, begutachtete den Schaden und belohnte seine Baumeister und Arbeiter mit bunten Gewändern, goldenen Ringen und kostbaren Dolchen.

Die Cisterna Basilica in Istanbul.

Das Auffinden und Verteilen von Wasser gehört zu den großen Herausforderungen des Ingenieurwesens. Und noch eine dritte, ebenso wichtige Aufgabe gilt es zu meistern: Das Wasser muss bis zum Gebrauch gespeichert werden. Die Römer, deren Wasserbau ja ein erstaunlich hoch entwickeltes Niveau erreichte, erdachten ebenso ehrgeizige Speicherlösungen. Zu ihnen gehört die Cisterna Basilica mitten in – oder eher gesagt unter – der Stadt Istanbul.

Die Römer sind aber nicht etwa die Erfinder der Zisterne: Mindestens ab dem 4. Jahrhundert v. Chr. wurden in der Levante (dem heutigen Syrien, Jordanien, Israel und Libanon) unterirdische Wasserspeicher gebaut. So ein Zisternenbau mag einfach erscheinen, dabei sind die großen unterirdischen Speicher eine beeindruckende technische Leistung.

Die Cisterna Basilica zum Beispiel hat extrem dicke Mauern (bis zu vier Meter), um dem Druck von Unmengen Wasser zu widerstehen. Damit kein Wasser austritt, versiegelten die Römer die Innenwände mit einem 10–20 Millimeter dicken Kalkanstrich. Über der Zisterne befand sich ein öffentlicher Platz: Ihr Dach musste die Last von Gebäuden, Straßen und Passanten tragen.

Als ich Istanbul bereiste, hatte die Sonne das Thermometer auf drückende 35 Grad Celsius steigen lassen, und ich war ganz dankbar, über die alten Stufen zu den kühlen unterirdischen Hallen hinabzusteigen. Deckenfluter tauchten alles in orangerotes Licht, und aus unsichtbaren Lautsprechern ertönten meditative Klänge. Ich lief über die kürzlich errichteten Holzstege, die Touristen eine Besichtigung des Wasserspeichers ermöglichen. Unter mir war etwa ein halber Meter tiefes, glasklares Wasser, in dem gespenstische graue Karpfen ihre Runden zogen. Ich sah den Fischen wie benommen zu und wurde erst aus meiner Betäubung gerissen, als mir Wassertropfen auf Kopf und Arme fielen.

Ich hob den Blick zu der aus flachen roten Ziegeln und einer dicken Mörtelschicht gemauerten Decke. Die vielen regelmäßig angeordneten Säulen sind durch weite Bögen verbunden, die ein Kreuzrippengewölbe bilden. Die atemberaubende Konstruktion wird durch zwölf Reihen mit je 28 Säulen gehalten. Die neun Meter hohen marmornen Stützen stammen aus ausgedienten Tempeln oder Ruinen und tragen unterschiedliche Kapitelle: Manche haben die klassischen griechischen und römischen Muster, andere sind schlicht und kahl. Einige Säulen haben mit der Zeit Risse bekommen und sind deshalb mit schwarzem Flacheisen verstärkt. Am Fuß zweier Säulen sieht man die griechische Gorgone Medusa, um deren Gesicht sich bedrohliche Giftschlangen kräuseln. Was sie anschaut, wird zu Stein, so heißt es, doch hier steht ihr Haupt verkehrt herum, und die willkürliche Anordnung negiert die tödliche Wirkung des Medusenblicks. In die sogenannte Pfauensäule sind merkwürdige Muster aus Kreisen und Linien geschnitzt: Sie sollen tränende Augen darstellen, denn man errichtete die Säule offenbar zu Ehren der vielen Hundert Sklaven, die beim Bau der Zisterne ums Leben kamen.

Die Cisterna Basilica wurde 532 von Kaiser Justinian erbaut. Sie lag unter der Stoa Basilica, einem großen öffentlichen Platz auf dem ersten Hügel des damaligen Konstantinopels (benannt nach Kaiser Konstantin, der 324 seine Residenz dorthin verlegte), und fasste die

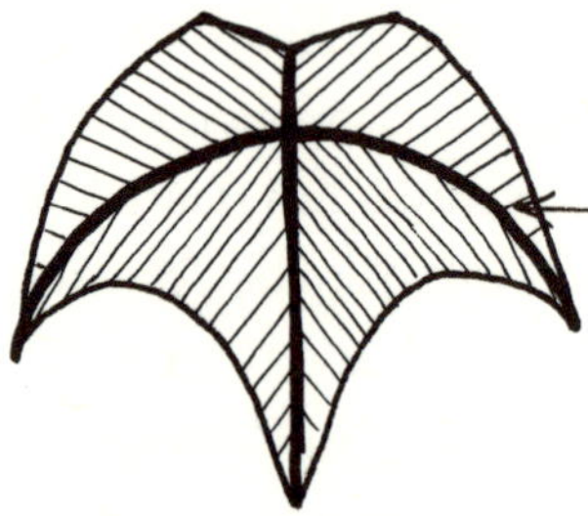

Ein Kreuzrippengewölbe.

Wassermenge von 32 olympischen Schwimmbecken. Die Zisterne wurde durch ein Aquädukt gespeist, das mit natürlichen Quellen in der Marmara-Region verbunden war. Sie versorgte den Großen Palast, die Residenz der römischen Kaiser, doch als diese abzogen, geriet das unterirdische Bauwerk in Vergessenheit. Im Jahre 1545 dann kam ein Wissenschaftler namens Petrus Gyllius nach Istanbul, weil er dort über das byzantinische Reich forschen wollte. Zu diesem Zweck befragte er auch Einheimische und fand nach einigem guten Zureden heraus, dass es da ein besonderes Geheimnis gab: Manche Bewohner der Stadt konnten Eimer durch die Böden ihrer Häuser ablassen und frisches, sauberes Wasser heraufziehen. Manchmal schwamm sogar ein Fisch darin. Niemand hatte eine Ahnung, wie das sein konnte. Die Leute waren einfach froh, eine so wunderbare Wasserquelle samt gelegentlicher Essensgabe zur Verfügung zu haben. Bis Petrus Gyllius zu ihnen kam, hatten sie das Geheimnis gehütet. Der Forscher erkannte, dass die Häuser sich über einer der berühmten römischen Zisternen befinden mussten, er stellte weitere Untersuchungen an und entdeckte die Cisterna Basilica.

Ich für meinen Teil freue mich darüber, dass das Geheimnis gelüftet wurde – die unterirdischen Hallen besitzen eine besondere Magie und Dramatik, sie beflügeln die Fantasie. Seit ihrer Renovierung im Jahre 1987 haben sie Tausende begeisterte Touristen besichtigt. 1963 ließ der Regisseur von *Liebesgrüße aus Moskau* James Bond und seinen türkischen Kollegen Kerim Bey in grauen Anzügen durchs Speicherwasser staken, um die Russische Botschaft auszuspionieren.

Kaum zu glauben, dass ein so gewaltiges und beeindruckendes Bauwerk wie die Cisterna Basilica einfach vergessen werden konnte. Genauso unglaublich ist der sorglose Umgang, den die Römer offenbar mit der Ressource Wasser pflegten. Viele Historiker glauben nämlich, dass Regenwasser für den alltäglichen Bedarf ausgereicht hätte und die Aquädukte die Bäder und Brunnen der Römer speisten. Schon bemerkenswert, dass solche Meisterwerke der Ingenieurskunst nur dem Luxus und dem Vergnügen dienten – besonders da damals wie heute in vielen Teilen der Erde Wasserknappheit herrschte und Ingenieure vor allem darüber nachdenken mussten, wie sie die Ressource am besten ausnutzten.

2015 besuchte ich eine Freundin in Singapur – sie hat dort ein Apartment im 14. Stock eines Wohnturms mit wundervollem Blick über die Stadt. Ich fragte sie, ob man das Wasser aus der Leitung trinken könne (was natürlich der Fall war) und ob ich nach dem langen Flug warm duschen dürfe. Sie gab mir darauf den Hinweis, kein Wasser zu verschwenden: Ich solle die Brause beim Einseifen abstellen und den Hahn zum Schluss gut zudrehen.

Ich war etwas verdutzt über diese strengen Wassersparmaßnahmen, aber sie erklärte mir den Grund dafür. Schon als Kind hatte sie von ihren Eltern und der Schule eingetrichtert bekommen, dass Wasser eine wertvolle Ressource ist, die man nicht verschwenden darf. Denn Singapur verfügt über keine natürlichen Grundwasserspeicher oder Seen. Einige wenige Flüsse wurden gestaut, um Reservoire zu schaffen, doch die Insel hat praktisch keine natürlichen Wasserquellen. Schon immer war es für Singapur – ob unter britischer Herrschaft oder als unabhängiger Staat – eine große Herausforderung, seine Bewohner mit genügend Wasser zu versorgen.

Die frühsten Wasserquellen in Singapur waren Bäche und Brunnen, die das Land ausreichend versorgten, solange die Bevölkerung die Tausend nicht überschritt. Nach 1819 aber, als Sir Stamford Raffles Singapur zu einem britischen Handelsplatz machte, stieg die Bevölkerungszahl rasch an. In den 1860er-Jahren waren bereits 80 000 Menschen auf der Insel und man begann mit dem Bau von

Wasserspeichern. 1927 ermöglichte ein Abkommen mit dem Nachbarland Malaysia die Anmietung von Flächen in Johor und es wurde Frischwasser aus dem Fluss Johor vom Festland auf die Insel geleitet. Über eine gegenläufige Leitung ging das Brauchwasser zurück. Doch während der Invasion der Japaner in der Schlacht um Singapur im Jahre 1942 wurden die Leitungen zerstört und den Bewohnern der Insel blieben Wasservorräte für gerade einmal zwei Wochen. »Solange wir Wasser haben, kämpfen wir«, erklärte der britische Kommandeur Arthur Percival. Am 16. Februar jedoch musste er kapitulieren.

Diese Zwangslage blieb den Menschen noch lange nach dem Abzug der Japaner im Gedächtnis. Auf die Japaner folgten abermals die Briten, bis das Land 1963 kurzzeitig ein Bundesstaat Malaysias wurde. Als Singapur am 9. August 1965 die volle Unabhängigkeit erreichte, war die Selbstversorgung mit Wasser oberstes Regierungsziel.

1961 und 1962 unterzeichnete Malaysia Verträge über Wasserlieferungen an Singapur. Ein Abkommen ist bereits 2011 ausgelaufen, das andere wird 2061 folgen. Für die Menschen in Singapur ist dies eine prekäre Situation – gerade in unserer modernen, konsumintensiven Welt, die stark vom Wasser abhängig ist. Die Menschen bangen um ihre Autonomie und möchten bei einer so fundamentalen Ressource nicht von einem Nachbarstaat abhängig sein. Käme es etwa in der gesamten Gegend zu einer Dürre, wäre Singapur der Gnade eines anderen Staates ausgeliefert. Für Singapur ist die Wasserversorgung also ein genauso grundlegendes nationales Interesse wie für andere ein funktionierendes Gesundheitssystem oder Spionagenetz.

Der Staat arbeitet daher intensiv an einer Lösung für die missliche Situation, und die Wasserbehörde hat eine Strategie entwickelt, mit der die vier zur Verfügung stehenden Wasserquellen so effizient wie möglich genutzt werden sollen, um einen hohen Grad an Versorgungs-Souveränität zu erreichen.

Die erste zur Verfügung stehende Wasserquelle ist Regen. Bedingt durch ihre Größe und Lage erhält die Insel gut zwei Meter

Niederschlag pro Jahr. Um das Regenwasser nutzen zu können, wurden Sammelanlagen geschaffen: Das sind Flächen, auf denen der Regen aufgefangen wird, bevor er ins Meer abfließen kann. Ein Netz aus Kanälen und Rückhaltebecken leitet das Wasser in Stauseen und Reservoire. Zuvor wurden Flüsse und Bäche der Insel von Haushalts- und Industrieabfällen gereinigt. Die Wasserbehörde siedelte umweltbelastende Industrien um und schuf Gesetze zum Schutz der Wasserspeicher. Inzwischen wird auf zwei Dritteln von Singapurs Landfläche Regenwasser gesammelt. Nun müssen noch einige Flussdämme errichtet werden – vor allem an der Küste, wo die Flüsse leicht salziges Wasser führen, das erst noch behandelt werden muss. Sind diese Arbeiten beendet, wird Singapur 90 Prozent seiner Landfläche zur Regenwassergewinnung nutzen. Die Insel ist dann der einzige Ort der Erde, der nahezu seinen gesamten Niederschlag sammelt und speichert.

Die zweite Wasserquelle bleibt die Versorgung durch Malaysia. Singapur wird so lange Wasser von seinem Nachbarland beziehen, bis die Verträge auslaufen. Eine dritte Wasserquelle erschließt die Aufbereitung von Brauchwasser. Diese Methode ist nichts Neues – Los Angeles und andere Gebiete Kaliforniens nutzen sie schon seit den 1930er-Jahren –, wirklich verbreitet ist sie aber nicht.

Singapur dachte erstmals in den 1970er-Jahren über die Wiederverwertung von Brauchwasser nach, doch damals war die entsprechende Technologie sehr kostspielig und wenig zuverlässig. Schließlich aber verbesserten sich die Methoden und das Vorhaben wurde greifbar: Heute wird das Brauchwasser aus Haushalten, Restaurants und Industrie gesammelt und einem dreistufigen Reinigungsprozess unterzogen, bei dem die neueste Filtertechnik zum Einsatz kommt.

Bei der Mikrofiltration wird das Wasser zuerst durch eine semipermeable (halb durchlässige) Membran geleitet. Diese besteht typischerweise aus synthetischen organischen Polymeren wie Polyvinylfluorid, die nur bestimmte Atome bzw. Moleküle passieren lassen und Schwebstoffe, Bakterien, Viren und andere Mikroorganismen zurückhalten. Diese Membrane sind im Grunde mikroskopische Siebe, die Feststoffe auffangen und Flüssigstoffe durchlassen. Das austretende Wasser enthält noch Salze und organische Moleküle, die nun in der zweiten Stufe der Aufbereitung herausgelöst werden, und zwar durch ein Verfahren namens *umgekehrte Osmose*.

Durch Osmose bewegt sich ein Lösungsmittel – also ein Stoff, der andere Stoffe lösen kann (in den meisten Fällen Wasser) – von einer wenig konzentrierten Lösung in eine höher konzentrierte Lösung, bis beide Lösungen die gleiche Konzentration haben. In der Natur spielt Osmose eine wichtige Rolle, denn durch sie ziehen Pflanzen das Wasser aus dem Erdreich; im menschlichen Körper filtern die Nieren osmotisch Mineralien wie Harnstoff aus unserem Blut. Mithilfe von einem Ei, Essig und Zuckersirup lässt sich der Vorgang darstellen. Dazu legt man das Ei mehrere Tage in Essig, um die Kalkschale aufzulösen, und erhält so eine osmotische Membran. Anschließend legt man das Ei in Zuckersirup.

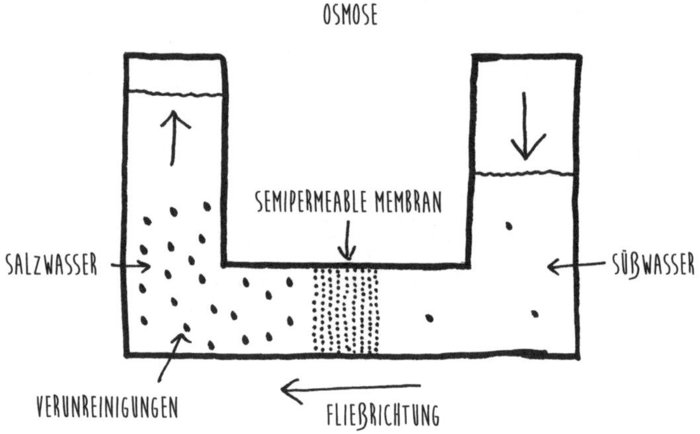

Der Prozess der Osmose.

In den folgenden Stunden wird die Eioberfläche leicht schrumpelig, da Wasser durch die Membran austritt und das Ei dehydriert. Gibt man das Ei nun in frisches Wasser, kehrt sich der Prozess um, da Wasser durch die Membran ins Ei gelangt und es wieder auffüllt.

Durch den osmotischen Druck kommt es automatisch zum Konzentrationsausgleich. Süßwasser wird immer in Richtung Salzwasser wandern. Wenn man aber mehr Süßwasser herausbekommen möchte, muss man das Salzwasser durch die Membran »zwingen«, um Salz, Bakterien und andere gelöste Stoffe abzufangen. Der hierzu angewandte Druck muss größer sein als der osmotische Druck, dann lassen sich Süßwassermoleküle durch die semipermeable Membran pressen, und es kommt zur umgekehrten Osmose.

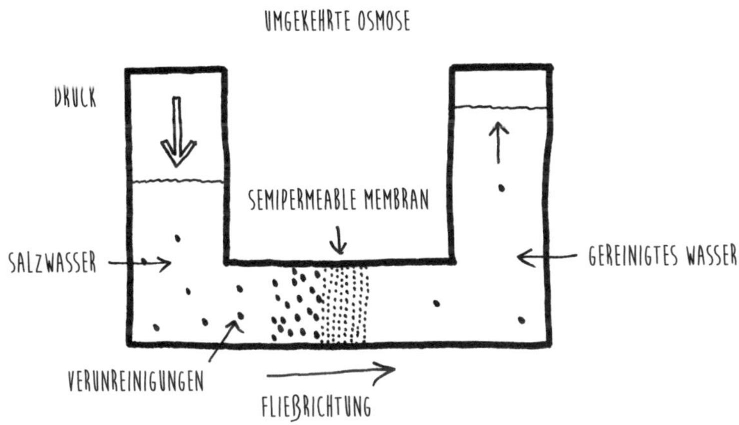

Der Prozess der umgekehrten Osmose.

Durch umgekehrte Osmose lassen sich bis zu 99 Prozent der gelösten Salze und andere Verunreinigungen entfernen. Wasser, das diesen Prozess durchlaufen hat, ist bereits von sehr hoher Qualität, kann aber noch Bakterien oder andere Mikroorganismen enthalten. Zur Sicherheit wird das Wasser noch einmal durch UV-Licht desinfiziert, dann kann es in die Verteilung gehen.

Nach jahrelangen Tests stellte Singapurs Regierung 2003 also NEWater vor: Auf einer Parade anlässlich des 37. Nationalfeiertags öffneten der amtierende Premierminister Goh Chok Tong und der erste Premierminister Lee Kuan Yew eine Flasche recyceltes NEWater und tranken es vor laufenden Kameras. Tausende Besucher taten es ihnen gleich. Und niemand wurde krank. Tatsächlich wird

NEWater vor allem in Industrieanlagen und Fabriken genutzt, die besonders reines Wasser benötigen. Auch wenn es einen schütteln mag, wenn man seinen Ursprung kennt: Das aus der Kanalisation gewonnene NEWater hat über 100 000 Tests bestanden und liegt über den Anforderungen, welche die Weltgesundheitsorganisation an Trinkwasser stellt.

Singapurs vierte Wasserquelle schließlich ist Meerwasser. Im Jahre 2005 ging in Tuas die erste Entsalzungsanlage in Betrieb. Dort wird das Meerwasser erst einmal gefiltert, um alle größeren Teilchen zu entfernen. Anschließend durchläuft es eine umgekehrte Osmose wie bei dem Verfahren für NEWater. Das Ergebnis ist reines Wasser, dem lebensnotwendige Mineralien zugesetzt werden, bevor es an Haushalte und Industrien geht. Die Anlage in Tuas kann 130 000 Kubikmeter Wasser pro Tag herstellen. So deckt Singapur durch aufbereitetes Abwasser und durch aufbereitetes Meerwasser schon über 50 Prozent seines Bedarfs. Bis 2060 sollen es 85 Prozent werden – ein beeindruckender und womöglich lebensrettender Wandel, den kluge Planung und ausgetüftelte Technik möglich gemacht haben.

Dass Singapur einen Großteil seines Regenwassers zur Verwertung sammelt und eine nachhaltige Wassernutzung anstrebt, zeigt, wie Ingenieurwissen eingesetzt werden kann, um dringende und konkrete Probleme zu lösen. Unser Umgang mit dem so wichtigen Urelement Wasser ist ein jahrhundertealtes Thema, dem wir inzwischen mit der allerneuesten Technologie begegnen können. Je größer die Weltbevölkerung und je größer der Wasserbedarf, desto intensiver müssen sich Ingenieure und Wissenschaftler der Herausforderung stellen, das kostbare Nass zu finden, zu verteilen und sauber zu halten.

Gelingt dies nicht, ist kein Überleben möglich.

SCHMUTZ

2007 bin ich nach Japan geflogen, und es war eine absolut beeindruckende und anregende Reise. Zusammen mit meiner Mutter lief ich durch die Straßen von Tokio und bestaunte die Verkaufsautomaten, an denen es nicht nur Eier, Obst und Nudeln, sondern alle möglichen Dinge zu kaufen gab. Wir aßen in Sushi-Restaurants, in denen Koch und Bedienung die Bestellungen in einem wohlklingenden Chor ausriefen.

Genauso fasziniert war ich von den Toiletten, die mit Musik, blinkenden Knöpfen und automatischer Desinfektion aufwarteten und den alltäglichen Gang zu einem Erlebnis machten. Experimentierfreudig wie ich bin, drückte ich gleich ein paar Knöpfe, bereute dies aber ziemlich schnell, auch wenn ich mich anschließend sehr sauber fühlte. Als wir Tokio verließen und entlegenere Orte besuchten, trafen wir auf sehr viel einfachere Hocktoiletten: ein starker Kontrast, aber noch nichts verglichen mit Japan im Mittelalter.

Schon lange vor dem Tokugawa-Shogunat (1603–1868) wurden menschliche Fäkalien als »Abtrittsdünger« gehandelt. Man lud ihn auf Schiffe, die Japan umsegelten und ihre Fracht verteilten. Natürlich stanken die Kotkähne fürchterlich, und es gab häufig Klagen, wenn einer von ihnen neben einem mit Tee beladenen Schiff anlegte. Doch Friedensrichter entschieden, der Handel sei so wichtig, dass die Leute den Gestank eben aushalten müssten.

Der Fäkalienhandel war wichtig, da der kleine Inselstaat besondere Herausforderungen zu meistern hatte. Aufgrund seiner Topografie besaß Japan wenige Anbauflächen, doch die Bevölkerung wuchs stetig, und eine ausreichende Nahrungsmittelversorgung war von entscheidender Bedeutung. Also mussten die für die Landwirtschaft zur Verfügung stehenden Flächen intensiv genutzt werden, mit mehr als einer Ernte pro Jahr. Das bedeutete, dass die natürlichen Nährstoffe im Erdreich schnell verbraucht waren. Traditionell nutzten die Japaner Gülle zum Düngen des Bodens, doch wurden auf der Insel wenig Nutztiere gehalten, und man musste nach einer anderen Lösung suchen. So kam man auf menschliche Fäkalien: Die wachsende Bevölkerung produzierte Dünger im Überfluss. Die Shogune der Tokugawa-Dynastie machten also aus der Not eine Tugend, indem sie die Abfälle auf Schiffe luden und an Bauern lieferten, die damit ihre Felder düngten.

Bald war der Düngerhandel ein richtiggehendes Geschäft. In den ersten Jahren des Tokugawa-Shogunats kamen die meisten Lieferungen aus Osaka, das damals zu den größten Städten gehörte. Schiffe voller Obst und Gemüse legten am Hafen an und tauschten ihre Ladung gegen den Abtrittsdünger der Stadtbewohner. Doch der Wert des Abfalls stieg (offenbar greift die Inflation auch bei Fäkalien), und Gemüse reichte nicht mehr aus, um die wertvolle Ware zu bezahlen: Anfang des 18. Jahrhunderts wurde sie mit Silber aufgewogen. Per Gesetz wurden die Anrechte an den Fäkalien eines Mietshauses dem Hausbesitzer zugesprochen, die Anrechte am Urin überließ man großzügig den Bewohnern. Mit dem Preis für die jährliche Fäkalienmenge aus 20 Haushalten konnte man einen Menschen ein ganzes Jahr mit Getreide versorgen. Abtrittsdünger beeinflusste gar den Immobilienmarkt: Je mehr Mieter ein Haus hatte, desto mehr Fäkalien konnte der Hausbesitzer sammeln, desto günstiger war die Miete.

Bauern, Dorfbewohner und Kaufleute stritten um das Kaufrecht. Mitte des 18. Jahrhunderts übertrugen Gerichte in Osaka das Monopol an anerkannte Gilden, die einen gerechten Preis festlegen sollten. Dennoch brachten die hohen Preise ärmere Bauern an den Rand des Ruins, und wer es mit Diebstahl versuchte, musste Haftstrafen fürchten.

Das Sammeln von Abtrittsdünger mag zu Konflikten geführt haben, doch es hatte auch unerwartete Vorteile. Da man die Fäkalien so sorgsam sammelte und nicht einfach in Flüsse ableitete, blieb das Trinkwasser weitgehend sauber. Außerdem tranken die Japaner Wasser ja meist in Form von Tee, und durch das Kochen wurden viele mikrobielle Erreger abgetötet. Anhänger der Shintō-Religion hatten außerdem strenge Regeln zu allen Quellen des »Unreinen« – etwa Blut, Tod, Krankheit – und reinigten sich, wenn sie damit in Kontakt gekommen waren. All dies brachte mit sich, dass in Japan Mitte des 17. Jahrhunderts bis Mitte des 19. Jahrhunderts eine bessere Hygiene herrschte als in vielen westlichen Ländern und die Sterberate dementsprechend niedrig ausfiel.

Im 20. Jahrhundert änderte sich die Situation. Durch das unaufhaltsame Bevölkerungswachstum und die Zerstörungen des Zweiten Weltkriegs litt die Lebensqualität der Japaner. 1985 besaß nur ein Drittel der Wohnhäuser ein modernes Abwassersystem – dieser Rückstand lag hauptsächlich im Erfolg der vormodernen Verwertung begründet. In den 1980ern wurde die Kanalisation erneuert, und heute sind Japaner für ihre futuristischen Toiletten berühmt. Nichts erinnert mehr an den einst blühenden Fäkalienhandel.

Ob in der Moderne oder in der Vergangenheit: Die Art und Weise, wie eine Stadt mit ihren Abfällen umgeht, ist seit jeher ein Hinweis darauf, wie erfolgreich und fortschrittlich sie ist. In den Städten Harappa und Mohenjo-Daro der bronzezeitlichen Indus-Kultur (um 2600 v. Chr.) hatten beinahe alle Häuser einen Wasseranschluss und eine Spültoilette! In unseren dicht besiedelten postindustriellen Städten bleibt eine funktionierende Abwasserentsorgung von essenzieller Bedeutung. Florence Nightingale – deren Einsatz für hygienische Verhältnisse die Zustände in viktorianischen Haushalten und Hospitälern reformierte – schrieb 1870: »Der Schlüssel zu verbesserter Hygiene in den Städten sind Wasserversorgung und Kanalisation.« Wer das Glück hat, über funktionierende sanitäre Anlagen zu verfügen, macht sich kaum Gedanken darüber, wo der Inhalt der Kloschüssel nach dem Spülen landet.

Und doch weiß man um das erhebliche Krankheitsrisiko, das eine schlechte Abwassersituation birgt. Das Ganze ist vielleicht keine besonders schöne Angelegenheit, doch angesichts der explodierenden Weltbevölkerung sind eine adäquate Frischwasserversorgung und Abwasserentsorgung von erheblicher Bedeutung.

»Das Problem ist doch«, schimpfte Karl, »dass die Kacke allen scheißegal ist.« Damit stürmte er davon.

Zu der Zeit arbeitete ich gerade an den Plänen für ein Apartmenthaus nahe der Oxford Street im Zentrum von London. Während ich überlegte, wie die Pfeiler in den Parkbuchten und rund um den Swimmingpool im Tiefgeschoss zu setzen wären, berechnete mein Kollege und Abwasseringenieur Karl, wie viel Schmutzwasser die Duschen, Waschbecken und Toiletten des Gebäudes produzieren würden und wie viel Regenwasser noch dazukäme. Er berechnete den Durchfluss pro Stunde und überprüfte anschließend, ob genügend Rohre vorhanden waren, um das Abwasser in Londons Kanalisation zu leiten. Aus alten Plänen wussten wir, dass ein Abwasserkanal an unserem Bauwerk vorbeilief – wir wussten aber nicht, wie groß, wie voll und in welchem Zustand er war. Wir wollten nicht nur in Erfahrung bringen, ob wir das Wasser aus dem Apartmenthaus einleiten könnten, sondern auch, ob wir den Kanal beim Ausheben der Baugrube eventuell beschädigen würden. Karl hatte ein Gutachten beauftragt, mit dem er die Pläne komplettieren wollte.

Eines Tages kam er dann mit einer DVD in mein Büro und bat mich, mir ein paar Aufnahmen anzusehen. Ich schob die DVD also in meinen Computer, doch gleich darauf zuckte ich kreischend zusammen. Auf meinem Bildschirm (der mir auf einmal riesengroß erschien) waren die Ergebnisse der Abwasseruntersuchung zu sehen. Ich hielt den Film an und sagte Karl, ich würde mir so etwas nicht anschauen – daraufhin fielen die oben zitierten Worte und Karl verschwand.

Ich hatte aber eine Einsicht, atmete erst einmal tief durch und startete die DVD erneut. Die Aufnahmen aus der Kloake hatte eine kleine Kamera gemacht, die auf einen fahrbaren Roboter montiert war. Diesen steuerte eine Person, die zum Glück im Trockenen stand. Die gemauerten Kanalwände waren tiefrot und wirkten ziemlich sauber, trotz des unschönen Inhalts, der nun seit 150 Jahren durch den Untergrund floss. Der Kanal war überraschend groß (ich hätte aufrecht hindurchlaufen können) und geformt wie ein schiefes Oval (wie ein auf dem Kopf stehendes Ei). Auf diese Weise fließt das Abwasser immer im günstigen Tempo: Bei Niedrigwasser bleibt die Fließgeschwindigkeit hoch, und es lagert sich nichts ab, da das Abwasser sich an der tiefsten und engsten Stelle befindet; bei Hochwasser bieten die weiten Ränder genügend Platz.

Ich sah verblüfft zu, wie der Roboter sich durch dieses beeindruckende Ingenieurbauwerk bewegte – und vergaß dabei den Ekel, den der Kanalinhalt hervorrief. In den folgenden Wochen gingen Karl und ich (wir hatten unseren Kloakenkonflikt beiseitegelegt) den Film noch einmal ganz genau durch und entschieden, dass der Kanal in so gutem Zustand war, dass wir das Abwasser aus unserem Gebäude einleiten könnten. (Um das System nicht zu überlasten, durfte das Abwasser aber nicht unkontrolliert einfließen, sondern musste in einem Ausgleichsbecken gesammelt und dann gleichmäßig abgegeben werden.) Für mich war die Abwasserentsorgung zu einer spannenden Angelegenheit geworden: Wir würden unser modernes Apartmenthaus an die bahnbrechende Ingenieurarbeit eines Joseph Bazalgette ankoppeln – dieser ersann vor über hundert Jahren ein Kanalnetz für die britische Hauptstadt. Damals hatte London ein Abwassersystem bitter nötig. Anfang des 19. Jahrhunderts war das Leben an der Themse alles andere als angenehm.

Ursprünglich wurde das Londoner Flachland von Nebenflüssen versorgt, die auf ihrem Weg zur Themse reichlich Frischwasser und Fische mitbrachten. Doch als die Stadtbevölkerung Mitte des 13. Jahrhunderts beträchtlich stieg, begann die Wasserqualität zu leiden. Die Situation verschlimmerte sich, bis die Flüsse im Grunde nur noch offene Kloaken waren, in denen Tierkadaver und sogar menschliche Leichen landeten. Im 15. Jahrhundert gab es Wasserträger, die ihren Lebensunterhalt damit verdienten, zwei Eimer Brunnenwasser an einem Tragjoch herbeizuschleppen. Die Flüsse aber waren in einem so bedauerlichen Zustand, dass es auch nichts half, weiter flussaufwärts Wasser zu holen. Die Bewohner Londons tranken durch Fäkalien und Leichen verseuchtes Wasser.

In der Stadt gab es etwa 200 000 Senkgruben – runde Vertiefungen von etwa einem Meter Durchmesser und zwei Meter Tiefe, die innen mit Mauerwerk ausgekleidet waren, um sie einigermaßen dicht zu machen. In diese Behälter leerten die Menschen ihre Nachttöpfe aus, und sogenannte »Raker« oder »Gong-Farmer« (»Gong« war im Mittelalter ein anderes Wort für Latrine) kratzten die Exkremente heraus und brachten sie in Eimern auf die Felder. Das war immerhin schon besser, als wenn einfach alles auf die Straße gekippt wurde, doch es blieb eine furchtbar unhygienische Angelegenheit, auch weil die Felder gleich am Rand der Stadt lagen. Das Entleeren der Gruben war eine fiese und vor allem auch gefährliche Tätigkeit: Einer der Arbeiter, Richard the Raker, fiel 1326 in eine Senkgrube und erstickte in der widerlichen Jauche.

Bestrebungen in den 1840ern zum Bau neuer Abwasserkanäle blieben unzureichend. Die Einführung von »Wasserklosetts« verschlimmerte die Situation nur noch, denn die ohnehin lecken Senkgruben hatten schon den Inhalt der Nachttöpfe kaum fassen können, nun aber kam noch literweise Wasser hinzu, und die Behälter flossen über. 1850 verbot man daraufhin die Jauchegruben und die eigentlich nur als Regenabfluss gedachten Kanäle waren vollkommen überfordert. Schmutz und Abwasser landeten in der Themse, deren Wasser doch zum Waschen, Kochen und Trinken diente.

Das verseuchte Londoner Wasser führte zu schweren Cholera-Epidemien. Sie brachen meist im Spätsommer oder Herbst aus, etwa die Hälfte der infizierten Personen starb. Im Jahr 1831/32 starben mehr als 6000 Menschen, bei zwei weiteren großen Ausbrüchen 1848/49 und 1853/54 fanden jeweils 14 000 und 10 000 Menschen den Tod. Damals glaubte man, Cholera werde über die Luft übertragen, und man stecke sich durch das Einatmen von giftigem »Miasma« an. Doch als ein gewisser Doktor John Snow (1813–1858) während der Epidemie im Jahr 1854 den gesundheitlichen Zustand von Londonern überwachte, die ihr Wasser aus einer verseuchten Pumpe in Soho bezogen, konnte er belegen, dass die Cholera ihren Ursprung im verschmutzten Wasser hatte.

1829 schuf Thomas McLean eine groteske Satire auf den Zustand der Londoner Wasserversorgung. Die Karikatur zeigt »die als Themse bekannte Monstersuppe«.

Dass London vom Schmutz überrannt wurde, zeigte sich überdeutlich in dem besonders warmen Sommer des Jahres 1858: Die gärenden Senkgruben und die Kloake in der Themse und ihren Zuflüssen stanken noch fürchterlicher als sonst. Der »Great Stink« begann. Die Situation spitzte sich so schlimm zu, dass die Bewohner der Stadt ihre Vorhänge in Chlorkalk tauchten, um den Gestank draußen zu halten. Die Minister im Unterhaus des Parlaments und die Barrister in der Anwaltskammer *Lincoln's Inn* konnten den üblen Geruch nicht mehr ertragen und planten bereits, London zu verlassen.

Der einzige Vorteil der Krise bestand darin, dass die nun unmittelbar betroffene Regierung endlich Maßnahmen beschloss, um den Pestgestank loszuwerden. Nachdem man Vorhaben zur Behebung des Abwasserproblems über Jahre abgewiesen hatte, sprach man sich nun für die Pläne von Joseph Bazalgette aus.

Bazalgette, heißt es, war ein recht gleichmütig wirkender Typ mit einem sympathischen, klugen Lächeln. Er war deutlich kleiner als der Durchschnitt, doch seine lange Nase und die wachen grauen Augen unter dunklen Brauen verliehen ihm die Aura eines bedeutenden Mannes. Er kam 1819 in Enfield, am Rande Londons, auf die Welt und schlug eine Laufbahn als Ingenieur ein. Das hohe Arbeitspensum beim hektischen Ausbau des Eisenbahnnetzes führte 1847 zu einem Nervenzusammenbruch, worauf Bazalgette bei der Städtischen Abwasserkommission anfing und sich dort dem dringend notwendigen Ausbau eines Kanalsystems widmete.

Bazalgettes Plan sah vor, die alten Zuflüsse der Themse zu nutzen. Diese waren bereits in Abzugsgräben verwandelt und umgeleitet worden. Man kam so auch der Nachfrage nach Bauland entgegen, denn die Häuser konnten so näher am Wasser errichtet werden. Oftmals verliefen unter den Straßen Durchlässe und schufen noch mehr Raum. Die Zuflüsse strömten in Nordsüdrichtung bergab und ergossen ihr Dreckwasser in die Themse, die wiederum von Westen nach Osten floss.

Joseph Bazalgette beschloss, die Gräben und ihre abscheuliche Fracht zu unterbrechen. Dies geschah an mehreren Punkten, wodurch ein neues Kanalsystem unter dem alten geschaffen wurde. Um den Durchfluss in den offenen Gräben weitgehend zu stoppen, wurden Wehre eingebaut. Durch Löcher, die man vor diesen Wehren in den Kanalboden bohrte, floss dann ein Großteil des Schmutzwassers in die neuen, geschlossenen Leitungen.

Nördlich der Themse ließ Bazalgette die Abwassergräben an drei Stellen untertunneln. Zuerst ganz im Norden, wo die Zuflüsse relativ hoch lagen (der Abzweig fließt aus Upper Holloway durch Stamford Hill und Hackney bis hinunter nach Stratford). Etwa auf halbem Weg zwischen diesem »oberen« Kanal und dem Fluss wurde ein »mittlerer« Kanal gebaut, der von Bayswater kam und unterhalb der heute weltberühmten Einkaufsstraße Oxford Street und der Old Street verlief. Das Abwasser wurde gesammelt und beim Auftreffen auf die Wehre in die Kanäle gelenkt. Ganz am Rand der Themse fing ein »unterer« Kanal das Restwasser auf. Südlich der Themse verfuhr Balzagette ganz ähnlich, jedoch kamen hier nur ein oberer Kanal (aus Balham kommend durch Clapham, Camberwell und New Cross bis Woolwich) und ein unterer Kanal (aus Wandsworth kommend durch Battersea und Walworth bis nach New Cross) zum Einsatz, da im Süden Londons weniger Menschen lebten und das Stadtgebiet dort kleiner war. Diese Hauptadern für Bazalgettes Kanalisation maßen insgesamt 160 Kilometer.

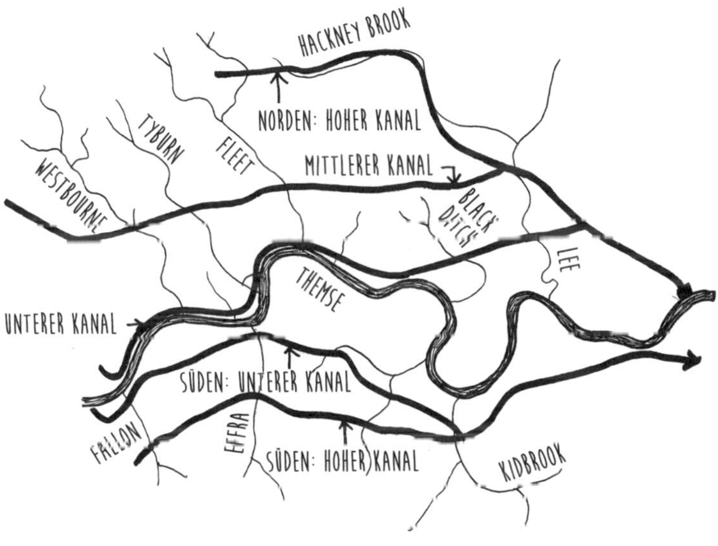

Balzagettes Abwassernetz für London.

Durch die Kanalarbeiten wurden auch das Victoria, das Albert und das Chelsea Embankment möglich. Unter den Kais verlaufen nämlich die unteren Kanäle entlang der Themse. Die Ingenieure vor Bazalgette hatten die Zuflüsse der Themse durch Gräben verschmälert, Bazalgette zähmte nun den Fluss selbst durch Uferdämme.

Durch die neuen unterirdischen Räume verlief bald nicht nur die Kanalisation, sondern auch die weltweit erste U-Bahn, die London Tube.

Als er die fünf Hauptleitungen und die vielen Hundert Nebenzweige plante, berechnete Bazalgette den von zwei Millionen Londonern produzierten Schmutz sehr großzügig. In dem Wissen, dass eine solche Kanalisation nur einmal gebaut werden würde, verdoppelte er die Maße. Dort, wo sie im Westen begannen, lagen die fünf Hauptkanäle am höchsten und flossen dann mit einer Neigung von zwei Fuß pro Meile gen Osten zu zwei neu errichteten Pumpwerken. Die von Bazalgette und dem Architekten Charles Henry Driver geplanten Pumpenhäuser Crossness (für die beiden südlichen Kanäle) und Abbey Mills (für die drei nördlichen Kanäle) sind kathedralengleiche Meisterwerke der spätviktorianischen Baukunst.

Das Pumpwerk bei Crossness mit seinem viktorianischen Interieur samt schmiedeeisernen Verzierungen.

Eine echte Überraschung ist das Innenleben von Crossness: Dort ist die riesige Pumpenanlage mit funkelndem Messing umkleidet und mit bunt bemalten schmiedeeisernen Verzierungen geschmückt. Die außergewöhnlichen Orte sind schon mehrmals in Filmen aufgetaucht, so in *Batman Begins* und *Sherlock Holmes*.

Nachdem das Abwasser durch die Kanäle bis zu den Pumpwerken gereist war, musste es auf eine gewisse Höhe gebracht werden, um dann in große Tanks weiter östlich zu fließen. Nördlich der Themse wurde das Abwasser in Beckton gelagert, südlich der Themse befand sich der Tank gleich neben dem Pumpwerk Crossness. Sämtliche Kloake floss – damals noch ungeklärt – durch die Schwerkraft in die Themse, wenn diese sich bei Ebbe Richtung Meer bewegte.

Bazalgette bekam den Auftrag, die Tanks möglichst weit östlich zu platzieren – falls sie doch einmal bei Flut und Richtung Stadt fließender Themse geleert werden müssten, sollte die Kloake nicht wieder bis Westminster gelangen – eine Wiederholung des »Großen Gestanks« von 1858 wünschte sich niemand. Indem Bazalgette den Fluss verkleinerte, sorgte er unabsichtlich dafür, dass die Flut weiter nach London hineinreichte als früher – daher machte sich gelegentlich erneut übler Geruch breit.

Die Idee hinter Bazalgettes Abwassersystem war eigentlich einfach, die Ausführung aber war extrem aufwendig, denn man musste Londons Straßen aufgraben. Die Arbeiten waren sehr umfassend und schwierig, man musste sich bis zur richtigen Tiefe vorarbeiten, die eiförmigen Kanäle mauern, eine Verbindung zu den alten Gräben schaffen, die Baugrube schließen und die Straßen erneuern. Doch der Aufwand lohnte sich, denn das Leben in der Hauptstadt verbesserte sich langsam.

Die Wasserqualität in London stieg rasant. Bazalgettes Kanalisation (die insgesamt 2100 Kilometer umfasste und aus mehr als 300 Millionen Ziegeln gemauert war) wurde 1875 fertiggestellt. Die Choleraausbrüche gehörten zu diesem Zeitpunkt der Vergangenheit an – dieser glückliche Zustand war vor allem Bazalgettes nützlicher und kluger Ingenieurarbeit zu verdanken.

Bazalgette leitete die Kloake aus London heraus, um sie an anderer Stelle in die Themse und ins Meer fließen zu lassen. Das Abwasser wurde nicht geklärt, man verlagerte im Grunde nur den Austritt der krankheitserregenden Stoffe aus einem dicht besiedelten in ein unbewohntes Gebiet. Ein ziemlich überholtes Verfahren, würde man meinen. Nun, dasselbe altmodische Prinzip wird auch heute noch genutzt.

In neueren Systemen wandert das Regenwasser in andere Leitungen als das Abwasser aus Haushalten und Büros und das Industrie- und Gewerbeabwasser aus Fabriken und Restaurants. Denn das nicht verschmutzte Regenwasser kann in Seen oder Flüsse eingeleitet werden, während Kloake und Industrieabwasser in Kläranlagen wandern.

In den Klärwerken wird das Abwasser durch physikalische, chemische und biologische Verfahren in seine Bestandteile zerlegt. Physikalisch funktioniert etwa die Filtration: Wasser wird durch feine Membrane geschickt, um Verunreinigungen herauszufiltern. Bei der chemischen Klärung werden dem Abwasser bestimmte Substanzen zugegeben, die mit ihm reagieren und seine Verbindungen lösen. Das biologische Verfahren funktioniert ganz ähnlich, doch hier zersetzen Bakterien die Abfallstoffe. Das Ziel ist die Herstellung von gereinigtem Abwasser, das in den natürlichen Wasserkreislauf zurückgegeben werden kann, und von Klärschlamm, der als Dünger verwendet oder verbrannt wird.

So lautet es zumindest in der Theorie. In der Praxis sieht es meist anders aus. Das Wohn- und Siedlungsprogramm der Vereinten Nationen (UN-HABITAT) schätzt, dass weltweit 90 Prozent des Abwassers ungereinigt oder nur grob gefiltert in die Natur eingeleitet werden. London ist da keine Ausnahme. Denn Bazalgettes Abwasserkanäle sind ein kombiniertes System – sie führen Regen, Kloake und Gewerbeabfall in derselben Leitung. Balzagette handelte extrem fortschrittlich, als er eine Kanalisation für das Abwasser von vier Millionen Menschen (das viktorianische London hatte nur halb so viele Bewohner) plus Regenwasser schuf. Heute leben jedoch acht Millionen Menschen in London und die knapp 150 Jahre alte Kanalisation ist immer noch in Betrieb. Die Kanäle sind groß genug, um mit den jährlich anfallenden 1,25 Milliarden Kilo Kloake zurechtzukommen. Doch da das System damit am Anschlag arbeitet, findet das Regenwasser keinen Platz mehr: Schon bei zwei Millimeter Niederschlag pro Tag (im regnerischen London keine Seltenheit) laufen die kombinierten Kanäle über.

Entlang der Themse liegen 57 Rohre, durch die das überlaufende Abwasser direkt in den Fluss geleitet wird. Ein Austrittspunkt befindet sich etwa bei Battersea: Dort sieht man eine große eiserne Klappe in der Uferbefestigung. Auch unter der Vauxhall Bridge ist so ein Überlauf, aus dem allein 280 000 Tonnen Abwasser pro Jahr in die Themse strömen. Manche dieser Ablaufrohre wurden schon zu Bazalgettes Zeiten gebaut, manche fügte man erst später hinzu. 2014 musste mehr als einmal wöchentlich überschüssiges Abwasser in die Themse abgegeben werden, das entspricht 62 Millionen Tonnen Kloake jährlich. Rein vom Gewicht ist das so, als würden jede Woche gut 8500 Blauwale in den Fluss abtauchen. Setzt sich die Entwicklung fort, wird sich die Menge des unbehandelten Abwassers bis 2020 verdoppeln. Bei solchen Zahlen bleibt manchem die Luft weg. Doch bis 2023 soll ein riesiges Bauprojekt Abhilfe geschafft haben: Unter den Füßen der nichts ahnenden Londoner wird nämlich der Thames Tideway Tunnel gegraben.

Um mehr darüber zu erfahren, verabredete ich mich mit Phil, einem der Köpfe der riesigen Kanalbaustelle. In einer großen Kantine tauschten wir uns über Urin und Fäkalien aus – das heißt über eine Möglichkeit, diese auf moderne Weise zu entsorgen.

»Wir planen eine Ausweitung von Bazalgettes System«, erklärte mir Phil. »Ich glaube, auf diese Lösung wäre er selbst auch gekommen, wenn die Bevölkerung Londons während seiner Lebenszeit derart angewachsen wäre.« Das Prinzip ist einfach: Vor 150 Jahren zapfte Balzagette die alten Gräben an, heute zapft der Tideway Tunnel Bazalgettes Kanäle an. Das überlaufende Abwasser landet so nicht mehr im Fluss, sondern in einem neuen Tunnelsystem.

Die Ausmaße des Projekts sind beeindruckend: An 21 Stellen in der Stadt – auch vor der Klappe an der Vauxhall Bridge – werden bis zu 60 Meter tiefe runde Schächte gegraben, um das überschüssige Abwasser aufzunehmen. Die meisten werden neben dem Fluss liegen. Zuerst entsteht ein großer Kofferdamm – ein durch Spundwände abgedichteter Bereich, in dem gegraben werden kann. Dann wird der neue Schacht neben den vorhandenen Überlauf am Themse-Ufer gesetzt und beide durch Kammern verbunden. Das Abwasser läuft dann nicht mehr in den Fluss, sondern wird vorher abgefangen und in den neuen Schacht geleitet. Phil betonte, dass eine neue Kanalisation eine Verbesserung sein muss, die natürlich weder zu sehen noch zu riechen sein darf. Auf den Schächten sollen öffentliche Grünflächen entstehen. In ein paar Jahren wird man also auf einer Bank im Park sitzen, auf die Themse schauen und gemütlich seinen Cappuccino schlürfen, während unter einem Tonnen von Kloake aus Bazalgettes Kanälen in den neuen Schacht strömen. Am Boden des senkrechten Schachts fließt das Abwasser durch eine Leitung in den neuen Tunnel unterhalb der Themse.

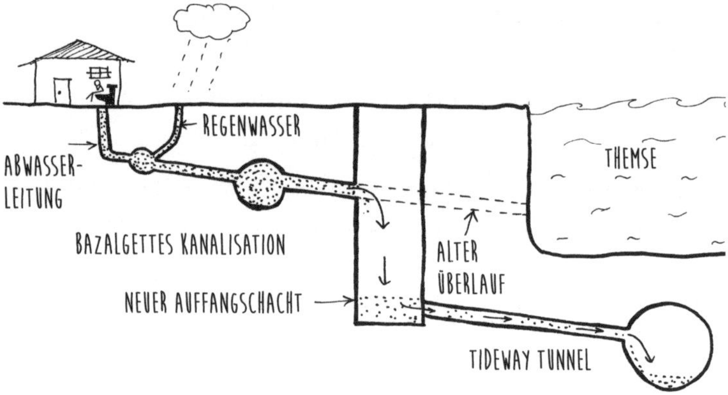

Die alte Kanalisation wird durch den geplanten Tideway Tunnel unterbrochen: So soll das Londoner Abwasser in Zukunft abgefangen werden.

Der Hauptkanal hat einen Durchmesser von 7,2 Metern – damit fänden drei Doppeldeckerbusse nebeneinander in ihm Platz. Er beginnt in Acton im Westen Londons und hat auf seinem Weg nach Osten ein Gefälle von einem Meter auf 790 Meter Länge. Beim Erreichen des Pumpwerks in Abbey Mills reicht der Tunnel so weit in die Erde wie ein 20-stöckiges Hochhaus in den Himmel. Ab Abbey Mills wird das Abwasser in das Klärwerk bei Beckton gepumpt.

Ein Großteil des neuen Tunnels im Londoner Stadtzentrum wird unter der Themse liegen – eine äußerst interessante Strategie und hervorragende Idee, denn die Einrichtung einer neuen Infrastruktur in einer belebten, dicht besiedelten Metropole ist denkbar schlecht zu bewältigen. London hat ein großes unterirdisches Tunnelsystem und Tausende Gebäude mit tiefen Fundamenten. Indem der Tunnel nun unter die Themse verlegt wird, müssen »nur« 1300 Gebäude untergraben werden. (Die Zahl mag immer noch groß erscheinen, doch bei einem unter Stadtgebiet verlegten Tunnel wären es noch viel mehr.) Der Tideway Tunnel wird auf seinem Weg durch die Stadt 75 Brücken und 43 Tunnel unterqueren, darunter die Tunnel der U-Bahn.

Eine weitere große Herausforderung sind die verschiedenen Bodenarten. Der Tunnel verläuft einmal quer durch die Stadt und gräbt sich von Westen nach Osten immer tiefer ins Erdreich so trifft er jeweils auf anderen Boden. Zu Beginn, in Acton, führt er durch Lehmboden, der sich gerne stark ausdehnt und zusammenzieht. In der Mitte der Strecke, im Zentrum von London, verläuft er durch Sand und Kies – beides sehr problematische Materialien für den Tunnelbau, da sie locker und beweglich sind. Im Osten dann, bei Tower Hamlets, geht es durch eine dicke Kalkschicht mit großen Flintbrocken. Wo sich der harte Feuerstein befindet, lässt sich kaum voraussagen. Da man nur schwer hindurchkommt, kann es zu Verzögerungen kommen, wenn die Tunnelbohrmaschinen sich mühsam durch den Untergrund kämpfen. Der Tunnel muss stabil sein, und dies besonders an den Übergängen von einem Boden zum anderen. Denn es kann sein, dass eine Bodenart viel dichter oder trockener als die benachbarte ist und deshalb ganz andere Kräfte auf die Tunnelwand einwirken, wenn diese sich ausdehnt oder zusammenzieht. An verschiedenen Stellen der Stadt werden insgesamt fünf Tunnelbohrmaschinen im Einsatz sein, die sich in verschiedene Richtungen bewegen und Kanäle graben, die zum Schluss eine Art Superkanalisation bilden.

Mit dem gigantischen Projekt soll erreicht werden, dass es statt 60 Mal im Jahr nur noch vier Mal im Jahr zu einem Überlauf kommt. So sollen nicht mehr 62 Millionen ungeklärte Abwässer in der Themse landen, sondern nur noch 2,4 Millionen Tonnen. Ich fragte Phil, warum man die Überläufe nicht ganz unterbinden könne, und er erklärte mir, die wenigen Entlastungen würden nur bei extrem starkem Regen vorgenommen. Bei Unwettern wird das Abwasser beträchtlich verdünnt, da ja Regenwasser hinzukommt, der Ausstoß in die Themse sei daher nicht bedenklich. Der Sauerstoffgehalt des Flusses würde von diesen stark verdünnten Abwässern nicht beeinträchtigt, das Ökosystem gerate nicht aus dem Gleichgewicht. Wollte man die Überläufe in die Themse ganz verhindern, müsste der Tideway Tunnel doppelt so groß sein.

Ingenieure müssen oftmals Kompromisse dieser Art schließen. Denn die ideale Lösung ist nicht immer die praktikabelste. Idealerweise hat eine Kanalisation verschiedene Rohre für Abwasser und für Regenwasser – doch um dahinzukommen, müsste man London absperren und sämtliche Straßen aufgraben, um ein neues System zu schaffen. Idealerweise würden wir überhaupt kein Abwasser in die Themse leiten, doch die hierzu erforderlichen Maßnahmen wären wahrscheinlich noch schädlicher für Natur und Umwelt. Um einen Tunnel von doppelter Größe zu bauen, müsste auch doppelt so viel Erdreich entfernt werden, mit noch größeren Maschinen, mit viel mehr Energie und über eine deutlich längere Bauzeit. Außerdem würde die Themse anschließend weniger Wasser führen, da man die natürlichen Zuflüsse unterbrechen müsste.

Der Thames Tideway Tunnel wird die Wasserqualität des Flusses gewaltig verbessern. Schwimmer und Ruderer müssen dann nicht mehr befürchten, sich durch Exkremente zu bewegen. Noch froher stimmte mich die Auskunft, dass neue Klärwerke an das System angeschlossen werden sollen. Wir setzen weiterhin auf Bazalgettes Lösung, wir fügen seiner Kanalisation sogar weitere Schächte und Tunnel hinzu, um dem Bedarf einer modernen Stadt nachzukommen. Doch wir entgiften unser Abwasser, um das Meer nicht weiter zu vergiften.

Bazalgette verfügte über die Fähigkeit und Vorstellungskraft für den Bau einer Kanalisation, die auch heute, nach 150 Jahren, noch nutzbar ist. Bleibt zu hoffen, dass die geplante Ausweitung des Systems genauso lange gute Dienste leisten wird und die Londoner auch in hundert Jahren noch dankbar für die neuen Eingeweide der Stadt sein werden.

Und jetzt reicht es dann auch mit der Kacke.

VORBILD

Wenn ich in einen Besprechungsraum komme, bin ich dort oft die einzige Frau. Manchmal zähle ich die Anwesenden sogar, dann bin ich allein unter elf oder 17 Männern. Der Rekord lag, glaube ich, bei 21 Männern. Umgeben von männlichen Kollegen ziehe ich den Termin durch und muss oft schmunzeln, wenn der eine oder andere heftig flucht und sich dann gleich entschuldigend an mich wendet. (Diese Männer haben noch nicht erlebt, was mir manchmal beim Autofahren herausrutscht.) Ich habe zahllose Briefe ins Büro bekommen, die an »Mr Agrawal« adressiert waren. Wenn man vom Vornamen nicht auf das Geschlecht schließen kann, liegt man bei der Entscheidung für die männliche Anrede zu 90 Prozent richtig. Denn leider ist es so, dass ich in meinem Beruf eine Minderheit bin.

Das Arbeiten in einer Männerwelt kann an vielen Stellen eine Herausforderung sein. Manchmal gibt es komische, manchmal schwierige Momente. Es ist nicht so einfach, sich nichts anmerken zu lassen, wenn man in einem Baustellenbüro über technische Besonderheiten referiert und dabei von Postern mit nackten Frauen umgeben ist. Ein Arbeiter fragte mich doch tatsächlich, ob ich nicht ein Bild in »Montur«, also mit Helm und Warnweste aufnehmen wolle. Ich weiß von anderen in der Baubranche tätigen Frauen, dass sie bei Vorstellungsgesprächen gefragt wurden, wann sie denn heiraten und Kinder kriegen wollten. Zum Glück kommen solche Situationen nur gelegentlich vor. Ich liebe meinen Beruf und bin der Überzeugung, dass Frauen mit ein wenig Hartnäckigkeit und

Durchhaltevermögen auch in meiner Branche erfolgreich sein können. Das Minderheitendasein kann sogar von Vorteil sein – die Leute erinnern sich an mich, weil ich in Kleid und Pumps über Beton und Kräne spreche, wohlgemerkt mit allem nötigen Fachwissen. Meine Sonderrolle gibt mir Gelegenheit, mich öffentlich für das Ingenieurwesen einzusetzen – wie auch für Mode und Make-up.

Ich bewundere viele Ingenieure und habe ja einige Namen in diesem Buch genannt – ein besonderes Vorbild aber ist mir Emily Warren Roebling. Sie begriff technische Konzepte mindestens genauso gut wie männliche Ingenieure, die aus Universitäten kamen, an denen keine Frauen zugelassen wurden. Alles, was sie über das Bauen wissen musste, brachte sie sich selbst bei. Mit ihrer herausragenden Kommunikationsfähigkeit erntete sie sowohl den Respekt der Arbeiter auf der Baustelle als auch die Anerkennung hochstehender Politiker. Unter ihrem wachsamen Auge wurden bahnbrechende ingenieurtechnische Innovationen vorangebracht.

Als weibliche Minderheit in der Baubranche tätig zu sein, das hat selbst im 21. Jahrhundert seine Tücken – Emily aber bewältigte diese Herausforderung in einer Zeit, da man die Gehirne von Frauen als ungeeignet für die mathematischen und technischen Zusammenhänge erachtete, die sie mit Leichtigkeit erfasste. Ihr wichtigstes Projekt, die Brooklyn Bridge, bleibt ein bedeutendes Wahrzeichen New Yorks.

Schon seit frühester Kindheit war klar, dass Emily extrem intelligent war und ein reges Interesse an Naturwissenschaften hatte. Trotz eines Altersunterschieds von 14 Jahren hatte sie eine sehr enge Beziehung zu ihrem Bruder, dem Gouverneur Kemble Warren. Warren ging mit 16 an die Militärakademie West Point und trat dann dem Pionierkorps bei, für das er Eisenbahnverläufe plante und Gebiete westlich von Mississippi kartografierte. Anschließend kämpfte er im Amerikanischen Bürgerkrieg, in dem er sich mehrfach auszeichnete (am Eingang zum Prospect Park in Brooklyn wurde ihm zu Ehren eine Statue errichtet). Warren war Emilys Held. Als der

Mein Vorbild in allen Ingenieurdingen: Emily Warren Roebling.

Vater starb, übernahm er die Verantwortung für die Familie und förderte Emilys naturwissenschaftliche Neigungen. Am Georgetown Visitation Convent, einer höheren Mädchenschule, ging sie ihrem begeisterten Interesse für Physik, Geschichte und Geografie nach – und wurde außerdem eine perfekte Reiterin. Als sie ihren Bruder während des Bürgerkriegs in seinem weit entfernten Feldlager besuchte, lernte sie dort Warrens Freund und Kameraden Washington Roebling kennen. Entgegen ihrer sonst eher nüchternen und vernünftigen Art verliebte sie sich auf der Stelle. Sechs Wochen später schenkte er ihr einen Diamantring.

Solange der Krieg dauerte, schickte Emily lange, liebevolle Briefe, in denen sie ihm über ihren Alltag berichtete. Washington vernichtete die Briefe kurz nach dem Lesen, da sie ihm die Trennung noch schmerzvoller machten. Emily aber bewahrte alles auf, was er ihr schrieb, und hatte in weniger als einem Jahr gut einhundert Briefe zusammen, in denen er seine Gedanken, Ängste und Gefühle äußerte. Noch während er im Krieg kämpfte, besuchte sie seine Familie, die Emily gleich zugetan war. Nach elf Monaten des Briefeschreibens wurden Emily und Washington Roebling am 18. Januar 1865 getraut, und Emily fand einen bruchlosen und würdevollen Übergang in die Rolle der typischen viktorianischen Hausfrau: Sie kümmerte sich um Haushalt und Familie und blieb im Schatten ihres Ehemanns.

Washingtons Vater, der in Deutschland geborene John Augustus Roebling, war ein erfolgreicher Ingenieur, und Washington nahm sich vor, in seine Fußstapfen zu treten. 1867 schickte Washingtons Vater ihn auf eine Studienreise nach Europa, wo er verschiedene Bauverfahren kennenlernen sollte. Eines dieser Verfahren hatte man sich bei den Römern abgeschaut.

Die relativ leichten und kleinen Bauwerke, welche die Römer in der Anfangszeit ihres Imperiums bauten, benötigten keine besonderen Fundamente. Der Untergrund konnte die Gebäude tragen. Doch je besser sie die Ingenieurtechnik beherrschten, desto größer und schwerer wurden die Bauwerke, und die Römer begriffen, dass Fundamente ein wesentlicher Teil der Planung sein mussten, wenn die Gebäude standfest sein sollten. An Land war der Bau eines Fundaments recht einfach: Man hub den weichen Boden aus und legte Steine oder Beton auf die härteren, tiefen Erdschichten. In einem Fluss war das natürlich kaum zu machen. Doch einfallsreich, wie sie waren, fanden die Römer auch hier eine Lösung.

Zum Teil stützten sie ihre Gebäude nämlich durch in den Grund gerammte Pfähle. Dabei halfen Pfahlrammen: etwa zwei Stockwerke hohe Maschinen aus pyramidenförmig zusammengefügten Balken. Mit einem Seilzug ließ sich ein schwerer Steinblock an die Spitze befördern. Ein Holzpfahl wurde so tief wie möglich in den Boden gedrückt, dann kam die Maschine zum Einsatz: Das Halteseil an dem Steinblock wurde gelöst, der sauste auf den Pfahlkopf hinab und trieb ihn noch tiefer ins Erdreich. Dies wurde wiederholt, bis der Holzpfahl komplett versunken war.

Um ein Fundament im Wasser zu errichten, setzten die Römer mithilfe ihrer Rammen Pfähle ins Flussbett, die sie ringförmig um den Standort des geplanten Fundaments anordneten. Sie schufen zwei konzentrische Ringe aus Pfählen und dichteten den Zwischenraum mit Lehm ab. Dann wurde das Wasser aus dem Zylinder entfernt und man hatte einen von oben zugänglichen trockenen Bereich, in dem man arbeiten konnte. Man nennt diese Barriere Kofferdamm oder Fangedamm. Das Verfahren kommt auch heute noch zum Einsatz (zum Beispiel, wie im vorigen Kapitel berichtet, für den Thames Tideway Tunnel), wobei inzwischen stählerne Spundbohlen mit einem ineinandergreifenden Profil eingeschlagen werden.

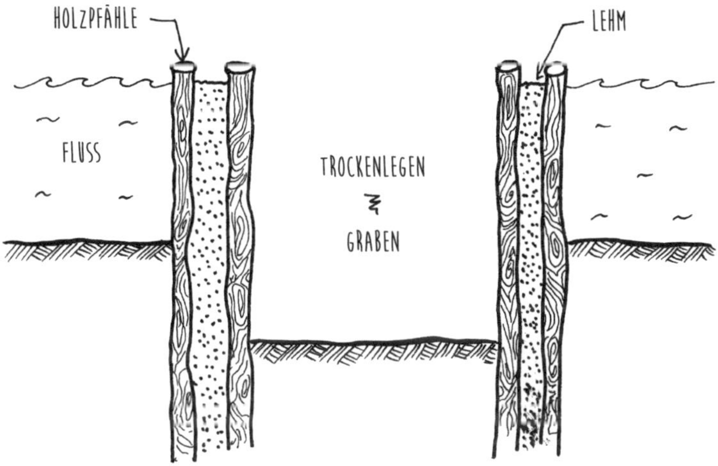

Der Bau eines Flussfundaments mit römischer Technik.

Innerhalb des Kofferdamms konnte nun der Schlamm ausgegraben werden, bis man auf harten Untergrund stieß oder unterhalb der Bohlen Wasser eindrang. Auf dem festen Untergrund wurde ein Pfeiler aus Stein oder Beton errichtet. (Mit ihrem speziellen Puzzolan-Zement konnten die Römer auch auf feuchtem oder schlammigem Untergrund festen Beton herstellen.) Wenn der Pfeiler stand, wurde er unten durch Felsbrocken stabilisiert, dann wurde der Schlamm wieder aufgefüllt. Das Fundament des Pfeilers war schließlich im Flussbett vergraben. Die Pfähle wurden entfernt und Wasser strömte ein. Der Pfeiler wurde anschließend noch so weit hochgemauert, wie es zur Abstützung des Brückenkörpers notwendig war.

Mit einem römischen Kofferdamm kam man nur dort weiter, wo das Wasser nicht zu tief war. Washington Roebling aber wollte wissen, wie man Fundamente in größerer Tiefe bauen könnte. Pfähle einzurammen, kam nicht infrage, da diese viel zu lang sein müssten und dem Druck des Wassers nicht standhalten würden. Er dachte deshalb an Senkkästen.

Ein Senkkasten oder Caisson ist eine Kammer, die oben wasserdicht abgeschlossen ist und unten in den Meeresgrund oder das Flussbett reicht. (Etwa so, als stelle man ein Glas umgekehrt in ein Aquarium: Der Glasrand drückt sich in den Kies und es gelangt kein Wasser hinein.) Über einen Schacht gelangen die Arbeiter in die Kammer, über einen anderen wird Material entsorgt und herangebracht. Wenn in sehr großer Tiefe gearbeitet werden soll, ergibt sich jedoch ein Problem: Je tiefer man den Caisson absenkt, desto größer wird der Wasserdruck, der gegen die Wände des Kastens drückt.

Um diesem Druck entgegenzuwirken, kann man im Caisson Überdruck erzeugen, indem Druckluft in die Kammer eingeführt wird. Die Druckluft verhindert das Eindringen von Wasser und gleicht den von außen kommenden Wasserdruck aus. Die Arbeiter betreten und verlassen die Kammer über eine Druckschleuse. Erstmals eingesetzt wurde diese revolutionäre Technik zum Bau von

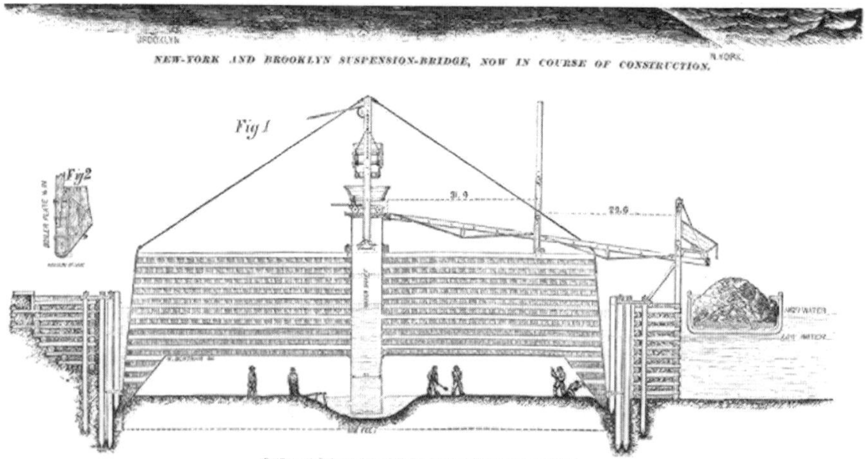

Der riesige Caisson, der beim Bau der Brooklyn Bridge zum Einsatz kam.

Brückenfundamenten Mitte des 19. Jahrhunderts. Washington Roebling faszinierte das Caisson-Verfahren. Er dachte sogar daran, in der Kammer mit Sprengstoff zu arbeiten – das hatte vor ihm verständlicherweise noch niemand probiert.

Emily assistierte ihrem Mann bei seinen Nachforschungen, sie brachte alles über Caissons in Erfahrung und konnte sich dank der wissenschaftlichen Denkweise, die sie am Georgetown Visitation Convent gelernt hatte, mit dem Brückenbau vertraut machen. Keiner der beiden ahnte, dass die gefährliche Arbeit in den Druckkammern zu einer katastrophalen Wende in ihrem Leben führen würde, aus der Emily und ihr Mann als andere Menschen hervorgingen.

Bis ins 19. Jahrhundert hinein gab es keine Brücke zwischen Brooklyn und der Insel Manhattan. Zwar fuhren Fähren über den East River, doch setzten diese im Winter öfter mal aus, wenn der Fluss zufror. Die Regierung sah sich gedrängt, etwas gegen diese ungünstige Situation zu unternehmen, und beauftragte daher die New York Bridge Company mit einem Brückenbau über den East River. 1865 erhielt John Augustus Roebling die Aufgabe, erste Entwürfe samt Kostenschätzung anzufertigen. Die Gelder sollten von der City of New York und der City of Brooklyn (damals zwei getrennte Städte) und von privaten Investoren kommen. Zwei Jahre später war John Roebling als Bauleiter für das gesamte Projekt zuständig.

Das Mittelstück der von ihm geplanten Brooklyn Bridge hatte die Form einer Hängebrücke und ähnelte damit ein wenig unserer Schrägseilbrücke für die Northumbria University. Bei beiden kommen hohe Pylonen zum Einsatz, an denen Kabel befestigt sind. Bei beiden halten die gespannten Kabel die Fahrbahn bzw. den Gehweg. Doch unterscheiden sich die Brücken dadurch, wie die Druckspannung in den Boden abgeleitet wird.

Der Kräfteweg in einer Schrägseilbrücke ist direkt. Der Fahrbahnträger zieht an den Kabeln, diese sind direkt mit den Pylonen verbunden und drücken sie nach unten. Bei einer Hängebrücke aber zieht der Fahrbahnträger an senkrechten Hängern, die wiederum an zwei Hauptkabeln ziehen. Diese zwischen die Pylonen gespannten Hauptkabel hängen parabelförmig durch und sind an den Brückenenden im Baugrund verankert. Das durchhängende Tragseil drückt die Pylonen nach unten, die Zugspannung wird über die Verankerung in den Boden abgeleitet. Eine Schrägseilbrücke ist eigentlich eine unechte Hängebrücke und hat keine parabelförmigen Hauptkabel.

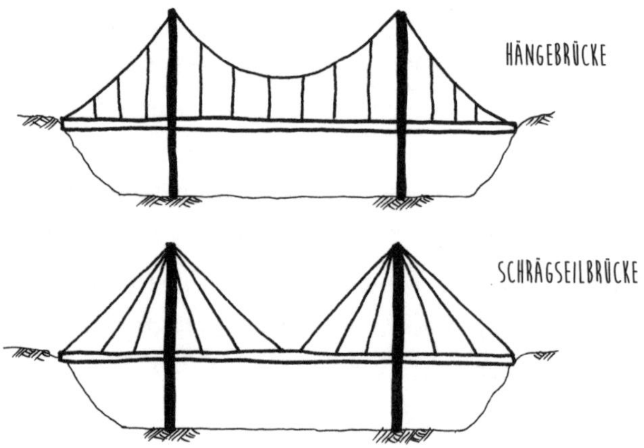

Die echte Hängebrücke im Vergleich zur Schrägseilbrücke.

Die Arbeiten an der Brooklyn Bridge begannen 1869 – und gleich kam es zur Katastrophe. Ein Unfall auf der Baustelle brachte John Roebling eine Tetanusinfektion ein, an der er wenige Wochen später starb, ohne dass auch nur ein Stein seines spektakulären Bauwerks gesetzt worden wäre.

Als Nachfolger seines Vaters übernahm Washington Roebling die Bauleitung. Zum Absenken der Brückenpfeiler verwendete er das Caisson-Verfahren, das ihn bei seinem Besuch in Europa so beeindruckt hatte. Die Senkkästen für die Brooklyn Bridge aber waren größer als alle vorher, außerdem ging es noch tiefer hinab. Die 50 mal 30 Meter großen Kammern wurden mit schweren Gewichten in den Fluss abgelassen – eine am New Yorker Ufer und eine am Brooklyner Ufer.

In der Theorie erschien dies als eine kluge ingenieurtechnische Entscheidung, doch bald holte die Ingenieure die Realität ein. Im ersten Monat kam man so langsam voran, dass die Verantwortlichen sich fragten, ob man nicht lieber abbrechen und es mit einer anderen Methode versuchen solle. Aus Dampfmaschinen stieg schwarzer Rauch auf, überall lagen Teerfässer, Werkzeuge, Stein- und Sandhaufen. Und die Arbeiter berichteten, wie es ihnen in den Caissons erging.

In dem engen Raum war es unglaublich laut, man sah kaum etwas, der Druck belastete den Kreislauf und dämpfte die Stimmen. Alles war mit einer Schlammschicht überzogen, die Luft war warm und feucht. Da der Untergrund immer mehr Probleme bereitete – ständig stieß man auf Felsen, vor denen der Senkkasten feststeckte –, begann Roebling mit Sprengstoff zu experimentieren. Er sorgte sich um die Auswirkungen seiner Pläne auf die Arbeiter, etwa den Zustand der Atemluft – nicht ahnend, dass schon bald seine eigene Gesundheit geschädigt würde.

In den folgenden Monaten verbrachte er Stunden tief unterhalb der Wasseroberfläche und litt anschließend an Erschöpfung, Lähmungserscheinungen und Schmerzen in Gelenken und Muskeln. Dabei war sogar ein Arzt auf der Baustelle am Brooklyner Ufer (wo der Senkkasten noch tiefer lag als auf der New Yorker Seite) und überwachte den Zustand der Arbeiter. Da niemand von den Gesundheitsrisiken wusste, welche die Arbeiter eingingen, ignorierte Washington seine Beschwerden und machte einfach weiter. Der Schmerz verging, das Taubheitsgefühl in Armen und Beinen jedoch nicht. Washington litt an der Caissonkrankheit, bei der Stickstoff ins Blut gerät und akute Schmerzen, Lähmungen oder auch der Tod eintreten. Heute wissen wir, wie gefährlich eine zu schnelle Druckentlastung ist – Taucher etwa bewegen sich in streng kontrollierten Abständen an die Wasseroberfläche, damit das Gas entweichen kann. 1870 aber waren Senkkästen eine relativ neue Erfindung. Man wusste zwar, dass das Arbeiten in großen Wassertiefen gefährlich war – die genauen Auswirkungen oder Maßnahmen zur Vermeidung der Caissonkrankheit kannte man jedoch nicht.

Washington hatte permanent Magen-, Gelenk- und Gliederschmerzen und litt unter schweren Depressionen. Er wurde von Kopfschmerzattacken geplagt, verlor langsam das Augenlicht und geriet beim leisesten Geräusch in Aufruhr. Doch nach dem Tod seines Vaters war er der Einzige, der den Brückenbau fortführen konnte. Durch seine Krankheit war es Washington unmöglich, sich noch aktiv an dem Projekt zu beteiligen. Schon alltägliche Dinge wurden ihm zur Qual. Die Depressionen setzten ihm so sehr zu, dass er mit niemandem reden wollte außer mit Emily. Es sah ganz danach aus, als würde das Engagement der Roeblings nun ins Leere führen, die lange Planungsphase und auch die persönlichen Opfer waren offenbar umsonst. Emily aber hatte viel Zeit mit ihrem Mann und ihrem Schwiegervater verbracht und die beiden über den Brückenentwurf und die Ausführung reden hören. Bei manchen technischen Fragen hatte sie sogar selbst nachgeforscht. Sie begann, sich also einzuarbeiten. Doch war das ein Riesenschritt. Der Gedanke, dass eine Frau an einem Bauprojekt beteiligt sein könnte, es gar überwachen könnte, war beispiellos. Abgesehen von dem Misstrauen und den Zweifeln, die ihr von den Arbeitern bis zu den Geldgebern entgegenschlagen würden – hätte sie das Selbstvertrauen und die Entschlusskraft, um als Vermittlerin zwischen ihrem Mann und der Brückenbaustelle aufzutreten oder sogar die Bauleitung zu übernehmen?

Emily verfügte über technisches Grundwissen, jedoch nicht über Fachwissen im Brückenbau. Dennoch begann sie, die Anmerkungen ihres Mannes sorgfältig zu notieren. Sie befürchtete, dass er die Fertigstellung der Brücke nicht erleben könnte. Sie regelte auch den Schriftverkehr ihres Mannes und schrieb an die Baugesellschaft. Mit unglaublicher Zielstrebigkeit brachte sie sich komplexe Mathematik und Werkstofftechnik bei und machte sich über Stahlstärken und Kabelkräfte schlau. Sie zeichnete Seilkurven und gewann einen genauen Einblick in die technischen Details der Brücke. Emily wollte das Vermächtnis ihrer Familie unbedingt verwirklicht sehen.

Sie merkte bald, dass Wissen allein nicht ausreichte, um das Projekt erfolgreich zu leiten. Sie musste mit den Arbeitern vor Ort und den mächtigen Gesellschaftern in Kontakt treten. Also ging sie jeden Tag zu den Männern auf die Baustelle, gab Anweisungen und beantwortete Fragen. Sie überwachte den Baufortschritt und überbrachte Nachrichten zwischen Washington und den anderen Ingenieuren.

Je vertrauter Emily mit dem Projekt war, desto weniger war sie von ihrem Mann abhängig. Sie ließ sich in ihren Entscheidungen von ihrem Instinkt leiten, und durch ihre wachsende Kompetenz konnte sie Probleme erkennen, bevor diese die Arbeiten behinderten. Emily sorgte dafür, dass alles sorgfältig dokumentiert wurde, und vertrat ihren Mann bei Besprechungen und offiziellen Terminen. Als Gesellschafter, Arbeiter und Auftragnehmer ihren Mann aufsuchten, fing sie die Männer ab und gab kenntnisreich und selbstbewusst Auskunft. Die meisten von ihnen waren damit zufrieden, und es kam nun öfter vor, dass Briefe direkt an sie adressiert waren. Emily wurde als Autorität anerkannt.

Und doch handelte sie die ganze Zeit in Washingtons Namen. Auch wenn Gerüchte kursierten, sie sei die eigentliche Projektleiterin und tragende Kraft hinter dem Brückenbau. Zeitungen machten verdeckte Anspielungen, der *New York Star* etwa ließ anklingen, es gäbe »eine kluge Frau, deren Stil und Handschrift in den Büros der Brooklyn Bridge gut bekannt sind«. Während der gesamten Bauphase hielten die Roeblings ihr Privatleben unter Verschluss: Zeitschriften und Zeitungen bekamen keine Interviews.

Trotz Emilys klugen Managements tauchten gleich mehrere Schwierigkeiten auf. Die Kosten stiegen. 20 Arbeiter starben bei Unfällen und an der Caissonkrankheit. Und dann gab es da noch den »Fall Miller«: Der Warenhausbesitzer Abraham Miller verklagte die beiden Städte, die den Brückenbau verantworteten, und verlangte den Abbruch der Arbeiten. Er behauptete, so würde der Handel nach Philadelphia verlegt, außerdem zweifelte er die Finanzierungssicherheit an und präsentierte verschiedene Kapitäne, Schiffsbauer und Ingenieure, die alle eidesstattlich versichern würden, dass die für die Brücke vorgesehenen Stahlkabel instabil seien. Nur das entschiedene Vorgehen von Senator Henry Murphy, einem langjährigen Unterstützer von Washingtons Vater, führte schließlich dazu, dass der Rechtsstreit beigelegt wurde. Sogar die Roeblings selbst wurden angeklagt – es hieß, sie hätten fragwürdige Vereinbarungen mit Stahlfabrikanten getroffen und Bestechungsgeld angenommen –, am Ende aber freigesprochen. Dann wechselte auch noch das Brückenbau-Kuratorium und es gab politische Streitereien zwischen neuen und alten Mitgliedern. 1879 kam es zu einem katastrophalen Rückschlag für die Ingenieurtechnik insgesamt: Die Tay Bridge in Schottland – damals eine der größten und berühmtesten Eisenbahnbrücken der Welt – fiel bei einem Sturm in sich zusammen und riss 75 Menschen in den Tod. Eine Überschrift im *New York Herald* fragte daraufhin: »Wird sich die Katastrophe vom Tay zwischen Brooklyn und New York wiederholen?«

Obwohl Emily ihren Mann so kenntnisreich vertrat, wollte der Bürgermeister Brooklyns Washington Roebling die Bauleitung aufgrund seines gesundheitlichen Zustands entziehen. 1882 stellte er beim Brückenbau-Kuratorium einen entsprechenden Antrag und verlangte eine Abstimmung. Nach langwierigen Auseinandersetzungen und politischem Gerangel samt großem Presseecho versammelte man sich schließlich zur Debatte mit anschließender Stimmabgabe.

Mit nur drei Stimmen Mehrheit wurde beschlossen, Washington Roebling das Projekt zu Ende führen zu lassen. Beinahe ein halbes Leben später fragte man Roebling, welche Rolle Emily beim Bau der Brücke gespielt habe, und er antwortete, sie habe sich vor allem mit ihrem »besonderen Talent als Schlichterin« hervorgetan und zwischen den streitbaren Persönlichkeiten vermittelt. Ich stelle mir Emily als geschliffene Verhandlerin vor, die sich alle Standpunkte geduldig anhört, taktvoll Einwände vorbringt und in einer aufgeladenen politischen Atmosphäre die Wogen glättet. Es ist maßgeblich Emily zu verdanken, dass das Familienprojekt fortgeführt wurde.

Bevor man die Brücke für die Öffentlichkeit freigab, musste noch getestet werden, welche Auswirkung ein trabendes Pferd auf die

Konstruktion haben würde. Denn schon damals wusste man von den Tücken des Resonanzphänomens – ein durch die Bewegungen der Benutzer verursachtes Schwingen der Brücke. Die Erbauer mussten gewährleisten, dass die Brücke für alle denkbaren Transportmittel sicher war. Emily fuhr also als erste Person in einer Kutsche über die Brücke – und hielt dabei als Siegessymbol einen lebenden Hahn im Arm.

Wenige Wochen später, genauer am 24. Mai 1883, hatte sie die Ehre, im Gefolge von Präsident Chester Arthur an der offiziellen Eröffnung der Brooklyn Bridge teilzunehmen, während ihr Mann in seinem Zimmer blieb und das Geschehen nicht ohne Stolz mit einem Fernglas verfolgte. Der Tag der Brückeneinweihung wurde zum »People's Day«, einem offiziellen Feiertag in Brooklyn. 50 000 Menschen strömten auf die Straßen und hofften, einen Blick auf ihren Präsidenten und ihre neue Brücke zu erhaschen. In zahlreichen Ansprachen pries man das Bauwerk als »Wunder der Technik« und »beeindruckendes Zeugnis von der Macht des Menschen, das Antlitz der Natur zu verändern«. Dabei waren hier vor allem die Fähigkeiten einer einzelnen Frau im Spiel gewesen. Abram Hewitt, einer von Washington Roeblings Konkurrenten, stellte während der Eröffnungsfeier klar: »Der Name Emily Warren Roebling … wird auf immer mit allem Bewundernswerten in der menschlichen Natur und mit allem Wunderbaren in der Welt der Baukunst in Verbindung stehen.« Die Brücke nannte Hewitt »ein bleibendes Denkmal für die selbstlose Hingabe einer Frau und ihre Befähigung für höhere Aufgaben, von denen sie viel zu lange ausgeschlossen wurde«.

Heute ist an einem der Brückentürme eine Bronzetafel zu Ehren von Emily, ihrem Mann und ihrem Schwiegervater angebracht. Auf der vom Brooklyn Engineers' Club gestifteten Gedenktafel steht:

Rechts:
Die offizielle Eröffnungsfeier für die Brooklyn Bridge.

Unten:
Gedenktafel für die Familie Roebling an der Brooklyn Bridge.

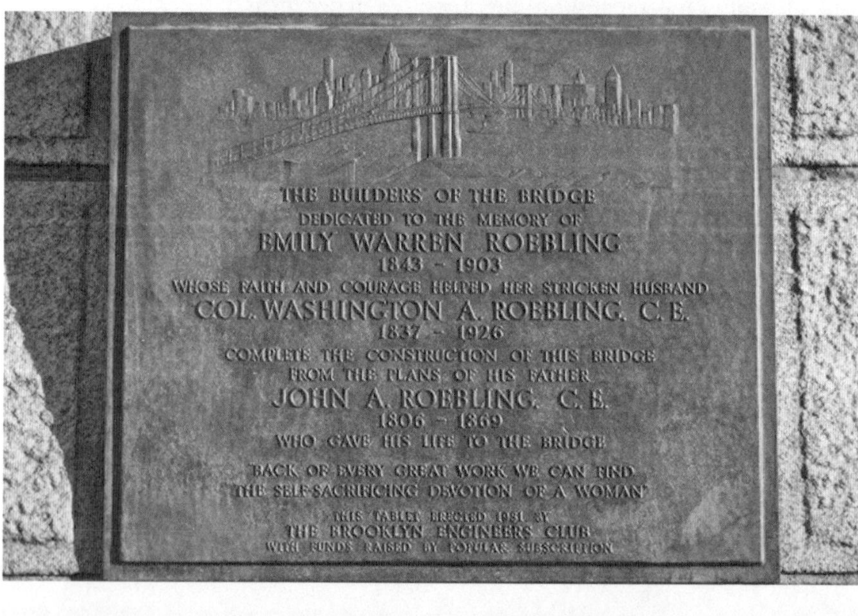

DEN ERBAUERN DIESER BRÜCKE
GEWIDMET DEM GEDENKEN AN

EMILY WARREN ROEBLING
1843–1903

IHR MUT UND IHRE ÜBERZEUGUNG HALFEN
IHREM KRANKEN MANN
COLONEL WASHINGTON A. ROEBLING, ING.
1837–1926
DEN BAU DIESER BRÜCKE ZU VOLLENDEN.

DABEI FOLGTE ER DEN PLÄNEN SEINES VATERS
JOHN A. ROEBLING, ING.
1806–1869
DER SEIN LEBEN FÜR DIE BRÜCKE OPFERTE

»HINTER JEDER GROSSEN LEISTUNG
STEHT DIE SELBSTLOSE HINGABE EINER FRAU«

Emily Warren Roebling hatte eine außerordentliche technische Begabung. Sie wurde von allen Beteiligten (ganz gleich in welcher Position) geschätzt und man brachte ihr großen Respekt entgegen. Emily konnte die gesellschaftlichen Kreise durchwandern und mit Politikern, Ingenieuren und Arbeitern gleichermaßen kommunizieren, man achtete ihre Meinung, befolgte ihre Anweisungen – schon das allein war in Zeiten, da Frauen auf einer Baustelle eigentlich undenkbar waren, ein Beweis für ihre herausragenden Fähigkeiten.

Als junge Ingenieurin, die ungefähr so alt ist wie Emily, als sie in den Brückenbau einstieg, weiß ich nur zu gut um die Herausforderungen und Zwänge, die sich bei der Verwirklichung eines architektonisch herausragenden Bauwerks in einer Weltstadt ergeben. Ich aber stellte mich diesen Herausforderungen erst nach jahrelanger Ausbildung, als diplomierte Bauingenieurin mit Erfahrung und Unterstützung. Emily aber hatte keine offizielle technische Ausbildung. Tragische Umstände zwangen sie in eine vollkommen unerwartete Situation, doch sie wuchs über sich hinaus. Die Brooklyn Bridge war schließlich nicht irgendeine Brücke – mit einer Spanne von 486 Metern war sie mit Abstand die längste Brücke ihrer Zeit. Für ihre Errichtung verwendete man erstmals Stahlkabel als Hängeseile, und zum ersten Mal kamen gewaltige Senkkästen zum Einsatz, in denen auch noch gesprengt wurde. Die Brücke war eine bahnbrechende Leistung, die bis heute Bestand hat.

Während meiner Nachforschungen stellte ich erstaunt fest, wie verschieden Emilys Beitrag zur Brooklyn Bridge bewertet wird. Mancherorts wird sie als eigentliche treibende Kraft hinter dem Projekt hervorgehoben. In anderen Quellen wird sie gar nicht erst erwähnt. Doch verglichen mit anderen Frauen, die sich damals ebenfalls öffentlich engagierten, hat ihre Arbeit doch Aufmerksamkeit geweckt. Es freut mich, dass Emilys Name durch die Gedenktafel im Gedächtnis der Leute bleibt. Für mich ist sie ein großes Vorbild, denn sie hat trotz der gewaltigen Aufgabe, mit der sie sich auf einmal konfrontiert sah, eine für damalige Maßstäbe hochmoderne Brücke abgeliefert. Dazu setzte sie alle Fähigkeiten ein, die ein Ingenieur braucht – technisches Können, Kommunikationsfähigkeit, Überzeugungskraft und Beharrlichkeit –, und das zu einer Zeit, da Frauen vor allem zurückhaltend und nachgiebig sein sollten.

BRÜCKE

»*Flirtman* hat wieder angerufen. Bin ihn in sagenhaften drei Minuten und 23 Sekunden losgeworden.«

Auf einer Party war mir ein Mann vorgestellt worden, der gleich so aufdringlich flirtete und klug drauflosplapperte. Wie einer, der sich unheimlich weltmännisch vorkommt. Ich konnte mich irgendwann loseisen und vermied es, ihm im Laufe des Abends noch einmal über den Weg zu laufen. Doch ich war nicht vorsichtig genug: Irgendwie kam es noch dazu, dass wir unsere Telefonnummern austauschten.

In den Wochen danach rief er mich mehrmals an. Beim ersten Mal hatte ich gerade meine Mutter zu Besuch aus Indien da, also konnte ich ihn höflich abwimmeln: »Tut mir schrecklich leid, aber meine Mutter ist gerade da. Hab keine Zeit.« Beim zweiten Mal wurde ich ihn in Rekordzeit los, wie ich einer Freundin mit oben stehendem Kommentar stolz mitteilte.

Aber Flirtman (so nannten wir beide ihn schließlich) gab nicht auf. Er rief noch mehrmals an und die Gespräche dauerten irgendwann doch länger als drei Minuten. Und am Ende verabredeten wir uns. Bei diesem Treffen entdeckte ich eine unerwartete Seite an meinem treuen Anrufer: Er war ein totaler Freak. Wir unterhielten uns über Physik, Programmiersprachen, Architektur und Geschichte, und ich erfuhr, dass er stundenlang in der Wikipedia las und sein Gehirn unheimliche Speichervorräte für interessante, aber im Grunde nutzlose Fakten besaß. Ich verbarg dieses leise Kribbeln, als wir uns nach dem Essen verabschiedeten.

Ich weiß nicht, wie, aber irgendwie hatte dieser irre Kerl spitzgekriegt, dass auch in mir ein kleiner Nerd steckt. Daher ersann er eine schlaue Strategie, um meine Aufmerksamkeit zu gewinnen. Am Morgen nach unserer ersten Verabredung öffnete ich mein Mailkonto und entdeckte eine Nachricht mit dem Betreff: »Brücke des Tages Nr. 1«.

»Warum man immer einen Schwingungstest machen sollte«, las ich als Überschrift zu einem Bild der Tacoma Narrows Bridge in Washington, die 1940 bei einem relativ leichten Sturm eingestürzt war. Und ab da war es jeden Morgen so, dass ich mich verschlafen einloggte und ein Grinsen über mein mürrisches Gesicht huschte, weil ich wieder eine »Brücke des Tages« vor mir hatte. Eine Woche lang schickte er mir einen neu entdeckten Wikipedia-Link plus Brückenfoto. Eine Brücke hatte eine lustige Geschichte, die andere ein besonderes Design, bei einer kam es zum prominenten Einsturz, und die letzte sah einfach sehr schön aus. War ich so einfach zu durchschauen? So leicht sollte man mich doch nicht rumkriegen …

Ich fand den Absender der Brückenbotschaften immer noch etwas anstrengend, aber die Geschichten gefielen mir, und ich lernte Bauwerke kennen, von denen ich noch nie gehört hatte. Ich musste zugeben, dass er mich da auf dem richtigen Kanal anquatschte. So ein Brückenblumenstrauß ist schon was Besonderes. Flirtman zu Ehren präsentiere ich also auf den folgenden Seiten meine fünf Brücken des Tages. Dazu habe ich meine Lieblingsbeispiele aus aller Welt zusammengetragen. Alle sind ungewöhnliche und eher unbekannte Bauwerke. Dabei besteht jede Brücke aus einem anderen Material, von Seide bis Stahl. Ich habe Beispiele aus verschiedenen Epochen ausgesucht, die zeigen, welche Verfahren den Ingenieuren jeweils zur Verfügung standen. Eine der Brücken bewegt sich planmäßig, eine andere wackelt unbeabsichtigt. Wieder eine andere wurde von einem König des Altertums errichtet. Jede hat eine technische Besonderheit, und alle zusammen bieten so einen Einblick in die vielen verschiedenen Möglichkeiten, die sich die Menschen im Laufe der Jahrhunderte zur Überquerung von Tälern und Flüssen ausgedacht haben.

In einem bekannten Kinderreim heißt es: *London Bridge is falling down …*

Die alte London Bridge habe ich natürlich nicht zu Gesicht bekommen, sie wurde schon 1831 abgebrochen. Auch wegen ihrer turbulenten Geschichte hat sie für mich etwas Geheimnisvolles. Sie ist ein legendäres Bauwerk, das dank der Hingabe und Beharrlichkeit einer einzelnen Person entstanden ist und die Themse mehr als 600 Jahre überspannte. Jahrhundertelang erwies sie den Londonern treue Dienste, doch am Ende scheiterte sie. Sie war zwar extrem langlebig, aber die Konstruktion war von Anfang an mangelhaft.

Die Römer waren fleißige und gute Brückenbauer. Doch nachdem das Westreich im 4. und 5. Jahrhundert untergegangen war, gab es bis in die Zeit nach 1100 nur sehr wenige neue Brücken. Irgendwann schaltete sich die Kirche ein und ließ zahlreiche Brücken errichten. Viele von ihnen hatten eine Kapelle, in der man für einen sicheren Überweg beten oder für den Erhalt des Bauwerks spenden konnte. Der Legende nach soll der heilige Bénézet (der sich durch eine Vision angehalten sah, die berühmte Brücke von Avignon zu bauen) die *Fratres pontifices* (»Brückenbrüder«) ins Leben gerufen haben, die für Reisende und Wallfahrer Übergänge schufen.

Durch diese Entwicklungen angespornt, beschloss Peter de Colechurch, der Rektor einer kleinen Londoner Kirche, Gelder für den Bau einer Themsebrücke zu sammeln. Ab 1176 bat er bei allen Leuten, vom König bis zum Bauern, um Spenden, damit London seine erste Steinbrücke erhielt. Der hölzerne Vorgängerbau war mehrmals Stürmen, Feuern, Militärstrategien oder auch der Verwahrlosung zum Opfer gefallen. Die Konstruktion war eine echte Herausforderung, denn nie zuvor hatte es jemand gewagt, Steinfundamente in einen Gezeitenfluss zu setzen. Die Themse ist nicht so leicht zu überbauen: Sie hebt und senkt sich um beinahe fünf Meter, hat einen extrem schlammigen Grund und fließt sehr schnell. Das Errichten von Fundamenten und Pfeilern ist unter diesen Bedingungen furchtbar schwierig. Schon allein der Transport des Materials zur Baustelle versprach, ein Kampf zu werden, da man es über kaputte Kopfsteinpflasterstraßen zotteln musste. Doch Peter war entschlossen, sich der Mammutaufgabe zu stellen.

Die Menschen in London müssen sprachlos zugesehen haben, wie diese Steinbrücke Gestalt annahm. Zuerst kamen die ohrenbetäubenden Schläge der auf Kähnen montierten Pfahlrammen: Diese ließen schwere Gewichte fallen, um Holzstämme in das Flussbett zu treiben. Anschließend wurden zwischen den Pfählen künstliche Inseln angehäuft, indem man verschieden große Steine und Felsen aufschichtete. Die wuchtigen Wellenbrecher von fünf bis acht Meter Breite und die auf ihnen errichteten Pfeiler waren unregelmäßig geformt. Die Bevölkerung sah gebannt zu, wie Zimmerleute oben abgerundete Holzgestelle an den Pfeilern befestigten. Das waren die Lehrbögen, die mit mühsam auf Booten herbeigeschafften Steinen übermauert wurden. Bis einer der spitzen Brückenbögen fertig war, verging ein Jahr. 1209 dann, 33 Jahre nach Baubeginn, war die 280 Meter lange und 8 Meter breite Brücke vollendet – Peter de Colechurch erlebte die Fertigstellung jedoch nicht mehr. Er starb, nachdem er sich dem Bauwerk 29 Jahre verschrieben hatte, und wurde in der Krypta der Brückenkapelle begraben.

Die fertige Brücke wirkte ziemlich grobschlächtig. Sie hatte 19 unterschiedlich große und unregelmäßig geformte Bögen im gotischen Stil, die aus wie zufällig behauenen Steinen gemauert waren. Obgleich der durch die islamische Architektur inspirierte Spitzbogen damals der letzte Schrei für Kirchen und andere Gebäude war, erwies er sich bei einer Brücke als denkbar schlechte Wahl. Mittelalterliche Kirchen konnte man mit dieser Bogenform noch mehr gen Himmel streben lassen, doch eine Brücke muss ja nicht besonders hoch sein, sondern nur Uferhöhe erreichen. Ein traditioneller romanischer Bogen wäre da angemessener gewesen, doch den Erbauern war hier offenbar das Aussehen wichtiger als die Stabilität. Im Mittelteil befand sich eine Zugbrücke, damit große Schiffe passieren konnten, an beiden Enden stand jeweils ein wehrhaftes Torhaus.

Der Wasserspiegel der Themse hebt und senkt sich mit den Gezeiten. Indem sie fast zwei Drittel der Flussbreite einnahmen, blockierten die breiten Wellenbrecher der Brücke den natürlichen Weg des Wassers. So kam es, dass das Wasser auf der einen Seite der Brücke zeitweise viel höher stand als auf der anderen, da es nicht schnell genug hindurchfließen konnte. In dem gestauten Fluss entstanden tödliche Stromschnellen. Nur lebensmüde Seeleute unterquerten zu diesen Zeiten die London Bridge, denn man lief Gefahr, dass das Boot umgerissen und man selbst in die Fluten geschleudert würde. Trotzdem kamen Hunderte ums Leben. Wahrscheinlich wäre ihnen ihr tragisches Schicksal erspart geblieben, wenn sie eine Warnung befolgt hätten, die damals in aller Munde war: Nämlich dass der Kluge die London Bridge überquert und nur ein Dummer darauf kommt, sie zu unterqueren.

Alles wurde noch schlimmer, als auf einmal Häuser auf der Brücke auftauchten. Ich kann verstehen, dass man es erhebend und schön findet, auf einer Brücke zu wohnen: Man kann dem Fluss zuschauen und tolle Sonnenuntergänge erleben. Auf der Ponte Vecchio in Florenz funktioniert das ganz fabelhaft, da die sorgfältig geplanten Wohnhäuser und Geschäfte eine friedliche und wohlgeordnete Stimmung verbreiten. Die Häuser auf der London Bridge dagegen machten das Chaos perfekt. Zwischen dem Kutschenpfad und dem Brückenrand wurden drei- bis vierstöckige Häuser gequetscht, bis der Überweg mit mehr als einhundert Behausungen gesäumt war. Vor den Läden wurden Stände aufgebaut, an denen die Leute ihre Waren anboten. An den Brückenkanten hingen öffentliche Latrinen, deren Schmutz direkt in den Fluss fiel. Für das Gewicht der Bebauung war die Brücke nicht gemacht, außerdem standen die Häuser nicht weit genug auseinander, was ein großes Brandrisiko darstellte. Im Grunde war die Brücke eine tickende Zeitbombe. Die meisten Häuser wurden im Jahre 1212 durch ein Feuer zerstört, bei dem Tausende starben. Die Menschen hatten sich auf der Brücke gesammelt, als die Flammen auf einer Seite zu lodern begannen. Ein Windstoß fegte die Glut auf die gegenüberliegende Seite, dort entstand ebenfalls ein Feuer, und die Menschen waren in der Mitte eingeschlossen. Am Ende fand man 3000 verbrannte Leichen, von vielen Opfern blieb aber nur Asche übrig. 1391 und 1450 zerstörten Aufstände große Teile der Brücke.

Im 15. Jahrhundert dann hatten sich Zahl und Größe der Behausungen verdoppelt. Die hohen, überhängenden Gebäude ließen nur einen dunklen, schmalen Gang frei, durch den sich Kutschen, Karren, Vieh und Menschen quälten. Zu Stoßzeiten dauerte die Überquerung der London Bridge fast eine Stunde. Die Brücke war durch die unsachgemäße Bebauung ständig überlastet, sie hatte immer wieder mit Bränden zu kämpfen, und manchmal sackte einfach einer ihrer Pfeiler ein, weil die Stromschnellen zu stark waren – so war eigentlich ständig ein Teil des Bauwerks unbegehbar.

1633 brannte ein weiteres Feuer ein Drittel der Brückenhäuser nieder, obwohl dies wahrscheinlich Glück im Unglück war, weil daraufhin eine Lücke zwischen den Häusern am Ufer und der Brückenbebauung entstand. Das rettete die London Bridge 1666 vor der Katastrophe, denn der Große Brand von London konnte diese Distanz nicht überwinden. So kamen die Bewohner und Ladenbesitzer gerade noch einmal davon – doch sie lernten nichts daraus. 1725 zerstörte abermals ein Feuer 60 Häuser und zwei Brückenbögen.

Die Häuser wurden 1757 endgültig abgerissen, und die Brücke überstand die Jahrhundertwende, bis 1832 die von John Rennie entworfene neue London Bridge neben ihr errichtet wurde. Die alte Brücke bleibt Teil des kulturellen Gedächtnisses: Als ich klein war, brachte mir meine Mutter den altbekannten Reim über ihre gefahrvolle Geschichte bei und sang mir ein wenig schief, mit leichtem Akzent vor: »London Bridge is falling down, my fair lady«. Es ist eines der wenigen Lieder über das Bauen und klärt potenzielle junge Ingenieure und Ingenieurinnen über die Gefahren einer fehlerhaften Planung auf, noch bevor diese laufen lernen.

NR. 2: DIE SCHIFFSBRÜCKE

Xerxes überbrückte den Hellespont mit Schiffen.

Bei einer Brücke denken wir meist an eine hohe Konstruktion, die das zu überwindende Hindernis weit überspannt. Mein zweites Brückenbeispiel aber widerspricht dieser Vorstellung. Auf seinem Rachefeldzug baute der persische König Xerxes eine riesige Brücke, mit der er nichts weniger als das Meer zu überqueren gedachte. Doch anstatt einen hohen Bogen über das Wasser zu schlagen, kam er auf eine geniale Idee: Er schuf ein Ponton.

Xerxes' Vater, Dareios der Große, gehört zu den größten Königen aller Zeiten und herrschte uneingeschränkt von den Steppen Mittelasiens bis zur Spitze Anatoliens. Sein Reich war weitaus größer als das Herrschaftsgebiet von Alexander dem Großen und wuchs unter seinen Nachfolgern sogar noch weiter. Zwischen 492 und 490 v. Chr. beschloss er, die kleinen griechischen Staaten zu unterwerfen, und marschierte gen Marathon, um gegen eine Armee aus Athen und Plataiai anzutreten. Seine überraschende Niederlage beendete die erste persische Invasion Griechenlands.

Dareios plante einen zweiten Angriff, starb aber, bevor er diesen in die Tat umsetzen konnte. Xerxes vergaß nicht, wie sehr sein Vater bei Marathon gedemütigt worden war, und war wild entschlossen, dessen Traum von der Unterwerfung der griechischen Staaten zu vollenden. Xerxes bildete über Jahre Soldaten aus, er entwarf Strategien und häufte Material an, bevor es in den Kampf ging. Obgleich er die meisten griechischen Staaten unterwerfen konnte, traf er bei den Athenern und den unerschrockenen Kriegern Spartas erneut auf Widerstand.

480 v. Chr. stand die persische Armee vor einer schwierigen Aufgabe: Um nach Thrakien zu gelangen, musste sie den Hellespont überqueren – heute heißt die Meerenge zwischen der europäischen und asiatischen Türkei Dardanellen. Nachdem ein erster Versuch gescheitert war, da ein heftiger Sturm die von Phöniziern und Ägyptern errichteten Brücken zerstörte, befahl Xerxes, das Meer wegen Ungehorsams auspeitschen zu lassen. Die Erbauer der eingestürzten Brücken ließ er köpfen.

Die Ersatzingenieure – die natürlich alles taten, um ihren Hals zu retten – erdachten eine sehr viel stabilere Konstruktion. Die Perser wollten anderthalb Kilometer über eine tiefe Meerenge setzen – das war eine gewaltige Entfernung und mit den üblichen Techniken kaum zu machen, denn dazu hätten unter Wasser Fundamente errichtet werden müssen. Wie uns Herodot in seinen Historien mitteilt, holten die Perser stattdessen 674 Schiffe heran (*Pentekonteren* mit 50 Ruderplätzen und *Triremen* mit dreifacher Ruderreihe), die sie seitlich nebeneinander anordneten. Über jede Schiffsreihe legte man zwei Taue aus Flachs und vier aus Papyrus. Die schweren Taue verbanden die Schiffe und bildeten so die Grundlage für den Überweg.

Die Brückenbauer schnitten nun lange Holzplanken aus Baumstämmen und legten diese über die gespannten Seile. Die Planken wurden aneinandergebunden und mit einer Schicht aus klein geschnittenen Ästen und Zweigen bedeckt, auf die noch eine Schicht Erde gegeben wurde, die man plattstampfte, damit die Soldaten darüberlaufen könnten. Außerdem wurden stromauf- und stromabwärts schwere Anker gesetzt. So konnten die Boote nicht von dem aus Osten kommenden Schwarzmeer-Wind fortgetrieben werden, und auch den Winden aus westlicher und südlicher Richtung widersetzten sich die Anker. An den Seiten des breiten Übergangs wurden Wände gesetzt, damit die Pferde beim Anblick des Wassers nicht scheuten.

Als die Schiffsbrücke vollendet war, bat Xerxes die Götter um eine sichere Überquerung. Er warf seinen Kelch, eine goldene Schale und ein persisches Schwert in die Fluten – vielleicht als Opfergabe an die Sonne oder auch als gnädig stimmendes Geschenk an das Meer. Dann überschritt die Armee den gewaltigen Ponton, um den Griechen von Thrakien entgegenzutreten. Es heißt, es habe sieben Tage und sieben Nächte gedauert, bis die Perser mitsamt Xerxes' Elitekämpfern, den »Unsterblichen«, die Meerenge überquert hatten. Trotz dieses ingenieurtechnischen Triumphs fiel der militärische Teil der Geschichte weniger heldenhaft aus. Xerxes unterlag in den Schlachten von Salamis und Plataiai und zog sich nach Persien zurück, nachdem er unzählige Männer im Kampf und auch durch Verhungern verloren hatte. Die Natur hatte Xerxes scheinbar unterwerfen können, bei den Griechen gelang ihm das nicht.

Pontons oder schwimmende Brücken sollen bereits ab dem 11. bis ins 6. Jahrhundert v. Chr. in China verwendet worden sein, indem man Latten auf aneinandergereihte Boote legte, um größere Flüsse zu überqueren. Pontons kamen anschließend auch im antiken Rom und Griechenland zum Einsatz – eine solche Schiffbrücke soll Caligula gedient haben, um auf Paraden seine Kleider vorzuführen. Während beider Weltkriege nutzten Soldaten Pontons, um rasch einen Weg übers Wasser zu errichten, den sie hinter sich demontieren konnten. Schwimmende Brücken sind die ideale Lösung bei tiefem Wasser, großen Distanzen und wenig Zeit. Doch Stürme und Strömungen können Pontons arg zusetzen. Es gibt viele Beispiele (etwa die Murrow Memorial Bridge oder die Hood Canal Bridge in den USA) für schwimmende Brücken, die bei heftigem Wind nachgaben. Wenn sich einer der Schwimmkörper mit Wasser füllt, zieht er die anderen mit sich in die Tiefe, bis die gesamte Reihe versinkt. Zum Glück müssen Ingenieure keine Strafen mehr fürchten wie unter Xerxes.

NR. 3: DAS FALKIRK WHEEL

Das Falkirk Wheel ist ein Schiffshebewerk nach Art eines Riesenrads.

Die Schiffsbrücke des Xerxes muss im Wellengang gewaltig geschaukelt haben, die Überquerung war sicher alles andere als angenehm. Wir mögen es nicht, wenn Bauwerke sich spürbar bewegen, wir befürchten dann, sie halten uns nicht. Was aber, wenn eine Brücke sich mit Absicht dreht? Die meisten Brücken ermöglichen ja Landgefährten die Überquerung von Wasser – bei einer meiner Lieblingsbrücken geht es aber darum, dass Wassergefährte Land überbrücken.

Die keltische Doppelaxt war eine furchterregende Waffe. Mit ihrer beidseitigen Klinge konnte sie ein starker Krieger mit gleicher verheerender Wirkung nach rechts und links schwingen. Und diese bedrohliche Streitaxt hat nun als Vorbild für ein extrem cooles und ungewöhnliches Bauwerk gedient: das Falkirk Wheel.

Auf den tief liegenden Kanälen Schottlands herrschte früher reger Schiffsverkehr. Der 1822 eröffnete Union Canal verband Falkirk und Edinburgh. Über den Wasserweg wurde Kohle in die Hauptstadt gebracht, um die neu angesiedelten Fabriken zu versorgen. Der Forth and Clyde Canal (1790 eröffnet) erfüllte dieselbe Aufgabe für Glasgow, eine damals kleine Stadt, die sich mit rasanten Schritten zum größten Industriestandort Schottlands entwickelte. Als sich aber in den 1840er-Jahren das Eisenbahnnetz ausweitete, wurden diese Kanäle (wie so viele andere) überflüssig, da es günstiger war, Rohstoffe per Zug zu transportieren. Die Wasserwege wurden irgendwann nicht mehr ausreichend instand gehalten, in den 1930er-Jahren wurde dann ein Teil des Kanalsystems verfüllt. Eine Verkehrsader war dichtgemacht worden. So schien es zumindest.

Ende des 20. Jahrhunderts kamen Architekten und Ingenieure auf die Idee, einen Wasserweg zwischen Glasgow und Edinburgh zu schaffen, indem man das Kanalsystem wiederbelebte und den Forth and Clyde Canal mit dem Union Canal verband. Die Instandsetzung der 200 Jahre alten Wasserwege versprach ökologische wie ökonomische Vorteile. Dabei stellten sich einige technische Herausforderungen – und zwar an erster Stelle ein langer, steiler Hang, den es zu überwinden galt. Traditionellerweise begegneten Kanalbauer einem Höhenunterschied durch Schleusen. Zwischen die tieferen und die höheren Abschnitte des Kanals setzte man lange, schmale Kammern mit hohen Wänden und wasserdicht verschließbaren Toren zu beiden Seiten. Schiffer auf dem Weg kanalaufwärts manövrierten ihre Kähne in diese Kammern und schlossen die unteren Tore hinter sich. Durch mit Schiebern versehene Öffnungen in den oberen Toren strömte daraufhin Wasser ein und der Pegel in der Kammer hob sich auf das Niveau des höher gelegenen Abschnitts. An diesem Punkt konnten die Schiffer die oberen Tore öffnen und ihre Reise fortsetzen. Ein in entgegengesetzter Richtung fahrender Kahn durchlief die Schleuse in umgekehrter Reihenfolge, das Wasser in der Kammer wurde dann abgesenkt. Der Weg von Edinburgh nach Glasgow dauerte einen ganzen Tag, da elf Schleusen überwunden werden mussten – dazu gingen 44-mal Schleusentore auf oder zu! Eine beschwerliche Reise. Doch war die alte Schleusentreppe ohnehin entfernt worden. Die Ingenieure mussten sich also etwas Neues überlegen.

Wenn man heute auf dem Union Canal westwärts Richtung Clyde oder Glasgow unterwegs ist, gelangt man irgendwann an einen Punkt, an dem zu beiden Seiten das Ufer wegfällt und eine Wasserbrücke beginnt, die scheinbar ins Leere mündet. Damit ist das Ende des Union Canals erreicht. Man sitzt in einem Boot, das 24 Meter hoch in der Luft schwebt, so, als schwimme es oben auf einem achtstöckigen Gebäude. Wenn man nun in den unteren Wasserlauf gelangen und auf dem Forth and Clyde Canal weiterschippern möchte, muss man sich in die Hände eines Ingenieurbauwerks begeben, das anmutet wie eine keltische Axt.

Es handelt sich um ein großes, senkrecht stehendes Rad (eine Art Riesenrad mit 35 Meter Durchmesser). Mit seinen beiden axtförmigen Armen rotiert es um 180 Grad. An jedem Arm befindet sich eine Art Gondel: ein Trog, in dem zwei Kanalschiffe und 250 000 Liter Wasser Platz haben. Ein hydraulisches Stahltor verhindert, dass das Wasser aus dem hoch gelegenen Kanal ausläuft. Wenn die Gondel des Riesenrads und das Ende der Kanalbrücke auf einer Höhe sind, öffnen sich die Schleusen von Kanal und Trog, und das Schiff fährt in die Gondel ein. Die Tore schließen sich wieder und die Arme beginnen sich zu drehen.

In einem Riesenrad sind die einzelnen Gondeln beweglich, sodass man aufrecht sitzen bleibt, wenn es sich dreht. Auf dem Weg von unten nach oben und wieder zurück nach unten bleibt die Orientierung dieselbe. Auf ähnliche Weise sorgt ein kompliziertes Zahnradsystem dafür, dass die Gondeln des Falkirk Wheel immer waagrecht stehen, während die Arme durch die Luft schwingen. Für eine 180-Grad-Drehung braucht es nicht viel Energie – etwa so viel wie für das Erhitzen von acht Kesseln Wasser. Dies ist vor allem Archimedes und seinem berühmten Prinzip zu verdanken, wonach ein Gegenstand immer genau so viel Wasser verdrängt, wie er wiegt. Wenn sich also in der einen Gondel ein Schiff befindet, in der anderen jedoch nicht, wiegen die Gondeln dennoch gleich viel. Denn das Schiff verdrängt genau so viel Wasser aus dem Trog, wie es selbst wiegt. Solange der Wasserpegel in beiden Trögen gleich ist, benötigt man nur ein Minimum an Energie, um die Trägheit zu überwinden und das Rad rotieren zu lassen. Der Impuls lässt die gegenüberliegenden Arme herumschwingen, bis sie angehalten werden. Das Falkirk Wheel bringt Boote in nur fünf Minuten vom oberen Kanal in den unteren (oder umgekehrt), während es früher einen ganzen Tag in Anspruch nahm, bis man die Schleusentreppe durchlaufen hatte.

Weltweit gibt es nur wenige Beispiele für Schiffshebewerke. Da sind etwa das Strépy-Thieu-Hebewerk in Belgien oder das Schiffshebewerk Niederfinow (das älteste noch arbeitende Hebewerk Deutschlands) oder der chinesische Drei-Schluchten-Staudamm (mit dem größten Hebewerk der Welt, das Schiffe sagenhafte 113 Meter heben oder senken kann). Das Falkirk Wheel hat viel kleinere Ausmaße, doch macht seine Benutzung und allein sein Anblick besonderen Spaß – vielleicht, weil es uns an die Kindheitsbesuche auf dem Rummel erinnert. Das Schiffshebewerk zeigt jedenfalls schön, dass der Wiedererkennungswert von Bauwerken beeinflussen kann, wie wir auf sie reagieren.

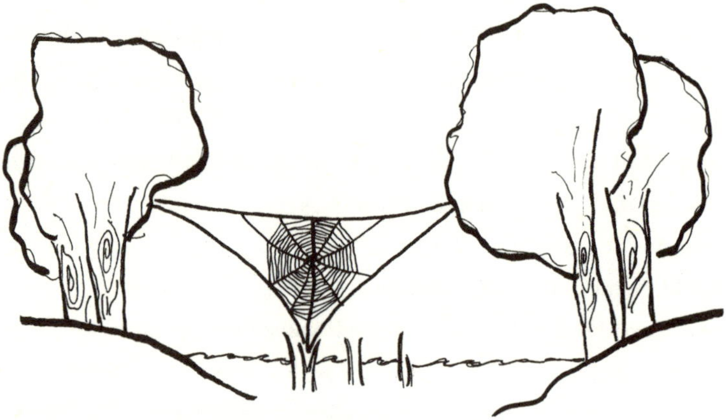

Die seidene Brücke ist die längste Netzbrücke der Welt.

Eines Abends las ich ein Buch bei laufendem Fernseher und ließ die Stimme des Sprechers angenehm beruhigend durch das Wohnzimmer wabern, ohne wirklich auf die Worte zu achten. Doch dann fing ich doch zwei Begriffe auf, nämlich »stabiles Material« und »Brücke« und war mit einem Mal ganz Ohr. Der Sprecher erzählte von einer äußerst eifrigen Brückenbauerin aus Madagaskar.

Sie hatte etwa die Größe eines Daumennagels, acht behaarte Beine und einen Körper, der durchfurcht ist wie eine Baumrinde. Mit dieser Tarnung schützt sie sich vor Fressfeinden. Außerdem hat sie noch eine Spinndrüse – und ebendieses besondere Körperteil macht sie zu einer exzellenten Brückenkonstrukteurin.

Caerostris darwini, »Darwins Rindenspinne«, kann Brücken von bis zu 25 Meter Spannweite bauen (das entspricht dem Tausendfachen ihrer Größe), die sie über Flüsse oder Seen hängt. Doch will sie damit nicht von einer Seite zur anderen gelangen, sondern sich eine Mahlzeit ergattern.

Bei einer Erkundung des Ufers sucht sie sich wie jeder ernst zu nehmende Ingenieur einen geeigneten Standort für ihr Projekt. Anschließend entlässt sie Dutzende klebrige Seidenfäden aus ihrer Spinndrüse. Diese schießen wie aus Spidermans Faust hervor und werden von dem leichten Windstrom weitergetragen, der in dicht bewaldeten Gebieten über das Wasser zieht. Die Fäden werden in einem dünnen, fast unsichtbaren Strahl über das Wasser getragen und bleiben am anderen Ufer in Pflanzen hängen. Diese erste Verbindung heißt Brückenfaden und hat eine Kettenlinie, das heißt, sie beschreibt die typische Kurve einer durchhängenden Kette. Die Spinne prüft die Festigkeit des Fadens, dann zieht sie ihn mithilfe ihrer wie kleine Haken geformten Beinhaare näher zu sich heran, damit er etwas straffer gespannt ist.

Sie läuft den Brückenfaden entlang und verstärkt ihn dabei mit noch mehr Seide und Sekret. Am anderen Ende angekommen, stabilisiert sie auch die Uferbefestigung, indem sie diese mehrfach umwickelt. Denn es ist absolut wichtig, dass diese erste vom Wind geknüpfte Verbindung später die gesamte Konstruktion tragen kann.

Jetzt muss der Brückenfaden noch mittig verankert werden. Die Spinne sucht nach geeigneten Pflanzenteilen, etwa einen aus dem Wasser ragenden Grashalm, und bewegt sich entlang des Fadens bis über den Ankerpunkt. Sie lässt sich langsam hinab und befestigt den stabilisierenden Faden an einem Grashalm kurz über der Wasseroberfläche. So entsteht ein Grundgerüst in T-Form, an das sie in den nächsten Stunden in immer größeren Kreisen immer neue Fäden webt. Nicht alle Spinnenfäden kleben: Manche dienen auch als Lauffäden und durchziehen das Netz als tragende Struktur. Der Rest aber klebt, damit die Spinnennahrung daran hängenbleibt. Am Ende hat die Spinne ein riesiges Korbnetz von bis zu zwei Meter Durchmesser gewebt.

Darwins Rindenspinne ist die einzige bekannte Spinne, die Wasser überquert, um Futter zu fangen. Ihre Opfer sind schmackhafte Eintagsfliegen und Libellen, die Flüsse mittig überfliegen. Der große Durchmesser der Netze bringt mit sich, dass sich auch kleine Vögel oder Fledermäuse darin verfangen können.

Schon die Größe des Netzes ist absolut beeindruckend, doch noch erstaunlicher ist die Seide, aus der es gewebt wird. Für eine so gewaltige Konstruktion bedarf es eben eines besonderen Materials.

Die Seide der Rindenspinne wurde im Labor getestet, indem man sie an zwei Punkten befestigte, die man dann langsam auseinanderbewegte. Und so zeigte sich, dass die winzigen Tiere Seide von unglaublicher Elastizität produzieren. *Elastizität* bezeichnet die Eigenschaft eines Stoffes, sich unter Last zu dehnen und anschließend in die ursprüngliche Form zurückzufinden. Wenn sich das Material, nachdem das Gewicht wegfällt, von allein zurückformt, spricht man von *elastischer Verformung*. Findet es nicht ganz in die Anfangsform zurück, sondern ändert seine Form, spricht man von *plastischer Verformung*. Untersuchungen haben ergeben, dass die Seide der Rindenspinne doppelt so elastisch ist wie die Fäden anderer Spinnen. Zudem ist sie extrem *zäh*. Zähigkeit bezeichnet die Widerstandsfähigkeit eines Stoffes gegen Brüche oder Risse. Sie ist eine Kombination aus Festigkeit (wie viel Gewicht hält das Material aus?) und Duktilität (wie weit lässt es sich verformen, bevor es bricht?). Tatsächlich ist die Seide von *Caerostris darwini* das zäheste bisher entdeckte biologische Material. Es ist sogar zäher als Stahl.

Elastizität und Zähigkeit sind die ideale Kombination für Baustoffe. Ein normales Gummiband etwa lässt sich sehr weit dehnen – jedoch nur mit einem geringen Gewicht, da es zwar elastisch und verformbar, aber nicht besonders fest ist. Ein dickes Band aus sprödem Gummi kann zwar mehr Lasten tragen, wird aber schnell reißen, weil es fest, aber nicht verformbar ist. Die Fäden der Rindenspinne aber haben das perfekte Gleichgewicht dieser Eigenschaften. Sie können großen Kräften standhalten und lassen sich zugleich sehr weit dehnen, ohne zu reißen. Daher eignen sie sich hervorragend zum Bau der größten Spinnennetze der Welt.

Die Brücke der Rindenspinne habe ich hier eingefügt, um daran zu erinnern, dass nicht nur Menschen Dinge bauen. Das kleine Tier zeigt ja sogar, dass wir der Natur immer noch hinterherhinken. Wir sind erst seit Kurzem fähig, Brücken zu errichten, die (in Relation zur eigenen Körpergröße) so große Distanzen überwinden wie das Netz der Spinne. Derzeit hält die Akashi-Kaikyō-Brücke in Japan mit 1991 Metern den Spannweitenrekord. Wir lassen uns aber von der Natur inspirieren: Die Bionik überträgt Phänomene der Natur auf die Technik. So ist das Belüftungssystem des Eastgate Centre in Simbabwe an einen porösen Termitenbau angelehnt, und der Quadracci Pavilion des Kunstmuseums in Milwaukee hat ein Sonnensegel in der Form eines Vogelflügels. Ich glaube aber, dass wir noch mehr von der Natur lernen können. Welcher Ingenieur träumt nicht davon, ein genauso zähes wie leichtes Supermaterial nach Art von Spinnenseide zu entwickeln, das über einen Fluss oder ein Tal findet, indem der Wind die Fäden weiterträgt. Dann könnten wir wie die Rindenspinne innerhalb weniger Stunden eine erstaunlich lange Brücke bauen.

NR. 5: DIE ISHIBUNE-BRÜCKE

Die Ishibune-Brücke ist eine Spannbandbrücke.

In unserem Tokioer Hotel gab man meiner Mutter und mir einen Zettel, auf dem in feinen, geschwungenen Linien eine Adresse geschrieben stand. Die Buchstaben sahen aus wie kleine Bilder und waren für uns nicht zu entziffern, also reichten wir das Papier unserem Taxifahrer und nahmen an, er würde uns schon zum richtigen Ziel bringen.

Es regnete wie aus Kübeln, und wir konnten kaum erkennen, wohin wir fuhren, dennoch bekamen wir mit, dass wir die Stadt verließen und irgendwann von dicht bewaldeten Hügeln umgeben waren. Auf einer schmalen Serpentinenstraße ging es immer weiter nach oben, bis wir schließlich ein rotes Tor mit weiteren schönen

Buchstaben darauf erreichten. Unser Fahrer hielt an und bedeutete uns auszusteigen. Ich hoffte sehr, dass er bei unserer Rückkehr noch da sein würde. Ich zog meinen Anorak zu und schlug einen schmalen Pfad ein – immer nach der Ishibune-Brücke Ausschau haltend. Sie ist nämlich das Paradebeispiel für eine Spannbandbrücke – eine Brückenform, die mir vor meiner Japanreise unbekannt war.

Einige Monate zuvor hatte ich ein Reisestipendium unserer Berufsorganisation, der Institution of Structural Engineers, bekommen. Ich hatte mich mit dem Vorhaben beworben, einen besonderen Brückentyp unter die Lupe zu nehmen. Durch das Gespräch mit Kollegen und erste Nachforschungen war ich auf Spannbandbrücken aufmerksam geworden – das sind sehr elegante und leichte Ingenieurbauwerke, von denen es in Großbritannien weniger als eine Handvoll Beispiele gibt. Ich wollte mehr über diese Brückenform erfahren und herausbekommen, warum sie so selten ist. Daher hatte ich in meinem Antrag vorgeschlagen, nach Europa und Japan zu reisen – an Orte, wo diese Brücken gewinnbringend eingesetzt werden – und über meine Erfahrungen zu berichten. Zuerst ging es in die Tschechische Republik. Dort zeigten mir Ingenieure eine ganze Reihe von Bauwerken, bei denen die Spannbandtechnik verwendet wird: Von Autobahnbrücken bis zu einem Tunnel, der nach demselben Prinzip funktioniert. An der Technischen Universität in Berlin traf ich Ingenieure, die einen dreizehn Meter langen Prototyp einer Spannbandbrücke entworfen hatten und diesen nun testeten. Ich selbst durfte ein wenig »experimentieren«, indem ich auf der Brücke herumsprang, um sie in Schwingung zu versetzen.

Ein Modell einer Spannbandbrücke lässt sich ganz einfach mit zwei (ungeöffneten) Konservendosen nachbilden, die man als Stützpfeiler mit einem Meter Abstand aufstellt. Nun werden zwei starke Fäden über die Dosen gelegt und die Enden mit Klebeband am Tisch befestigt. Zum Schluss braucht man noch einen Gehweg, den man mit Streichholzschachteln herstellen kann. Dazu bohrt man auf jeder Seite zwei Löcher in die Schachteln und legt sie auf die beiden Fäden. Durch die Löcher fädelt man noch ein Gummiband, um die Streichholzschachteln miteinander zu verbinden. Das Gummiband dehnt sich und drückt die Schachteln gegeneinander.

Wenn man nun die Modellbrücke mittig belastet, werden die tragenden Bänder gespannt und ziehen an der Tischbefestigung. Bei einer echten Spannbandbrücke werden Stahlkabel über den Abgrund gespannt. Diese Kabel sind dick – ihr Durchmesser ist etwa faustgroß – und bestehen aus vielen dünnen Stahldrähten, die zu einem dicken Tau versponnen werden, das durch einen Gummiüberzug geschützt ist. Die Kabel liegen zu beiden Seiten der Brücke auf Betonpfeilern und sind dahinter fest im Grund verankert. So fest, dass sie die Zugspannung der Kabel abfangen, selbst wenn die Brücke voller Menschen ist. Betonbohlen mit Rillen an den Unterseiten werden auf die Stahlkabel gelegt, alles wird fest verbunden. Durch die Löcher in den Bohlen werden schmale Stahlkabel gezogen, um den Gehweg auszusteifen.

Die Brückenform erinnert mich an die einfachen Seilbrücken unserer Vorfahren. Wie der Brückenfaden der Rindenspinne beschreibt sie eine Kettenlinie *(Katenoide)*. Außerdem ist so eine Spannbandbrücke sehr leicht: Die Betonbohlen sind mit etwa 20 Zentimetern recht dünn und die natürliche Kettenlinie der Stahlkabel verleiht ihr eine schlanke und ansprechende Ästhetik. Nicht zuletzt ist dieser Brückentyp besonders praktisch, da relativ einfach zu errichten. Wenn das Fundament einmal steht, lassen sich die vorgefertigten Betonplanken recht schnell einhängen, und der Bauvorgang hat nur eine geringe Einwirkung auf die unmittelbare Umgebung.

Das rote Spannband der japanischen Brücke überquerte eine tiefe Schlucht, ganz unten toste ein schmaler, schneller Fluss. Im plätschernden Regen betrat ich den Überweg. Es wackelte ein wenig. Ich lief mehrmals von einer Seite zur anderen, mal schneller, mal langsamer – zum Schluss hüpfte ich. Doch da wurde mir schon etwas mulmig, und ich verstand, warum manche Menschen keine Seilbrücken mögen, obwohl sie so schön anzusehen und so leicht zu bauen sind.

Die Brücken sind leicht und flexibel konstruiert, sie hängen in der Mitte durch und sind deshalb an den Enden ziemlich steil. Das kann für Kinderwagen und Rollstühle zum Hindernis werden. Außerdem bewegen sich die Brücken und können sich beim Hinüberlaufen instabil anfühlen. Sie sind aber absolut ungefährlich, auch wenn es manchmal ganz schön wackelig werden kann und einem ihre Überquerung ziemlich abenteuerlich vorkommt. In den Ländern, die ich im Rahmen meines Stipendiums besuchte, waren sie sehr beliebt, doch hatten sich ihre Benutzer auch an ihre Eigentümlichkeiten gewöhnt. Womöglich sind Spannbandbrücken deswegen so wenig verbreitet, weil das unangebrachte Misstrauen in die Konstruktion überwiegt oder vielerorts kein fester Grund zum Verankern der Kabel vorhanden ist.

Ich war vollkommen durchnässt, trotzdem sah ich mir das durchhängende Bauwerk ganz genau an – schließlich war ich fast 10 000 Kilometer weit gereist, um mir diese für britische Verhältnisse äußerst ungewöhnliche Brücke anzusehen. Als die Konstruktion zu schaukeln begann, klammerte ich mich mit einer Hand am Halteseil fest und versuchte, mir mit der anderen den Regenschirm über den Kopf zu halten. Auf der Mitte des Überwegs konnte ich es nicht lange aushalten, da unter mir die Schlucht mit dem rauschenden Strom klaffte und die Brücke deutlich schaukelte.

Meine Berufsehre gebot dennoch, dass meine Mutter viele schöne Schnappschüsse von meiner Ortsbegehung machte. Anschließend eilten wir zurück zum Taxi. Der Fahrer hatte den Sitz zurückgelehnt und schlief. Noch ziemlich durchnässt von unserem Ausflug kehrten wir nach Tokio zurück.

Ich habe die Spannbandbrücken, die ich mir während dieser Reisen angesehen habe, noch gut im Gedächtnis. Es begeistert mich, wie eine einfache Seilbrücke sich durch moderne Verfahren und Materialien weiterentwickelt hat – und wie diese neue Konstruktion trotz ihrer Modernität die Schlichtheit und Eleganz ihrer Vorgängerin bewahrt hat. Neue Ingenieurbauwerke müssen nicht immer groß und imposant daherkommen – manchmal können sie sich auch auf bescheidenere Wurzeln besinnen.

Das waren also meine Brücken. Und was wurde aus dem Flirtman? Nun, mit der Zeit bereute ich, dass ich in der Nachricht an meine Freundin damit geprahlt hatte, ihn in drei Minuten losgeworden zu sein. Sie hat diese Nachricht übrigens vier Jahre später laut vorgelesen, vor zahllosen Gästen. In ihrer Rede als Trauzeugin, bei meiner Hochzeit.

Ja, ich habe ihn geheiratet.

TRAUM

Stellen wir uns mal vor, es gäbe keine Ingenieure. Adieu, Archimedes. Bye-bye, Brunelleschi, Bessemer, Brunel und Bazalgette. Ciao, Fazlur Khan und Otis. Au revoir, Emily Roebling und Roma Agrawal. Was bleibt dann? So gut wie nichts.

Keine Wolkenkratzer, kein Stahl, keine Aufzüge, keine Häuser und keine Kanalisation. Kein *The Shard*. Kein Telefon, kein Internet, kein Fernsehen. Keine Autos, noch nicht einmal Kutschen – aber das ist wahrscheinlich auch besser so, denn Straßen und Brücken gäbe es auch nicht. Wir trügen kaum etwas am Leib, denn niemand wäre darauf gekommen, Tierhäute aneinanderzunähen. Wir hätten keine Jagdwerkzeuge, kein Feuer und keine Lehm- oder Holzhütten.

Etwas aus Material erschaffen – das macht einen Großteil des Menschseins aus. Ja, es gibt eine Krähenart, die aus Pflanzenteilen einen Haken biegt, um an Futter zu kommen. Und es wurden Kraken entdeckt, die aus Kokosnussschalen eine Schutzbehausung bauen. Trotzdem, bisher zumindest stehen wir in Sachen Ingenieurwesen an der Spitze. Sie hat uns mit dem Wichtigsten versorgt: Nahrung, Wasser, ein Dach über dem Kopf und Kleider am Leib. Dann kamen Erfindungen hinzu, mit denen wir Nahrung anbauen, ganze Kulturen gründen und zum Mond fliegen konnten. Zehntausende Jahre immer neuer Erfindungen haben uns dahin gebracht, wo wir heute stehen. Der menschliche Ideenreichtum kennt keine Grenzen. Wir werden immer bestrebt sein, noch mehr herzustellen, noch besser zu leben und die nächste und übernächste Hürde zu nehmen. Baukunst strukturiert unser Leben: Sie formt die Räume, in denen wir leben und arbeiten und sind.

Und sie wird auch die Zukunft gestalten. Ich erkenne bereits mehrere neue Trends in den Ingenieurwissenschaften: etwa die unregelmäßige Geometrie, die Robotik und Bionik oder die Verbreitung von 3-D-Druckern. Allgemein beobachte ich das Bemühen um größere Nachhaltigkeit und das Verschmelzen verschiedener Disziplinen (etwa in der Medizintechnik). All dies wird noch einmal verändern, wie sich unser Umfeld anfühlt und auf welche Weise wir diesen Planeten bewohnen – selbst wenn uns einiges noch vorkommen mag wie der Stoff für einen Science-Fiction-Film.

Die wahnsinnige Rechenleistung von Computern ermöglicht uns das Zeichnen kompliziertester Formen. So entstanden die skulpturalen Umrisse des Spanischen Pavillons für die Expo 2010, die gewundene Fassade des Guggenheim Museums in Bilbao oder die an eine Wellhornschnecke erinnernden Formen des Heydar Aliyev Centers in Aserbaidschan. Der Schritt hin zu komplexer Geometrie führt von unseren herkömmlichen rechteckigen Gebäuden zu einer natürlicheren Gestaltung. Bisher ist die Verwirklichung dieser Ideen sehr kostspielig, denn entweder muss man Stahl in maßgeschneiderte Formen biegen oder aber komplizierte Hohlformen zum Betongießen herstellen. Die Schalung macht bis zu 60 Prozent der Baukosten aus – und wird doch nach dem Aushärten des Betons entsorgt. Derzeit ist es auch eine Kostenfrage, wenn Pfeiler, Wände und Träger rechteckig gegossen werden: Formen aus rechteckigen Sperrholzplatten sind einfach und günstig herzustellen.

Durch das Aufkommen geschwungener Formen müssen wir uns Gedanken darüber machen, wie wir diese geschickt verwirklichen. Beton ist da schon einmal eine gute Wahl, da er sich in jede beliebige Form gießen lässt. Kreative Hohlformen lassen sich etwa aus großen Mengen Polystyrol schneiden, doch sorgt dieses Verfahren für sehr viel Abfall, da die Schalungen zu nichts mehr nutze sind, sobald der Beton ausgehärtet ist. Eine interessante Idee, die schon seit den 1950ern kursiert, aber bisher kaum Anwendung findet, sind weiche Schalungssysteme. Dazu kann fast jedes Material von Sackleinen oder Jute bis zu Plastikplanen aus Polyethylen (PE) oder Polypropylen (PP) zum Einsatz kommen. Diese Stoffe sind anfangs schlaff und formlos, aber sobald ein bisschen feuchter Beton ins Spiel kommt, erhält man ein wunderbar flexibles und sensorisches Material. Der Beton geht auf die weiche Schalung ein, er dehnt und bewegt sie, bis die endgültige Form erreicht ist. Zwei scheinbar verschiedene Materialien verbinden sich zu einem symbiotischen System aus Druck und Elastizität.

Der spanische Architekt Miguel Fisac verwendete das Verfahren beim Centro de Rehabilitación für die MUPAG und schuf so eine wie gepolstert wirkende Fassade. Ich bin sicher, dass wir in nächster Zeit noch mehr außergewöhnliche Formen zu sehen bekommen, und auch im größeren Maßstab, da flexible Schalungen aus PP und PE Abfall vermeiden: Sie reißen nicht so schnell, und wenn doch, verbreiten sich die Risse nicht. Außerdem bleibt nichts an ihnen hängen, auch kein Beton, und damit sind sie mehrfach verwendbar. Die innen liegende Bewehrung muss für eine flexible Schalung nicht besonders angepasst werden, auch auf die Betonmischung hat die Methode keinen Einfluss. Die Herausforderung hat bis jetzt eigentlich darin bestanden, dass wir solche Arbeitsweisen nicht gewohnt sind. Sie sorgen für ein komplett verändertes Erscheinungsbild von Bauwerken. Architekten und Ingenieure müssen diesen ungeahnten Möglichkeiten erst einmal hinterherkommen, genauso wie die gesamte Logistik und Beschaffung von Bauunternehmen. Aber das wird ihnen garantiert gelingen, und ich wette, dass ich dann nicht mehr die Einzige bin, die beim Betonstreicheln in der Öffentlichkeit erwischt wird.

Wo wir gerade beim Befühlen von Materialien sind: An der Universität Berkeley in Kalifornien konnte ich etwa tellergroße Module aus dem 3-D-Drucker in die Hand nehmen, die sich zu Objekten, Installationen, Wänden oder Fassaden zusammenfügen lassen. Es gibt diese kunstvoll geformten Bausteine in verschiedenen Farben, und als ich mich erkundigte, wie diese entstehen, staunte ich nicht schlecht: Die weißen Module enthalten Salz, die schwarzen Autoreifen, die braunen und grauen Lehm und Beton, die violetten Traubenhaut. (Ja, ganz richtig: Traubenhaut.) Ein von Ronald Rael angeführtes Team untersucht den Einsatz ungewöhnlicher Materialien, die mit Harz vermischt in den verschiedensten Formen ausgedruckt werden. Ich fand die Tatsache faszinierend, dass die Materialforscher zum einen traditionelle Baustoffe futuristisch einsetzen – so entstehen geometrische Betonsteine mit unregelmäßiger Durchlochung oder aber formschöne achteckige Tonfliesen als Fassadenverkleidung –, und zum anderen mit Abfallstoffen wie Autoreifen oder eben der Traubenhaut aus kalifornischen Winzereibetrieben experimentieren. Manche dieser 3-D-Formen tragen sich selbst und benötigen keine stützende Struktur. Mein Besuch in Berkeley weckte in mir die Vorstellung, dass der 3-D-Druck im Verbund mit spannenden Materialkombinationen in eine Zukunft führt, in der wir Module ausdrucken und daraus unsere Häuser bauen.

3-D-Druck wird nicht nur für einzelne Module verwendet. Im Dezember 2016 wurde in Madrid die erste Fußgängerbrücke aus dem 3-D-Drucker eröffnet. Der Kräftefluss in dem zwölf Meter langen Bauwerk wurde genau analysiert und dementsprechend an bestimmten Stellen mehr Material aufgetragen. Das bringt minimalen Materialverlust, weniger Abfall und ein leichteres Endprodukt. Derzeit werden Roboter entwickelt, die Wände mauern und Beton gießen. Die verarbeitende Industrie nutzt die Automatisierung seit Jahrzehnten, jetzt ist es an der Zeit, dass die Baubranche aufholt.

Die Rückkehr zur Natur in Form und Material wird durch die Bionik vorangetrieben – dabei geht es darum, nicht nur die *Form* von Bienenstöcken, Bambuspflanzen oder Termitenhügeln nachzuahmen, sondern vor allem auch deren *Funktion*. Ein bekanntes Beispiel aus der Bionik ist der Klettverschluss, dessen Haken und Schlaufen funktionieren wie bei der Klettfrucht. Die Natur baut so einfach und ökonomisch wie möglich, und wir können versuchen, dieses Prinzip auf unsere Bauwerke zu übertragen. Vogelschädel zum Beispiel bestehen aus zwei Knochenschichten, zwischen denen netzartige Verbindungen mit Luftkammern liegen – dabei bildet sich Knochenmaterial bevorzugt an Stellen, die Druck ausgesetzt sind. Der Londoner Architekt Andres Harris hat einen geschwungenen Baldachin entworfen, für das er eine Anordnung von Luftpolstern mit Beton umgoss und so eine Struktur schuf, die Vogelknochen nahekommt. Auf ähnliche Weise hat sich der hölzerne Ausstellungsbau für die Landesgartenschau Schwäbisch Gmünd das Gehäuse einer Seeigelart zum Vorbild genommen, dessen Schalenskelett aus vielen kleinen Kalkplättchen zusammengesetzt ist. Der Pavillon besteht aus dünnen Sperrholzplatten, deren Lage, Größe und Form digital analysiert und die anschließend robotisch gefertigt und montiert wurden. Wenn man ein Ei auf die Größe dieser Leichtbaukonstruktion aufplustern könnte, wäre das verwendete Sperrholz immer noch dünner als die Eierschale.

Die Natur heilt sich selbst. Der menschliche Körper erkennt, wenn etwas falschläuft (was er uns meist mit Schmerzen signalisiert), und kann das Problem dann schrittweise beheben. Bei Bauwerken müssen wir jedoch meist eingreifen und reparieren, wenn Schäden auftreten. Das Team von Phil Purnell an der Universität von Leeds jedoch entwickelt Roboter, die wie weiße Blutkörperchen durch Rohre unter den Straßen sausen und Risse erkennen und reparieren, bevor diese aufplatzen und den Belag ruinieren. Mark Miodownik vom *Institute of Making* leitet ein Team von Forschern, das 3-D-Drucker mit Drohnen zu Schlaglöchern und anderen Straßenschaden fliegen lassen will. Kaputte Straßen müssten dann nicht mehr aufwendig gesperrt werden, so wird Geld eingespart und der Verkehr nicht übermäßig behindert. Am *Centre for Smart Infrastructure and Construction* in Cambridge arbeiten Forscher an einem Nervensystem für Bauwerke. Ein einzelnes Glasfaserkabel mit durchgehenden Sensoren kann Druck und Temperatur in Pfeilern, Tunneln, Wänden, Schrägen und Brücken messen. So lassen sich wichtige Daten sammeln, aus denen Ingenieure bautechnische Schlüsse ziehen und sich anbahnende Schwierigkeiten beheben können.

Wenn ich mir die Welt der Zukunft vorstelle, habe ich diese bionischen Formen vor Augen, unterbrochen von Bleistift-Türmen und denkmalgeschützten historischen Gebäuden. Schon heute schlagen Wolkenkratzer wie der an der 432 Park Avenue in Manhattan alle Schlankheitsrekorde: Der Turm ist vierzehnmal so hoch wie breit. Eine echte Herausforderung an die Standfestigkeit. Die meisten ultraschlanken Hochhaustürme haben deshalb Schwingungstilger. Ich rechne damit, dass es immer mehr Gebäude geben wird, die Büros, Wohnungen, Geschäfte und öffentliche Bereiche miteinander kombinieren, denn der Raum in den verstopften Großstädten wird immer stärker umkämpft sein. Viele historische Gebäude sind mit der Zeit an ihre Grenzen gekommen: Oft sind ihre Wasser- und Abwasserleitungen defekt; Heizungswärme verfliegt, weil nicht richtig isoliert wurde; Etagen sinken sichtbar ein. In London sieht man alte Stuckfassaden, die scheinbar ungesichert wie Filmkulissen an der Straße stehen, weil die Gebäude dahinter abgerissen wurden. Sie werden jedoch von einem ausgeklügelten System aus Stützen und Trägern gehalten, bis das neue Bauwerk steht. Entwicklungen wie die Lasertechnologie, mit der sich detaillierte dreidimensionale Zeichnungen anfertigen lassen, helfen Ingenieuren, das Alte zu verstehen, um es mit dem Neuen zu kombinieren.

Wenn ich noch weiter in die Zeit nach meiner Zeit gehe, stelle ich mir unsere Nachfahren in Unterwasser-Gondeln aus papierdünnem, unzerbrechlichem Glas vor. Unsere Brücken überspannen dann das Zehnfache der heutigen Distanz, weil sie aus Graphen gemacht sind, dem Supermaterial der Zukunft. Vielleicht lassen wir unsere Behausungen dann aus biologischem Material wachsen, das nach unseren Bedürfnissen gestaltet werden kann.

Bis dahin aber kehre ich jeden Abend in den warmen Schoß meiner alten, rechtwinkligen, solide gemauerten viktorianischen Wohnung zurück. Wenn ich das Licht ausschalte (und meine inzwischen ziemlich zerfetzte Schmusekatze aus New Yorker Tagen in den Arm nehme) und langsam einschlummere, frage ich mich, was wohl die Vitruvs und die Emily Roeblings der Zukunft bauen werden. Den Möglichkeiten sind nur durch unsere Vorstellungskraft Grenzen gesetzt. Denn was immer wir erträumen, können Ingenieure Wirklichkeit werden lassen.

DANK

Mein Dank gilt:

Steph Ebdon, der mir den Floh ins Ohr gesetzt hat, ein Buch zu schreiben. Ich habe gelacht und gemeint, daraus würde nichts.
Und jetzt bin ich endlos begeistert, dass es doch etwas geworden ist.
Patrick Walsh, meinem absoluten Spezialagenten, der an mich und meine Idee geglaubt hat, mir gezeigt hat, wie ich meinem Text Struktur geben kann, und mich überhaupt bei jedem Schritt unterstützt hat.

Leo Hollis für seine Hilfe und dafür, dass er mich genau zur rechten Zeit mit Patrick bekannt gemacht hat.

Natalie Bellos, meiner klugen Lektorin, die meinen Vorschlag vielversprechend fand und die jahrelange Arbeit an diesem Buch begleitet hat. Ihr Wissen, ihr Engagement (selbst aus dem Urlaub heraus) und ihre Aufmerksamkeit für Details sind unvergleichlich.

Lisa Pendreigh und Lena Hall, die das Projekt über die Ziellinie gebracht und dieses Buch wahr gemacht haben.

Pascal Cariss für die »spritzigen« Sätze und dafür, dass er meinen Worten Leben eingehaucht hat.

Ben Summer für sein akkurates Lektorat.

Dem gesamten Team bei Bloomsbury fürs Hegen und Pflegen bis zum fertigen Buch.

Den hervorragenden Ingenieuren, die ich in Mexiko kennengelernt habe: Dr. Efraín Ovando-Shelley vom Instituto de Ingenieria, (UNAM), der mir die Kathedrale von Mexiko-Stadt gezeigt hat, sowie Dr. Edgar Tapia-Hernández, Dr. Luciano Fernández-Sola, Dr. Tiziano Perea und Dr. Hugón Juárez-García von der Universidad Autónoma Metropolitana-Azcapotzalco, die mir erläutert haben, welche Anforderungen Erdbeben und Baugrund stellen. Der British Council für eine bereichernde Reise nach Mexiko.

Phil Stride vom Tideway-Tunnel-Projekt; Karl Ratzko, Neil Poulton und Simon Driscoll von WSP; Ronald Rael von der University of California in Berkeley: dafür, dass sie sich die Zeit genommen haben, mir wertvolle Auskunft zu geben.

Robert Hulse vom Brunel Museum für seine kenntnisreichen Infos.

Rob Thomas, das wandelnde Lexikon in der Bibliothek der Institution of Structural Engineers, der unbekannte Quellen für mich aufgespürt hat und immer ein Ohr für meine speziellen Anliegen hatte.

Debra Francis von der Bibliothek der Institution of Civil Engineers für ihre Hilfe.

Mark Miodownik: Sein Buch *Stuff Matters* hat mich sehr inspiriert (und liegt immer noch auf meinem Nachttisch). Ein wahnsinnig freundlicher Mensch, der viel für mich getan hat.

Timandra Harkness für ihre Unterstützung und dafür, dass sie mich mit meinen tollen schreibenden Freunden bei NeuWrite bekannt gemacht hat, die mir kommentierend und kritisierend zur Seite standen.

John Parker, Dean Ricks, Ron Slade, dem gesamten »The Shard«-Team und den Geschäftsführern bei WSP: für prägende zehn Jahre des Lernens und Wachsens.

David Holmes und Gordon Kew von Interserve; John Priestland, Mike Burton, Peter Sutcliffe und Darran Leaver von AECOM: allen meinen motivierenden Arbeitgebern. Mir ist bewusst, dass ich keine problemlose Untergebene bin.

David Maundrill, Joe Harris, May Chiu, Dr. Christina Burr, James Dickson, Pooja Agrawal, Niri Arambepola, Emma Bowes, Chris Gosden, Jeremy Parker, Karl Ratzko und Chris Christofi: allen lieben Kollegen (samt Schwester) und Freunden, die verschiedene Kapitel gelesen, Fakten geprüft und mir geholfen haben.

Den Ingenieuren und Wissenschaftlern, Organisationen und Institutionen, die mich ermuntert haben, davon zu erzählen, was wir eigentlich machen. Dafür, dass sie mir ein Forum geboten haben, um über meinen Beruf zu reden und zu schreiben. Ich bin optimistisch, was die Zukunft des Ingenieurwesens betrifft, denn sie bringt Innovation, Imposanz und Inklusion.

Meiner überall auf der Welt verstreuten Familie – meinen Großeltern, Tanten, Onkeln, Cousinen, Neffen und Nichten und meiner Schwiegermutter –, sie alle haben mich angefeuert und geduldig auf die Beendigung dieses Riesenprojekts gewartet.

Meinen Freunden, die ich in letzter Zeit selten gesehen habe: Bald bin ich wieder da. Danke, dass ihr immer für mich da wart. Meinen Freunden und Verwandten, die nicht mehr unter uns sind: Ich vermisse euch.

Meinen Eltern Hem und Lynette Agrawal und meiner Schwester Pooja Agrawal: Wo soll ich anfangen? Dafür, dass ihr mir immer gesagt habt, dass ich durch Fleiß alles erreichen kann. Dafür, dass ihr mich mit Lego, Wissen, weltumspannenden Reisen und der besten Ausbildung beschenkt habt. Dafür, dass ihr mich gefordert und auf die Probe gestellt habt. Für eure Liebe.

Und zuletzt meinem *Flirtman* alias Badri Wadawadigi, der mein Schreiben vier Jahre lang begleitet hat (wenn auch mit gelegentlichen Wutausbrüchen): Du hast die Texte öfter gelesen als jeder andere; du hast mich daran erinnert, dass ich es schaffen kann, obwohl ich nicht mehr daran glaubte; du hast geschimpft, wenn ich nicht vorwärtsmachte; du hast dem Buch seinen Titel gegeben; du hast mir Mut gemacht und mich mehr erreichen lassen, als ich mir je erträumt hätte. Danke für deine Liebe. Ich wünsche mir noch viele Brücken des Tages.

QUELLEN

Addis, Bill, Building. 3000 Years of Design Engineering and Construction, University of Michigan (Phaidon) 2007.

Agrawal, Roma, »Pai Lin Li Travel Award 2008 – Stress Ribbon Bridges«, in: The Structural Engineer, Vol. 87 (2009).

Agrawal, Roma, J. Parker und R. Slade, »The Shard at London Bridge«, in: The Structural Engineer, Vol. 92, Issue 7 (2014).

Ahmed, Arshad und John Sturges, Materials Science in Construction: An Introduction, London (Routledge) 2014.

Allwood, Julian M. und Jonathan M. Cullen, Sustainable Materials – Without the Hot Air. Making Buildings, Vehicles and Products Efficiently and with Less New Material, UIT Cambridge 2015.

Balasubramaniam, R. »On the corrosion resistance of the Delhi iron pillar«, in: Corrosion Science, Vol. 42, Issue 12 (2000).

Bagust, Harold, The Greater Genius? A Biography of Marc Isambard Brunel, The University of Michigan (Ian Allan) 2006.

Ballinger, George, »The Falkirk Wheel. From concept to reality«, in: The Structural Engineer, Volume 81, Issue 4 (2003).

Barton, Nicholas und Stephen Myer, The Lost Rivers of London. Their effects upon London and Londoners, and those of London and Londoners upon them, Historical Publications (Limited) 2016.

British Constructional Steelworks Association, A Century of Steel Construction 1906–2006, British Constructional Steelworks Association 2006.

Blockley, David, Bridges: The Science and Art of the World's Most Inspiring Structures, Oxford (Oxford University Press) 2010.

Brady, Sean, »The Quebec Bridge collapse: a preventable failure«, in: The Structural Engineer, 92:12 (2014).

Brown, David J., Brücken. Kühne Konstruktionen über Flüsse, Täler, Meere, München (Callwey) 2007.

Bryan, Tim, Brunel. The Great Engineer, Shepperton (Ian Allan) 1999.

Clayton, Antony, Subterranean City. Beneath the Streets of London, London (Historical Publications) 2010.

Cross-Rudkin, P. S. M., M. M. Chrimes und M. R. Bailey, Biographical Dictionary of Civil Engineers in Great Britain and Ireland, Vol. 2 (1830–1890).

Crow, James Mitchell, »The concrete conundrum«, in: Chemistry World (2008).
Davidson, D., »The Structural Aspects of the Great Pyramid«, in: The Structural Engineer, Vol. 7, Issue 7 (1929).
Dillon, Patrick und Stephen Biesty, Große Bauwerke. Die Geschichte der Architektur, Hildesheim (Gerstenberg) 2014.
European Council of Civil Engineers, Footbridges. Small is beautiful, European Council of Civil Engineers 2014.
Fabre, Guilhem, Jean-Luc Fiches, Philippe Leveau und Jean-Louis Paillet, The Pont Du Gard. Water and the Roman Town, Presses du CNRS 1992.
Fahlbusch, H., »Early dams«, in: Proceedings of the Institution of Civil Engineers – Engineering History and Heritage, Vol. 162, Issue 1 (1. Februar 2009), S. 19 – 28.
»The Falkirk Wheel: a rotating boatlift«, in: The Structural Engineer (2. Januar 2002).
Fitchen, John, Building Construction Before Mechanization, MIT Press 1989.
Giovanni, Pier und Antonio d'Ambrosio, Pompeii. Guide to the Site, Electa Napoli 2002.
Gordon, J. E., Structures. Or why things don't fall down, Da Capo Press 2009.
Gordon, J. E., The New Science of Strong Materials. Or why you don't fall through the floor, Penguin Books USA 1991.
Graf, Bernhard, Brücken, die die Welt verbinden, München (Prestel) 2002.
Hanley, Susan B., »Urban Sanitation in Preindustrial Japan«, in: The Journal of Interdisciplinary History, Vol. 18, No. 1 (1987).
Hibbert, Christopher, John Keay, Julia Keay und Ben Weinreb, The London Encyclopaedia, Pan Macmillan 2011.
Holland, Tom, Rubikon. Triumph und Tragödie der Römischen Republik, Stuttgart (Klett-Cotta) 2016.
Home, Gordon, Old London Bridge, Indiana University (John Lane) 1931.
Khan, Yasmin Sabina, Engineering Architecture. The Vision of Fazlur R. Khan, W. W. Norton 2004.
Lampe, David, The Tunnel, Harrap 1963.
Landels, J. G., Engineering in the Ancient World, Berkeley/Los Angeles (University of California Press) 1978.
Landau, Sarah Bradford und Carl W. Condit, Rise of the New York Skyscraper 1865–1913, New Haven/London (Yale University Press) 1999.
Lepik, Andres, Wolkenkratzer, München (Prestel) 2008.
Levy, Matthys und Mario Salvadori, Why Buildings Fall Down. How Structures Fail, W. W. Norton 2002.
Mathewson, Andrew, Derek Laval, Julia Elton, Eric Kentley und Robert Hulse, The Brunels' Tunnel, ICE Publishing 2006.
Mays, Larry, George P. Antoniou und N. Angelakis, »History of Water Cisterns. Legacies and Lesson«, in: Water 5 (1916–1940). 10.3390/w5041916.
McCullough, David, The Great Bridge: The Epic Story of the Building of the Brooklyn Bridge, Simon & Schuster 1983.
Mehrotra, Anjali und Branko Glisic, Deconstructing the Dome: A Structural Analysis of the Taj Mahal, Journal of the International Association for Shell and Spatial Structures 2015.

Miodownik, Mark, Wunderstoffe. Zehn Materialien, die unsere Zivilisation ausmachen, München (DVA) 2016.

Oxman, Rivka and Robert Oxman, The New Structuralism. Design, Engineering and Architectural Technologies, Wiley 2010.

Pannell, J. P. M, An Illustrated History of Civil Engineering, University of California (Thames and Hudson) 1964.

Pawlyn, Michael, Biomimicry in Architecture, RIBA Publishing 2016.

Pearson, Cynthia und Norbert Delatte, Collapse of the Quebec Bridge 1907, Cleveland State University 2006.

Petrash, Antonia, More than Petticoats: Remarkable New York Women, Globe Pequot Press 2001.

Poulos, Harry G. und Grahame Bunce, Foundation Design for the Burj Dubai – The World's Tallest Building, Case Histories in Geotechnical Engineering, Arlington, VA, August 2008.

Randall, Frank A., History of the Development of Building Construction in Chicago, Unitersity of Illinois Press 1999.

Salvadori, Mario, Why Buildings Stand Up, W. W. Norton 2002.

Santoyo-Villa, Enrique und Efrain Ovando-Shelley, Mexico City's Cathedral and Sagrario Church, Geometrical Correction and Soil Hardening 1989–2002 – Six Years After.

Saunders, Andrew, Fortress Britain. Artillery Fortification in the British Isles and Ireland, Beaufort 1989.

Scarre, Chris (Hg.), Die siebzig Weltwunder. Die geheimnisvollen Bauwerke der Menschheit und wie sie errichtet wurden, München (Frederking & Thaler) 2004.

Shirley-Smith, H., The World's Greatest Bridges, Institution of Civil Engineers Proceedings, Vol. 39 (1968).

Smith, Denis, »Sir Joseph William Bazalgette (1819–1891); Engineer to the Metropolitan Board of Works«, in: Transactions of the Newcomen Society, Vol. 58, Iss. 1 (1986).

Smith, Denis (Hg.), »Water- Supply and Public Health Engineering«, in: Studies in the History of Civil Engineering, Routledge 1999.

Sprague de Camp, L., Ingenieure der Antike, Berlin (Econ) 1964.

Soil Survey, Tompkins County, New York, Series 1961 No. 25., United States Department of Agriculture 1965.

Trout, Edwin A. R., »Historical Background: Notes on the Development of Cement and Concrete«, September 2013.

Tudsbery, J. H. T. (Hg.), Minutes of Proceedings of the Institution of Civil Engineers.

Vitruvius, August Rode (Übers.), Des Marcus Vitruvius Pollio Baukunst (Band 1), Leipzig 1796.

Walsh, Ian D. (Hg.), ICE Manual of Highway Design and Management, ICE Publishing 2011.

Weigold, Marilyn E., Silent Builder. Emily Warren Roebling and the Brooklyn Bridge, Associated Faculty Press 1984.

Wells, Matthew, Engineers. A History of Engineering and Structural Design, Routledge 2010.

Wells, Matthew, Skyscrapers. Structure and Design, Laurence King Publishing 2005.

West, Mark, The Fabric Formwork Book: Methods for Building New Architectural and Structural Forms in Concrete, Routledge 2016.
Wood, Alan Muir, Civil Engineering in Context, Thomas Telford 2004.
Wymer, Norman, Great Inventors, Oxford University Press 1964.
https://www.tideway.london
http://puretecwater.com/reverse-osmosis/what-is-reverse-osmosis
http://www.twdb.texas.gov/publications/reports/numbered_reports/doc/r363/c6.pdf
http://mappinglondon.co.uk/2014/londons-other-underground-network/
http://www.pub.gov.sg/about/historyfuture/Pages/HistoryHome.aspx
http://www.clc.gov.sg/Publications/urbansolutions.htm
http://www.thameswater.co.uk/
http://www.bssa.org.uk/about_stainless_steel.php?id=31
https://www.newscientist.com/article/dn19386-for-self-healing-concrete-just-add-bacteria-and-food/
http://www.thecanadianencyclopedia.ca/en/article/quebec-bridge-disaster-feature/
http://www.documents.dgs.ca.gov/dgs/pio/facts/LA%20workshop/climate.pdf
http://www.cement.org/
http://www.unmuseum.org/pharos.htm
http://www.otisworldwide.com/pdf/AboutElevators.pdf
http://www.waterhistory.org/histories/qanats/qanats.pdf
http://users.bart.nl/~leenders/txt/qanats.html
http://water.usgs.gov/edu/earthwherewater.html
http://www.worldstandards.eu/cars/driving-on-the-left/
http://journals.plos.org/plosone/article?id=10.1371/journal.pone.0026847
https://www.youtube.com/watch?v=gSwvH6YhqIM
http://www.livescience.com/8686-itsy-bitsy-spider-web-10-times-stronger-kevlar.html
http://linkis.com/www.catf.us/resource/flbGp
http://www.bbc.co.uk/news/magazine-33962178
http://www.romanroads.org/
http://www.idrillplus.co.uk/CSSROADMATERIALSCONTAININGTAR171208.pdf
http://www.groundwateruk.org/Rising_Groundwater_in_Central_London.aspx
http://indiatoday.intoday.in/story/1993-bombay-serial-blaststerror-attack-rocks-india-financial-capital-over-300-dead/1/301901.html
http://www.nytimes.com/1993/03/13/world/200-killed-asbombings-sweep-bombay.html?pagewanted=all
http://www.bbc.co.uk/earth/story/20150913-nine-incredible-buildings-inspired-by-nature
http://www.thinkdefence.co.uk/2011/12/uk-military-bridging-floating-equipment/
http://www.meadinfo.org/2015/08/s355-steel-properties.html?m=1
http://www.fabwiki.fabric-formedconcrete.com/
http://www-smartinfrastructure.eng.cam.ac.uk/what-we-do-and-why/focus-areas/sensors-data-collection/projects-and-deployments-case-studies/fibre-optic-strain-sensors
http://www.instituteofmaking.org.uk/research/self-healing-cities

BILDNACHWEIS

S. 16 (oben) mit freundlicher Genehmigung von Marin Avery; S. 16 (unten) mit freundlicher Genehmigung von John Parker und Roma Agrawal; S. 19 mit freundlicher Genehmigung der Major Matthews Collection, S. 24 © kokkai; S. 32 © Dennis K. Johnson; S. 37 (oben) © Prisma by Dukas Presseagentur GmbH/Alamy Stock Photo; S. 37 (unten) © Fernand Ivaldi; S. 41 (oben) © Craig Ferguson; S. 41 (unten) © robertharding/Alamy Stock Photo; S. 50 © Evening Standard/Stringer; S. 67 (oben) © paula sierra; S. 67 (unten) © Darren Robb; S. 72 © Anders Blomqvist; S. 77 © duncan1890; S. 81 © Henry Ausloos; S. 84 mit freundlicher Genehmigung von Roma Agrawal; S. 88 © DNY59; S. 104 © Allan Baxter; S. 114 mit freundlicher Genehmigung von Roma Agrawal; S. 122 mit freundlicher Genehmigung von Wikipedia; S. 125 © Alvin Ing, Light and Motion; S. 128 © Garden Photo World/Suzette Barnett; S. 140 © Paola Cravino Photography; S. 152 © De Agostini/L. Romano; S. 159 mit freundlicher Genehmigung von Wikipedia; S. 172 © exaklaus-photos, S. 187 © Heritage Images; S. 190 © Heritage Images; S. 201 © Everett Collection Historical/Alamy Stock Photo; S. 204 © Fotosearch/Stinger; S. 212 (oben) © Stock Montage; S. 212 (unten) © Washington Imaging/Alamy Stock Photo; S. 217 © Popperfoto; S. 221 © North Wind Picture Archives/Alamy Stock Photo; S. 224 © Empato

REGISTER